일제강점기 민족지도자들의
역사관과 국가건설론 연구   13

대일항전기
민족지도자들이 꿈꾼 나라

김명섭 지음

한가람역사문화연구소

대일항전기
민족지도자들이 꿈꾼 나라

초판 1쇄 인쇄 2021년 10월 24일
초판 1쇄 발행 2021년 10월 29일

지은이 김명섭
펴낸곳 도서출판 한가람역사문화연구소

등록번호 제2019-000147호
주소 서울특별시 종로구 김상옥로 17 대호빌딩 신관 305호
전화 02) 711-1379
팩스 02) 704-1390
이메일 hgr4012@naver.com

ISBN 979-11-90777-25-4

값은 뒤표지에 있습니다.

이 책은 2013년 한국학중앙연구원의 지원을 받아 수행된 연구입니다.
(AKS-2013-KSS-1230004)

대일항전기
민족지도자들이 꿈꾼 나라

2장 한국 사회주의 세력의 독립전쟁과 국가 건설 구상

Ⅰ 한국 사회주의 세력의 형성과정

1. 한국인들의 사회주의 수용

2. 한국 사회주의 세력의 형성과 사상분화

Ⅱ 한국 사회주의·공산주의자들의 항일투쟁과 국가 건설론

1. 아나키스트들의 의열투쟁과 자유연합적 신사회 건설구상

2. 의열단과 조선혁명당의 민주공화국 건설론

3. 조선공산당의 항일투쟁과 인민공화국 건설론

잃어버린 나라와 민족의 주권을 되찾고자 하는 모든 저항세력을 민족주의자, 그리고 그 운동은 민족독립운동이라 부를 수 있다. 18세기 프랑스혁명과 유럽전쟁을 거치면서 체계화된 민족주의란 용어는 우선 같은 지역출신과 같은 언어사용 및 종교를 바탕으로 한 민족적 감정에 기초한 정치적 행위, 즉 외세에 대한 감정적 반작용, 전통주의자들의 개혁운동, 반식민주의 등을 일컫는다. 이를 바탕으로 근대적이며 독립적인 민족국가를 건설하고자 하는 모든 이데올로기운동을 민족독립운동으로 이해할 수 있다.

19세기 후반 서구열강과 일제의 침략에 맞서 목숨을 걸고 저항한 보수적 양반 유생들의 의병활동과 동학농민들의 반봉건·반제국주의 항쟁, 그리고 애국적 개화세력들의 개혁정책 역시 넓은 의미에서 민족독립운동이라 볼 수 있다. 나아가 국권을 완전히 빼앗긴 이후 한국인들은 총칼을 앞세운 일제의 잔혹한 식민지 지배에 대해 목숨을 걸고 독립만세 시위를 벌였다. 또한 유럽과 미국 등 서구열강에게 일제 식민통치에 대한 부당성을 알리고 한민족 독립에 앞장서줄 것을 요청하는 외교적 노력도 펼쳤다. 중국 상해에는 국내와 해외에서 활동한 항일 민족지도자들이 한자리에 모여 독립운동을 지도할 대한민국 임시정부도 수립하였다.

하지만 조국광복의 길은 쉽게 찾아오지 않았다. 일제의 무력탄압은 더욱 가혹하게 자행되고 통치력도 교묘해 진데 비해, 외교적 노력에 대한 기대는 식민지 분할에만 골몰하는 서구열강들의 냉험한 약육강식의 현실을 보여줄 따름이었다. 게다가 전 민족의 독립열망과 기대를 모았던 대한민국 임시정부는 출신지역과 신분, 자리다툼을 벌이며 대통령을 탄핵하는 지경에 이르며 대립과 분열을 일삼을 뿐이었다. 살인적 제국주의에 대한 적개심, 약탈적 자본경쟁체제에 대한 절망감, 분열을 일삼는 자칭 '민족지도자들'에 대한 배신감...이러한 암울한 1920년대 현실 속에서 젊은이들이 조국의 독립과 민족의 자유·평등 사회를 꿈꾸며 사회주의 사상을 받아들이게 되었다.

한국인들에게 '사회주의'란 용어는 근대 이후 서양에서 이식되어온 말이다. 사회주의는 18세기 전반 봉건적 착취구조와 자본주의적 경제수탈에 대항하는 만민의 자유와 평등사회를 지향하는, 이상향을 지향하는 사상으로 탄생하였다. 프랑스와 영국의 사상가인 생 시몽(Saint Simon)·푸리에(Fourier. F. M. C)·오엔(Owen. R.) 등에 의해 주창한 이 이념은 1789년 프랑스혁명을 계기로 피지배계급의 혁명사상으로 자리잡았다. 이후 마르크스와 엥겔스는 '과학적 사회주의'를 주창하며 계급투쟁과 프롤레타리아계급의 혁명적 독재가 필요하다고 주장하였고, 1905년과 1917년 러시아에서 혁명을 성공시킨 레닌은 강력한 중앙집권적 계급정당인 볼셰비키에 의한 공산혁명을 주도하였다. 이에 대해 프루동과 바쿠닌·크로포트킨 등은 지배와 착취 없는 사회를 지향하는 것에 동의하지만, 이상적 공산사회는 일체의 권력정당이나 명령조직 없이 자유로운 개인들의 자발적인 협력과 자율·자치조직으로 이루어야 한다며 아나키즘 사상을 체계화하였다.

이처럼 사회주의 사상은 20세기 전반기에 서구 자본주의 열강의 침략과 더불어 동아시아에 수용되어 한국인들에게 이식되기 시작했다. 하지만 사회주의 사상이 한국인들에게 전혀 낯설거나 강제로 이식된 사상은 아니다. 조선 봉건왕조의 착취와 일본 등 제국주의 침략에 맞서 봉기한 1894년 동학농민전쟁은 피지배계급인 농민들이 특권계급의 타도와 자유·평등한 새로운 사회질서를 지향했다는 점에서 한국 사회주의운동, 민족주의 좌파 역사의 출발점이라 할 수 있다. 이러한 전통은 한국 사회주의 탄생의 내적 근거를 이루고 있다.

그렇다면 한국 민족주의 지도자들이 꿈꾼 독립된 나라는 어떤 모습이었을까? 일제 강점에 맞선 민족주의세력과 사회주의세력은 어떠한 이념과 투쟁방법으로 독립을 쟁취하려 했는가? 각기 꿈꾼 독립국가는 어떤 모습이었으며 그 차별성과 동일성은 무엇인가? 왜 해방정국에서 두 세력은 대립하고 분열하여 분단과 전쟁이란 극단으로 치닫고 말았는가 ? 이같은 평범한 의문이 이 책을 구상하게 된 동기이며, 연구목적이라 하겠다.

이에 관한 연구는 그다지 많지 않은 편이지만, 다행히 비교적 꾸준히 선학들에 의해 진행되어왔다. 그 첫 연구는 1995년 『한국사 시민강좌』 제17집에서 '해방직후 신국가 구상들'이란 특집에서 이승만·안재홍·유진오·김재준·최현배 등 우익민족주의자들의 국가건설론을 비롯해 박헌영·백남운·배성룡 등 좌익 사회주의자들의 신국가 건설구상을 다룬 연구이다. 이상의 글들은 해방 직후 펼쳐진 민족지도자들의 각 국가건설론을 특징적으로 쉽게 서술하여 일반대중들에게 소개한 장점이 있지만, 단순 소개에 그쳐 각 주제들을 깊이 들어가지 못한 한계를 갖는다.

이어 2006년 학술진흥재단의 지원을 받은 공동연구가 『국가건설사상』 Ⅰ·Ⅱ·Ⅲ권으로 출간되었다. 이 연구는 일제강점기와 해방공간으로 나누어 진행되었는데, 주요 인물은 박은식·장지연·배성룡·안광천·손병희·조봉암·

조소앙·이승만·여운형·김구·백남운·박헌영·안재홍·김일성 등이다. 이 연구역시 대부분 한 인물의 정치사상 전체를 개론한 인상이 짙다. 또 성균관대학교 대동문화연구원이 '제21회 동양학 학술회의'의 주제로 「해방전후시기 국가건설론의 전개」라는 학술대회를 가진 후, 이를 『대동문화연구』 제27집에 게재한 바 있다. 이 기획은 식민지시기 민족해방운동의 과정에서 발전한 두 방향의 국가건설론(부르조아 민족주의와 사회주의)을 다루고, 이를 8·15해방 후의 국가건설론으로 총괄하였다. 개별 연구의 차원에서는 더욱 심층화하였으나, 해방 전후의 전체상을 총괄·조망하는데 이르지는 못하였다.

이어 독립기념관 한국독립운동사연구소에서 기획한 시리즈에서 2008년 김인식에 의해 『광복전후 국가건설론』이 편찬되었다. 주로 조소앙의 삼균주의와 안재홍의 신민족주의, 백남운의 연합성 신민주주의론과 박헌영의 진보적 민주주의론 등 좌우익의 대표적 이론가들을 중심으로 국가건설론을 분석하였다. 이 책은 우익-온건우익-온건좌익-좌익의 4갈래 스펙트럼으로 나누어 각각 이를 대표하는 정치세력으로 한국독립당-국민당-남조선신민당-조선공산당을 선택하였다. 2009년 정병준도 『광복 직전 독립운동세력의 동향』을 통해 지역별, 부문 운동별로 정리하였다. 이 책은 1940년 중경임시정부를 비롯한 국외 독립운동 단체와 국내 독립운동 세력의 활동, 그리고 국내외 세력의 연대 및 합작 시도 등을 조명하였다. 독립전쟁 시기 우익진영과 더불어 좌익계열 독립운동 세력의 국가건설론을 비교·분석한 글은 김용달의 논문을 꼽을 수 있다. 그의 2013년 논문 「광복 전후 좌·우파 독립운동세력의 국가건설론」은 좌우 독립운동세력의 중심인 대한민국 임시정부와 조선공산당의 사례를 대상으로 삼고 있다.[1] 이상의 선행연구들로 인해 우리는 일제 강점기의 민족 독립운동을 주도해온 민족주의 세력과

---

1   유영익 등, 『한국사 시민강좌』제1집, 일조각, 1995 ; 이종은 • 김기승 • 오문환 등, 『근대한국의 국가 건설사상 연구(1~3차년도 연구성과물)』, 국민대학교 사회과학연구소 한국연구재단(NRF)연구성과

사회주의 세력이 각기 치열한 독립투쟁 속에서도 광복 후 건설해야 할 새 나라의 모습에 대해 끊임없이 고민하고 준비해 왔음을 알 수 있었다.

이처럼 한국 독립운동가들이 꿈꾼 독립국가 건설구상은 좌·우익의 이념에 따라 다양한 정치세력화로 분화하였지만, 기존연구는 임시정부와 이승만세력 및 조선공산당으로 크게 삼분하여 진행하였으며, 주로 인물중심으로 전개되었다는 점에서 한계를 갖는다. 더구나 중국 내륙과 만주일대에서 의열투쟁과 무장독립투쟁을 주도한 아나키스트들과 화북조선독립동맹 및 조선의용대 지도자들의 신국가건설론 등이 빠져 있는 실정이며, 좌우합작된 임시정부의 정강정책도 충분히 검토되지 않은 게 사실이다. 이에 본 연구에서는 좌익 민족주의세력으로 분류할 수 있는 조선공산당과 아나키스트들, 화북조선독립동맹과 1940년대 좌·우연합적 임시정부 등 각계의 독립국가 건설론을 함께 검토할 예정이다.

본 연구는 일제 강점기 민족독립운동의 양 날개 역할을 한 민족주의세력과 사회주의세력이 어떠한 독립운동 상황 속에서 어떤 성격의 민족국가를 건설하려고 했는지, 새 나라에서 실행하고자 하는 구체적인 건국의 모습은 어떠했는지, 양측이 꿈꾼 나라는 무엇이 같고 무엇이 다른지 등을 밝히고자 한다. 각각 어떤 독립운동 노선과 민족국가건설 구상을 가지고 있었는지를 살피고자 한다. 이를 통해 해방 후 민족의 분단과정, 나아가서 남북통일운동 과정에서의 역할과 입장의 상관성을 드러내고자 한다.

본 연구에서 민족주의세력이란 한민족의 전통성과 뿌리의식을 바탕으로 한 순수한 자주적 민족국가를 건설하고자 하는 세력을 일컫는다. 즉 민족적 동질성과 감정을 바탕으로 외세에 대한 감정적 반작용, 반식민주의에

물, 2004~2006 ; 김인식, 『광복 전후 국가건설론』, 독립기념관 한국독립운동사연구소, 2008 ; 정병준, 『광복 직전 독립운동세력의 동향』, 독립기념관 한국독립운동사연구소, 2009 ; 김용달, 「광복전후 좌·우파 독립운동세력의 국가건설론」『한국독립운동사연구』46집, 2013.

따라 근대적인 민족국가를 건설하고자 하는 정치세력이다. 구체적으로 단군조상을 모시며 한민족 독립국가를 꿈꾼 대종교나 천도교 세력이나 공산주의국가에 반대하는 만주 독립군들, 자본주의체제를 지향한 기독교 민족주의세력 등을 꼽을 수 있다.

이에 비해 사회주의세력이란 한민족의 정통성과 자주적 독립을 강조하면서도 만민이 평등한 민주적 변혁을 추구하는 세력을 일컫는다. 즉 민족적 자유와 더불어 계급적 평등을 추구하는 사회주의 성향을 수용한 세력으로서 비자본주의적 독립국가 건설을 추구한 세력이라 하겠다. 구체적으로 1920년대 민중적 신사회 건설을 추구한 의열단이나 조선공산당, 그리고 반일·반자본주의와 함께 무정부 공산사회를 추구한 아나키스트세력 등을 일컫는다. 또한 '민족좌파' 또는 중도세력이 있는데, 이들은 코민테른의 지도와 지시를 추종하는 '극좌파'와 대비되는 세력으로서, 그 계급적 기초를 '공·농·소자산계급'에 두면서 프롤레타리아계급혁명이 아닌 계급연합의 민주변혁을 추구하는 이들을 일컫고자 한다.

한국 민족주의 세력의 독립전쟁과
민족국가 건설구상

망국과 망명, 민족주의 세력의 형성과 대한민국 임시정부

1. 망국과 의병전쟁, 항일 민족주의세력의 형성

청일전쟁과 러일전쟁, 대한제국의 멸망

1894년 7월 23일 오전 0시 30분, 주한 일본공사인 오토리 케이스케(大鳥圭介)의 지시를 받은 제5사단 혼성여단장 오시마 요시마사(大島義昌) 소장은 보병 제11연대장과 제21연대장에게 미리 계획한 '조선왕궁에 대한 위협적 운동의 실시'안을 계획대로 실행할 것을 명령하였다. 영추문(迎秋門)을 폭약과 도끼로 부수고 광화문으로 나아간 일본군들은 총을 쏘며 저항하던 조선 병사들을 가볍게 제압한 후 성벽 안쪽을 따라 북진하여 오전 7시 30분경 "왕궁내부를 수색하여 (조선)국왕을 수중에 넣는데" 성공하였다(나카츠카 아키라 지음, 박맹수 옮김, 『1894년, 경복궁을 점령하라!』, 2002, 64~88쪽).

일본군이 경복궁을 점령한 이날 오전 11시경 국왕의 부친인 대원군이 일본군 제11연대 제6중대의 삼엄한 호위를 받으며 왕궁으로 들어왔다. 고종을 포로로 삼아 일본군은 다음날 대원군을 중심으로 신내각을 조직한 후, 서울 남방 90Km 지점의 아산 일대에 있는 청국군과 싸우기 위해 남하하였다. 또한 서울에서 내려온 일본군과 관군은 충남 공주의 우금치에서 방어선을 구축하여 동학농민군을 우수한 근대무기로 격파하고 도주하는 농민군과 일반서민 수만 명을 무자비하게 학살하였다.

일본 해군은 서해의 풍도(豊島) 앞바다에 정박해 있던 청국 함대를 선전포고 없이 공격하여 청일전쟁을 일으켰다. 나아가 평양에 집결한 청군 1만 4천여 명을 격파하고, 압록강을 건너 남만주와 요동반도, 산동반도까지 상륙하기에 이르렀다. 청일전쟁에서 승리한 일본군은 그 기세를 몰아 친일적 개화세력을 주축으로 새 정권을 수립하였고, 이들은 근대적 제도를 도입한다는 명분으로 갑오경장을 추진하였다.

하지만 일본군의 무력에 의존하여 동학군 진압에 참여했던 개화세력은 지방제도의 졸속적인 개편과 군대의 강제 개편, 단발령의 시행 등으로 많은 국민들로부터 원성을 사야했다. 더구나 러시아와 연계를 맺으려는 조선 정부에 불안감을 느낀 일본 공사와 낭인들이 1895년 10월 8일 다시 경복궁을 침범해 고종의 왕후인 중전민씨(후에 명성황후로 추존)를 잔혹하게 살해하였다. 일본군의 경복궁 점령과 청일전쟁 도발, 명성황후 시해라는 충격과 분노가 가시기도 전에 친일정부가 단발령을 강제로 시행하자, 마침내 전국의 유생들은 의병을 일으켜 항일전쟁에 나서게 되었다.

1894년 7월 안동의병을 시작으로 촉발된 항일의병은 명성황후 시해 직후 그 원수를 갚고자 하는 유생들의 거병으로 이어졌다. 대표적으로 충북 제천의 유인석(柳麟錫) 의병과 경남 진주의병, 그리고 경기도 이천에서 일어나 남한산성을 거점으로 서울로 진공하려 한 김하락(金河洛) 의병, 강원도의 춘천의병과 관동의병 등을 꼽을 수 있다. 북한지역에서도 함흥과 해주, 의주 등지에서 의병들이 봉기하였다.

전기의병들은 단발령을 비롯한 친일정권의 개화정책이 중화의 질서를 무너뜨리고 인륜을 파괴하여 유학의 전통과 국왕의 존엄마저 위태롭게 되었으므로 이를 바로잡아야 한다는 존화양이(尊華攘夷), 위정척사(爲正斥邪)의 논리로 봉기하였다. 이들은 청일전쟁과 을미사변을 겪으면서 '반외세 항일투쟁'이란 면에서 동학농민군과 크게 다르지 않았지만, 봉건적 취약성과 근왕주의로 인해 민중의 호응을 받지 못해 거국적 민족운동으로 이어가지는 못했다. 즉, 의병부대의 지휘부를 차지한 관료출신의 양반유생들은 소작농민과 포수, 해산군인들이 대부분인 병사들과의 신분적 한계를 극복하지 못한 채 왕정의 복구만을 주장하였다. 이들은 1896년 2월 11일 일본군의 포위망을 뚫고 러시아 공사관으로 피신한 고종이 친러시아 내각을 구성하고 단발령을 취소하며 해산을 권고하는 조칙을 내리자, 자진해산하기에 이르렀다.

고종의 아관파천을 계기로 전격 한반도로 남하하려는 러시아는 프랑스·독일과 함께 일본의 일방적인 군사침략을 항의하는 이른바 '3국 간섭'을 강화하였다. 아직 러시아와의 일전이 시기상조라 판단한 일본은 전쟁보다는 요동반도를 포기하는 쪽으로 결정했다. 이로 인해 한국에 대한 일본의 일방적인 지배력은 잠시나마 약화되었다.

그러자 이를 기회로 삼아 고종은 1897년 대한제국을 수립하여 조선의 전통제도를 근본으로 삼아 서구의 제도를 참작한다는 구본신참(舊本新參)의 입장에서 개혁정책을 펴나갔다. 황실의 재정을 확대하기 위한 조처를 시행하고 국방력 강화를 위한 군제개편과 근대기술을 습득하려는 기술교육기관도 설립하였다. 고종황제는 황제권 강화를 위해 부족한 재정실정에도 무리한 개혁정책을 추진하였지만, 이에 비해 열강의 외압을 막아낼 외교적·군사적 여건을 마련하지는 못하였다. 이 무렵 재야의 개화세력들이 독립협회와 만민공동회를 통해 자주적인 개혁운동과 반봉건적 계몽운동을 펼친 것은 민중의 정치의식과 민주주의적 훈련을 고양시켰다는 점에서 그나마 다행이라고 할 수 있겠다.

하지만 동아시아 패권을 재탈환하기 위해 군비를 꾸준히 확충해온 일본은 드디어 1904년 2월 5일 인천항과 요동반도에 정박 중인 러시아 군함을 기습 공격하여 러일전쟁을 도발하였다. 이어 일본군은 1개 사단과 1개 여단병력을 출동시켜 서울을 불법 점령하고는 2월 23일 고종황제를 위협하여 '한일의정서'를 강제로 체결하였다. 이 의정서에는 일본은 대한제국에서 정치적 변란이 있을 경우 군대를 출동시킬 수 있고, 대한제국 정부가 협조해야 한다는 것, 군사 주둔 시 일정지역을 군용지로 사용할 수 있다는 내용을 담고 있었다. 이로써 일제는 1904년 3월 서울 용산에 한국주차군사령부를 설치한 이후, 4,300여 명에 이르는 병력을 서울과 부산·원산 등지에 중점 배치하고 점차 1만 6천여 명으로 늘려나갈 수 있었다.

전쟁에서의 객관적인 전력은 총 200만 명에 이르는 군 병력과 전함의 배수량이 약 51만 톤인 러시아에 비해 일본의 상비군이 20만 명에 불과했으므로 단연 러시아가 우세하였다. 하지만 일본은 뤼순항 등지에서 약 8만 4천여 명의 전사자가 발생했음에도 불구하고, 이 전쟁에 총 108만여 명을 동원할 정도로 총력전을 펼쳤다. 더욱이 일본정부는 훗날 한국 주차헌병대 사령관이 되는 아카시 모토지로(明石元二郎) 대좌에게 약 400억 엔(약 5,400억 원)에 이르는 막대한 공작금을 주어 러시아 내부의 혁명세력을 동원해 짜르정권을 무너뜨릴 분열책을 획책하도록 했다. 만일 이 무렵 러시아가 혁명세력을 진압하고 조선의 항일 의병들에게 자금과 무기를 제공했더라면, 일본군은 신식무기로 무장한 수만 명의 항일의병들에게 발목이 잡혀 전쟁에서 승리하지 못했을 것이다(이덕일, 『근대를 말하다』, 2012, 20쪽).

러시아와의 전쟁 와중에도 일제는 한국에서의 군사적 영향력을 확대하기 위해 교통과 통신시설은 물론 임업과 광업·어업권을 장악해 나갔다. 1904년 8월 22일 일제는 대한제국 정부에게 재정고문과 외교고문을 고용해 자문을 받도록 하고, 외교안건도 일본정부와 상의하도록 하는 제1차 한일협약을 체결하도록 했다. 나아가 러시아 발트함대를 격침시킨 일제는 1905년 5월 내각회

1905년 5월 일본의 조선 외교권 강탈에 항의하며 영국 런던에서 자결한 이한응 대리공사

의를 통해 대한제국의 외교권을 박탈하고 서울에 주차관을 파견하는 '보호국화'를 추진하기로 결정하였다. 그해 7월 일본의 가쓰라 수상은 미국 육군장관 태프트와의 밀약을 통해 필리핀 지배를 용인하는 대신 한국지배를 인정받았고, '영일동맹'을 통해 "한국에 대한 일본의 정치·경제적 이익을 영국으로부터 승인" 받았다. 또 1905년 9월 5일 러시와의 포츠머스 강화회의에서 대한제국은 물론 여순(旅順)과 대련(大連)의 조차권과 북위 50도 이남의 사할린까지 양도받았다.

미국·영국·러시아로부터 한국지배권을 인정받은 일제는 드디어 1905년 11월 17일 대한제국의 외교권을 통째로 빼앗는 '제2차 한일협약', 즉 을사늑약(乙巳勒約)을 체결하였다. 조약 체결을 주도한 외부대신 박제순(朴齊純)을 비롯해 학부대신 이완용(李完用), 군부대신 이근택(李根澤), 내부대신 이지용(李址鎔), 농상공부대신 권중현(權重顯) 등 이른바 을사오적의 처형을 요구하는 상소와 시위가 거세게 일어났다. 고종황제는 끝까지 이 늑약을

1905년 11월 17일 을사늑약의 폐기를 주창하며 순국한 민영환 지사

인준하지 않았고, 한규설(韓圭卨)·민영기(閔泳綺) 등 일부 대신들이 반대했으나 체결을 막지는 못했다. 이에 민영환(閔泳煥)을 비롯해 조병세(趙秉世) 등 고위관료들이 조약폐기를 요청하며 순국하였다. 그럼에도 정작 성토대상자인 조약 추진세력은 12월 16일 공동으로 상소를 올려 "새 조약의 주지로 말하면, 독립이라는 칭호가 바뀌지 않았고 제국이라는 명칭도 그대로이며 종사는 안전하고 황실은 존엄한데, 다만 외교에 대한 한 가지 문제만 잠깐 이웃나라에 맡겼으니 우리나라가 부강해지면 도로 찾을 날이 있을 것입니다."라는 궤변을 늘어놓았던 것이다.

일제는 을사늑약 이후 서울에 조선통감부를 설치해 외교사무를 비롯한 국정전반에 적극 개입하였다. 나아가 한국민의 저항을 막기 위해 고문경찰제도를 대폭 확장하고 전국에 헌병분견소를 설치하였다. 또 1906년 10월 1일을 기해 지방행정제도를 전면 개정하여 행정구역을 13도 11부 333군으로 확정하였다. 일제는 광업권을 비롯해 토지매수를 위한 법령을 제정해 일본인들에게 각종 특권과 이익운영권을 주어 토지수탈을 가능하게 하였고, 1908년 사립학교령을 통해 식민지 교육체제를 갖추었다.

이러한 조선통감부의 식민지적 통치와 수탈정책은 고종황제와 애국지사를 비롯해 전국의 많은 항일의병들의 반발을 불러 일으켰다. 고종은 일제 침략을 저지하기 위해 의병들에게 밀지를 보내 거병하도록 격려하였고, 세계열강에 밀사를 파견해 도움을 청하는 외교적 노력도 계속하였다. 1907년 6월 네델란드 헤이그에서 열린 제2차 만국평화회의에 이상설(李相卨)·이위종(李偉鍾)·이준(李儁) 3인을 보낸 일도 일제의 만행을 세계에 알리기 위한 고종황제의 노력 중 하나였다. 이토 히로부미 통감은 그해 5월 19일 하야시 곤스케(林權助) 외무대신에게 보낸 '한국 황제 밀사 헐버트의 헤이그평화회의 파견에 관한 건'에서 고종이 "러시아·프랑스를 믿고 독립을 회복하려 기획하고 있다."며 미국인 헐버트에게 거액의 자금을 주어 헤이그에 밀사를 파견한 것으로 파악하였다.

『매천야록』에 따르면, 밀사파견 소식이 알려지자, 일진회 회장인 송병준(宋秉畯)이 어전회의에 나아가 고종의 면전에다 "일본으로 건너가 일황에게 사과하든지 대한문에 나가 주차군사령관 하세가와 요시미치(長谷川好道)에게 항복하든지 선택하라"고 윽박질렀다. 7월 18일 저녁 이완용은 고종을 찾아가 칼을 빼어 들고 고함을 지르며 "폐하께서는 지금이 어떤 세상이라고 생각하고 계십니까?"라고 협박하였고, 이에 대해 고종은 묵묵히 앉아만 있었다고 한다. 이렇게 친일대신들의 갖은 협박에 시달린 고종은 19일 새벽 1시경 "짐은 지금의 군국의 대사를 황태자로 하여금 대리하게 한다."며 황제에서 물러날 것을 선포하였다. 『일본외교문서』 명치40년(1907) 7월 20일조는 "오전 8시에 황태자 대리식을 거행했다"라고 적고 있다. 고종과 황태자 모두 불참하고 친일내각 인사들만 참석한 가운데 열린 대리식을 통해 고종 44세의 치세는 이렇게 강제로 막을 내리게 된 것이다.

이런 여세를 몰아 이토 통감과 이완용 총리대신은 이른바 '제3차 한일협약'을 체결했다. "한국정부는 시정 개선에 관해 통감의 지도를 받는다(제1조)"라고 규정한 이 협약에 이어 '협약 실행에 관한 각서'도 작성했는데, 크게 재판권과 군대 해산에 관한 두 가지 사항이었다. "최고법원인 대심원 원

장 및 검사총장과 전옥(典獄-형무소장)은 일본인으로 한다."는 것과 "육군 1
대대를 존치시켜 황궁 수비를 맡게 하고 기타는 해산한다."라며 경호대대
를 제외한 모든 군대의 해산을 명문화한 것이다.

8월 1일 아침 8시까지 일본군사령관 관저인 대관정(大觀亭)으로 시위대
각 대장을 불러 모으도록 지시한 하세가와 요시미치(長谷川好道)사령관과
군부대신 이병무(李炳武)는 10시에 훈련원에서 해산식을 한다고 통보했다.
이에 항의해 대대장 박성환(朴成煥)이 자결하였고, 격분한 병사들이 영외
로 뛰어나가 일본군을 향해 사격을 개시했다. 일본군은 기관총 등의 중화
기로 진압에 나서 많은 시위대 병사들을 살상하였다. 해산식에 참여한 병
사들에게는 군모와 견장을 회수하고 계급에 따라 25~80원의 이른바 은사
금을 지급했다. 서울의 시위대를 시작으로 9월 3일 지방진위대까지 해산명
령을 받은 모든 대한제국의 군인들은 이후 전국 각지로 흩어져 의병단체에
투신하여 후기 항일의병의 주력군이
되었다.

고종 강제퇴위와 한국 군대의 해
산, 의병탄압으로 저항세력을 제압한
일제는 한국병탄을 실행에 옮기기 위
해 1910년 5월 3일 육군대장인 데라우
치 마사다케(寺內正毅)를 통감으로 임
명하였다. 데라우치 통감은 일본군 수
비대의 엄중한 경계태세와 언론탄압
속에서 8월 22일 이완용과 함께 한국
의 통치권을 일본 국왕에게 양도하는
'일·한 합방조약'을 체결하였다. 이 조

1907년 8월 한국군대의 해산조치에 맞서 싸운
의병들의 묘역이 있는 양평의병추모공원

약은 한국민의 저항을 두려워한 나머지 조인 후에도 일주일간 극비에 붙여
졌다가 29일에야 발표되었다[경술국치(庚戌國恥)]. 이로써 500여년의 역사
를 이어온 조선왕조와 대한제국은 멸망하고 36년간 일제의 잔혹한 식민통
치를 받게 되었다.

국권회복운동과 의병전쟁

러일전쟁과 을사늑약을 전후하여 일제의 국권침탈이 본격화되자, 국권
회복을 위한 한국민들의 저항이 본격적으로 일어났다. 이러한 움직임은 크
게 계몽운동과 의병전쟁이란 두 가지 방향으로 이루어졌다. 계몽운동은
'애국계몽운동', '자강운동', '실력양성운동' 등으로 불리우기도 하는데, 국권
회복을 위해 전개된 교육·언론·문화 분야에서의 실력양성운동을 의미한다.
계몽운동은 전통유학을 수학하였으면서도 서구문물의 수용이 필요하다고
인식한 이른바 개신유학자들과 국내·외에서 신교육을 받은 신지식층이 주
도하였다. 이들 가운데에는 소수의 명문벌족 출신들도 적지 않았지만, 대개
가 중·하급관리나 재야의 유생출신이었으며 경제적으로도 중소지주에 가
까웠다.

계몽운동가들은 서구문물의 개방에 의한 문명개화와 교육 및 실업의
발전을 통해 근대화를 이룩하자는 실력양성론을 주창하였다. 이들은 서
구와 일본 등 제국주의세력의 침략으로부터 벗어나 국권을 회복하고, 나
아가 부국강병을 이룩하기 위해서는 강력한 황제권을 중심으로 한 근대적
국민국가의 수립과 함께 교육을 통한 실력양성이 시급하다는 점을 강조했
다. 따라서 국력을 강화하기 위해서는 낡은 전제군주제가 아닌 입헌군주제

라는 새로운 정치체제를 갖추어야 한다고 주장하였다. 이는 개인과 백성의 권리보다는 국가의 권리와 이익을 앞세운 논리라 할 수 있겠다.

계몽운동가들의 국권회복운동은 1897년 대한제국의 수립과 더불어 전국 각지에 설립된 사립학교와 학회 및 신문 잡지를 비롯한 언론·출판활동으로 구체화되었다. 1898년 민영환(閔泳煥)이 홍화학교(興化學校)를 설립한 이래, 1905년 전후 전국 각처에 교육을 통한 국권회복을 추구하는 사립학교는 5천여 개에 이를 정도로 급속히 확산되었다. 조선총독부에서 간행한 『조선의 보호 및 병합』에 의하면, "1908년 경성 시내에 약 100여 개의 사립학교가 있었으며, 전국적으로는 5천여 개, 20만여 명의 학생들이 있었다."면서 "서당의 수는 만으로 헤아린다."고 덧붙였다. 비록 재정부족으로 오래 유지되지 못한 소규모 학교가 대부분이었지만, 근대적 학문방법을 수용한 초등보통교육과 여학교, 야학 등이 많아 계몽사상 보급에 크게 공헌하였다.

정치·사회단체의 계몽운동도 활발하였다. 1906년 4월 조직된 대한자강회는 기관지 《대한자강회월보》를 발행하여 교육과 실업을 중요성을 강조했다. 이 단체는 이듬해 11월 대한협회로 재조직되었는데, 60여 개 지회에 회원이 수만 명에 이르렀다. 1906년 10월 평안도·황해도 출신인사들이 서우학회(西友學會)를 설립하여 1908년 서북학회로 발전하였고, 호남·호서학회를 비롯해 기호흥학회·관동학회 등이 조직되었다. 일본 유학생들도 대학학회와 대한흥학회 등을 결성하였다. 1896년 《독립신문》을 필두로 발간되기 시작한 민간신문은 1905년 《대한매일신보》와 《황성신문》의 창간으로 활기를 띠었다. 이 신문들은 러일전쟁 직전에는 문명개화와 부국강병을 강조하는 계몽적인 논조를 펼쳤지만, 을사늑약 직후 국권침탈을 규탄하는 항일논설과 국민계몽의 연재물을 주로 게재하였다. 을사조약의 부당성을 규탄한 〈시일야방성대곡(是日也放聲大哭)〉이란 논설과 국권피탈을 비난하는 논설 등이 대표적이다. 또 신문들은 1907년 전개된 국채보상운동을 주도하여 애국심을 고취시키는 일에 앞장섰다. 1차 한일협약 이래 급증한 일본 차관을 민간모금으로 보상하자는 운동은 경북 대구에서 시작된 지 3개월만에 약속된 모금액을 넘어설 정도로 큰 호응을 얻었다. 하지만 이러한 국민적 운동은 일제의 방해공작과 국권피탈로 인해 수포로 돌아가고 말았다.

합법적인 계몽운동을 전개한 단체나 학회들과 달리 1904년경부터 서울 남대문의 상동교회와 상동청년학원에서 민족지사를 모으고 있던 이회영(李會榮)·이동녕(李東寧)·이상설(李相卨) 등이 1907년 4월 비밀결사인 신민회(新民會)를 조직하였다. 이들은 1909년 봄 서울 양기탁(梁起鐸)의 집에서 비밀회의를 갖고 해외에 독립기지 건설과 군관학교 설치를 결정하였다. 북만주의 용정(龍井)에 최초의 항일 민족학교인 서전서숙(瑞甸書塾)을 세우고 고종의 헤이그 밀사파견에도 관여했던 신민회는 평양의 대성학교(大成學校)와 오산학교(五山學校)를 비롯해 전국의 청년학우회 등을 통해 민족의식과 독립정신을 고취시키는 활동을 펼쳤다. 그러나 이 활동도 1910년 12월 일제가 조작한 '105인 사건'의 관계자들이 대거 체포됨에 따라 중단되고 말았다.

애국계몽운동과 함께 전국의 지방 유생들에 의해 전개된 의병운동은 러일전쟁과 을사늑약을 계기로 재기하였다. 존왕양이(尊王攘夷)와 왕정복구를 추구했던 전기 의병운동과 달리, 1904~1907년에 일어난 의병운동은 중·소규모의 부대를 편성해 산간벽지를 중심으로 일본군대와 직접 전투를 벌이는 게릴라전의 양상으로 변모하였다. 각 의병부대에는 지방의 유생과 전직 관리, 해산된 군인뿐만 아니라 포수와 포군 등 평민 출신들이 다수 참여하여 전투능력이 급격히 향상되었다.

을사늑약을 전후해 대규모 의병부대로 활동한 의병장으로는 충남의 민종식(閔宗植)과 전북의 최익현(崔益鉉)·전남의 고광순(高光洵)·경상도의 신돌석(申乭石) 등을 꼽을 수 있다. 그 가운데 이조참판 출신의 민종식 의병장은 1천여 의병을 규합해 충남의 홍주성을 점령하여 기세를 올렸다. 하지만 우세한 화력을 앞세운 일본군의 강제진압으로 인해 수백 명의 사상자를 남긴 채 패퇴하고 말았다. 유림의 대표 학자인 최익현은 제자들을 모아 전북 태안과 순창에서 활약하였으나, 관군에 의해 진압되어 대마도(大馬島)에 감금되어 순국하였다. 평민출신의 의병장 신돌석은 강원도와 경상도 경계의 일월산을 근거지로 삼아 일본군을 상대로 유격전을 펼치며 활약하여 민중과 양반계층으로부터 커다란 호응을 받았다.

이러한 의병들의 구국항쟁은 1907년 7월 일제가 고종을 강제퇴위 시키고 군대해산을 단행하자, 더욱 강렬하게 일어났다. 무장해제 통보를 받은 한국군 1천여 명은 서울에서부터 무장봉기를 일으키다가 지방으로 이동하여 의병과 합류하였다. 지방진위대의 해산 군인들도 봉기하여 일본군과 전투를 벌였는데, 경기·강원도의 민

1907년 8월 1일 한국군대의 강제해산에 맞서 싸운 강화도 의병장 연기우의 공적비

긍호(閔肯鎬) 의병부대와 강화의 연기우(延基羽) 부대 등이 대표적이다. 더욱이 일제는 그해 9월 총포 및 화약류 단속법을 제정하여 무기 소지를 금지시켰는데, 이로 인해 수렵을 생계수단으로 삼았던 함경도와 경기·강원도의 포수 대부분이 생존권을 위협받아 항일전쟁에 참여하게 되었다.

마침내 1907년 11월 이인영(李麟

榮)·허위(許蔿) 등이 13도 창의대진소를 결성하여 전국 의병 1만여 명이 경기도 양주에 모여 들었다. 이들은 서울탈환작전을 감행하기 위해 동대문 밖 30리까지 진출했으나, 후속부대가 도착하지 않은 데다가 우세한 무기를 앞세운 일본군의 공격으로 인해 물러나고 말았다. 이후 의병부대는 각자의 근거지로 돌아가 독자적인 활동을 전개하였다. 이 시기 의병부대에는 유생과 농민, 해산군인 뿐만 아니라 노동자, 상인, 교사와 학생 등 전 계층이 참여한 전국적인 구국운동으로 발전하였다. 1908년의 경우 전투횟수가 2천여 회에 이르고, 참여의병도 8만여 명을 헤아렸다.

전국으로 확산된 의병전쟁을 진압하기 위해 일제는 본국으로부터 군대와 헌병 및 경찰력을 추가 요청하여 증강 배치하였다. 조선주차군은 2개 사단 이외에 2개 연대가 증파되었고, 연대규모의 한국파견대도 증강되었다. 헌병대의 경우, 1908년 9월 6,500명으로 증가되었다. 나아가 조선통감부는 밀정이나 정탐꾼, 특설순사대 등을 동원하여 의병진영에 투입시킨 후 정탐활동을 펼쳤다.

특히 일제는 지리산과 덕유산·내장산을 근거지로 장기항전을 벌이는 호남의병을 진압하기 위해 1909년 9월부터 이른바 '남한폭도대토벌작전'이란 대규모 군사작전을 실행에 옮겨 의병과 지역주민들을 잔혹하게 탄압하였다. 임시한국파견대사령부에서 올린 대토벌 실시보고서에는 "남쪽 벽촌과 산간도서의 한국인들에게까지 황군(皇軍)의 엄숙하고 용감한 무위(武威)에 놀라게 해서 일본 역사상의 근본적인 명예회복을 행하지 않을 수 없다."고 적었다. 이 무렵 일제는 황해도와 경기·강원·함경도 지대에 대규모 병력을 동원하여 의병부대를 진압하였다. 일본군의 통계는 1906년부터 1911년까지 의병 사상자가 2만 1,485명이라 전하지만, 민간인 사상자가 누락된 숫자이므로 실상은 이보다 훨씬 많다고 할 수 있다. 이러한 대규모 토벌작전을 건디지 못한 의병들은 연해주나 간도로 망명해 만주독립군으로 전환하거나 개인별로 잠적하여 비밀결사를 모색하는 방향으로 전환하였다.

해외로 망명한 의병장으로는 이진룡(李鎭龍)·홍범도(洪範圖) 등이 대표적이다. 이들은 연해주에서 활동 중이던 전 러시아공사인 이범윤(李範允)을 비롯해 유인석·안중근(安重根) 부대와 연합하였다. 1910년 6월 유인석과 이범윤을 중심으로 의병연합체가 조직되었는데, 그것이 전국의 의병을 아우르는 13도의군(十三道義軍)이다. 이로써 의병전쟁의 중심은 국내에서 국외로 이동하게 되었다.

국내에서 활동한 의병단체로는 채응언(蔡應彦)부대와 대한독립의군부, 풍기광복단(후일 대한광복단으로 전환) 등을 들 수 있다. 1907년 봉기한 채응언 의병장은 항일투쟁을 계속하다가 1915년 7월에 체포되었다. 대한독립의군부는 1912년 고종의 밀명을 받아 전라·충청지역 유생들을 중심으로 조직되었는데, 왕정복구를 추구하는 전국단위의 광범위한 조직으로 확대되다가 1914년 발각되었다. 1913년 경북 풍기(豊基)지역에서 조직된 비밀결사인 대한광복단은 애초 의병출신들이 주도하여 군자금의 모집과 민족반역자 처단 등을 주도하였지만, 점차 계몽운동가들도 참여해 활동도 다양해졌고 일제관헌과 친일파에 대한 암살도 수행하였다.

이처럼 의병전쟁은 1894년 봉기하여 1915년을 전후한 시기까지 약 20년간 한국전역을 항일투쟁의 전장으로 만들었다. 한말 유생들의 반침략적 구국운동으

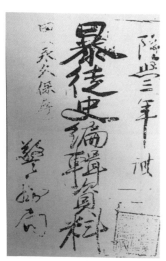

1909년 일본군의 한국 의병 탄압작전 기록인 폭도사 편집자료

로 시작된 의병전쟁은 을사늑약 이후 평민출신 의병장들이 대거 등장하면서 반봉건적 성향을 띠게 되었고, 근대적인 부대편성과 연합전선의 형성, 장기항전의 기지 구축 등을 추구하면서 해외로 이주해 만주 독립군으로 전환되었다. 이들은 비록 존왕양이와 문명개화 사상에 의한 국권회복운동의 일환으로 고종황제의 복위를 꿈꾸는 복벽주의의 면모를 보였지만, 점차 광범위한 민중계층의 호응과 참여를 바탕으로 한 민족운동의 중심세력으로 발전하였다. 따라서 의병전쟁은 한국 근대 민족주의운동의 선구적 역할을 수행했다고 할 수 있겠다.

민족종교운동과 민족주의 세력의 형성

서구와 일제의 침탈이 본격화되어 국권을 빼앗기면서 나타난 문화현상 중의 하나는 민족종교의 출현과 불교·기독교 등 기성종교의 민족운동화이다. 침략과 예속을 막기 위해서는 민족전통의 보존과 민족정신의 유지·발전이 무엇보다 시급하고 절실했기 때문이다. 민족종교의 출현은 단군조선 이래 꾸준히 유지되었던 한국고유의 종교를 되살려 민족국가를 건설하자는 대종교 운동과 동학농민혁명의 좌절된 동학정신을 종교로 구현하려 한 천도교 운동이 대표적이다.

먼저 대종교(大倧敎)의 제1세 교주인 나철(羅喆)은 1906년 일본 도쿄에 체류해 있다가 을사늑약의 원흉들을 처단하기 위해 조선으로 돌아온 민족지사였다. 그는 1908년 12월 단군교 의식을 통해 영계(靈戒)를 받고 귀국하면서 국권을 회복하기 위한 일환으로 단군신앙의 중광(重光:다시 일으킴)을 모색하고자 하였다. 나철은 1909년 1월 15일 자시(밤 11시~새벽 1시) 서

단국조선의 민족국가를 건설하려는 대종교의 창시자 홍암 나철

울에서 유근(柳瑾) 등 60여 동지들과 더불어 「단군교포명서」를 선포하고 이날을 중광절(重光節)로 삼았다. 망국을 앞두고 많은 이들이 단군교에 속속 입교했지만 일부 세력이 친일로 돌아서고 일제의 탄압이 본격화되자, 나철은 1910년 8월 교명을 대종교(大倧教)라 바꾸었다. 그는 '홍익인간 이화세계(弘益人間 理化世界)'를 교의로 삼아 그 구현을 통해 지상낙원을 세우자고 주장했다.

대종교는 곧 지식인들을 중심으로 교인수가 6천여 명으로 증가했다. 또 일제가 포교활동을 감시하고 통제하려 하자, 1914년 5월 백두산 북쪽 기슭인 만주 화룡현 청파호(青坡湖)로 총본사 자체를 옮겼다. 나철은 백두산을 중심으로 동·서·남·북의 4개 교구와 중국·일본·구미지역을 관장하는 외도교구 등 모두 5개의 교구를 설치하였다. 이러한 교구 설정은 교세의 확산은 물론 해외 독립운동 특히 중국·만주지역에서 독립운동을 위한 거점 마련에 크게 이바지하였다. 나철은 제자 서일(徐一)을 총재로 삼아 북로군정서(北路軍政署)를 건설하게 하였고, 이 부대의 '청산리 독립전쟁' 승리는 한국독립운동사에서 기념비적 사건으로 기록되었다.

나철의 포교 전략은 2세 교주 김교헌(金教獻)에게 그대로 승계되었다. 교단 정비와 교적 간행 등 교세 확장을 주도한 김교헌은 독립투쟁을 위한 군사기지 건설을 추진하는 한편, 교단의 하부조직인 시교당(施教堂) 설치와 학교 설립에도 심혈을 기울였다. 일요일마다 애국지사들이 대종교당에 모여 '한얼노래'를 부르면서 단군영정 앞에서 예배를 드렸다. 교인들은 배달

민족의 역사와 대종교 교리에 관한 강의를 들으면서 민족독립과 조국광복을 위하여 활동할 것을 맹세했다. 민족의식·국가의식 앙양과 더불어 유구한 우리 역사를 통하여 한민족이라는 자긍심도 고취시켰는데, 1916년부터 1923년까지 신도 수는 약 30만 명을 헤아렸다. 1918년 김교헌은 만주의 독립운동 지도자들을 결집해 「대한독립선언서」를 발표했다. 이 선언은 일제에 대한 무장혈전주의(武裝血戰主義)를 밝힌 것으로, 후일 동경유학생들에 의해 발표된 '2·8독립선언서'를 비롯해 '3·1독립선언서'의 기틀이 되었다.

제3세 교주 윤세복(尹世復) 역시 대종교 전파에 적지 않은 공을 세웠다. 그는 대종교 정신으로 동창학교(東昌學校)를 세우고 신채호(申采浩)·박은식(朴殷植) 등과 함께 민족교육을 실천했다. 나아가 흥업단(興業團) 등의 독립운동 기지들을 연이어 건설하고, 안희제(安熙濟) 등과 함께 발해농장(渤海農場)을 설립해 이주교민들의 경제적인 기반을 건실하게 하였다.

이처럼 대종교 지도자들은 활동한 포교활동과 함께 민족운동을 주도하였는데, 이는 단순히 종교적인 목적에서 뿐만 아니라, 민족독립운동의 일환으로 추진되었다. 나아가 대종교 운동은 만주 항일무장투쟁의 선구적 역할을 담당했으니, 김승학(金承學)·홍범도·김혁(金赫)·김좌진(金佐鎭) 등 헤아릴 수 없을 정도로 많은 대종교인들이 독립전쟁의 현장에서 지도자급으로 활동했다. 또 대한민국임시정부의 산파역을 맡은 신규식(申圭植)을 비롯해 박찬익(朴贊翊)·조성환(曺成煥) 등의 대종교인들이 중국 지도자들과의 활발한 외교활동을 펼쳤다. 대한민국임시정부의 국무위원급 이상으로 참여했던 대종교 인물은 박은식·이시영(李始榮) 등 21명에 이른다. 또한 주시경(周時經) 등 한글운동이나 신채호·정인보(鄭寅普) 등 민족주의사학의 정신적 토대가 되었다. 일제 침략에 맞서 민족정체성을 되찾아 조국독립을 이루고자 하는 민족적 열망에 대종교인들이 앞장섰던 것이다.

다음으로 민족종교로는 1894년 좌절된 동학농민혁명의 인내천 사상을 종교로 구현하려 한 천도교(天道敎)를 꼽을 수 있다. 동학교단은 농민운동을 통해 조선의 오랜 정치·경제·사회적 폐단을 개혁하고 능력에 따른 인재의 등용, 토지의 균분, 신분의 평등을 구현하려 했으나, 일본군과 친일정권의 무력 진압으로 뜻을 이루지 못하고 큰 희생을 치러야 했다. 이러한 위기를 극복하고 동학교단의 안정을 이룬 이는 1900년 교권을 장악한 손병희(孫秉熙)이다.

손병희는 1905년 12월 동학의 명칭을 천도교로 바꾸었다. 그는 정치와 종교의 분리 원칙을 내세워 내부의 친일세력인 일진회(日進會)와 결별하기로 하고 1906년 이용구(李容九)·송병준(宋秉畯) 등을 출교시켰다. 이후 그는 종교활동에만 전념할 것을 천명하고 중앙총부와 지방 교구를 설치하였고, 근대적인 교리서를 제작해 보급하는 등 교단의 안정화에 힘썼다. 또 1906년 6월 일간지인 『만세보』를 창간하여 풍속개량과 국민계몽 및 애국심 고취에 힘을 쏟았다.

천도교는 1910년 12월 재정난으로 폐교위기에 처해있던 서울의 보성(普成)중학·전문학교와 동덕(同德)여학교, 대구의 명신(明新)여학교 등 지방 학교들을 인수하거나 설립하였다. 이러한 교육기관의 운영을 통해 교단은 학생들에게 천도교 교리와 사상을 교육함으로써 교세의 신장을 꾀하는 한편, 근대적인 지식과 문명개화사상을 전파하여 민족적 각성을 도모하였다. 이러한 실력양성운동을 통해 입교하는 사람들의 수는 대폭 증가하였다. 1910년에 27,760호가 입교하였고, 1911년 1월부터 5월까지 무려 4만 여 호가 새로 입교하였다. 1916년경 천도교의 교인 수는 무려 100만 여 명에 이르렀다. 천도교의 계몽활동과 교세확장은 비록 적극적인 민족독립운동으로까지 확대되지는 못했지만, 민족종교로의 위치로 자리잡게 하는데 크게 기여했다. 1919년 3·1운동에 천도교가 적극 나설 수 있었던 것도 그러한 조건에서 가능하였던 것이다.

한국 전통사상이며 기성종교 중 하나인 불교 역시 민족의 자존성과 전통을 지키고 국권을 회복하기 위한 민족운동의 하나로 변화하였다. 불교계는 일제에게 국권을 강탈당한 직후인 1911년 6월에 제정된 '사찰령(寺刹令)'과 그 시행규칙에 의해 총독부에 의해 철저히 통제·관리되어 왔다. 일제의 사찰령은 한국불교계가 스스로 운영하는 종단의 존재를 부정하고, 각 본사로 하여금 사법을 제정해 이를 조선총독에게 인가받도록 하였다. 다만 일제의 지침을 불교계에 전달하는 연락사무소격인 '30본산주지회의소'와 본산 연합으로 강학과 포교사업을 추진한 '30본산연합사무소'만이 존재하였다. 그 결과 불교계는 일제가 민족운동의 기반을 제거하기 위해 만든 사찰령의 억압과 구속을 받게 되었다.

1910년대 불교계 독립운동의 대표적인 사례는 제주도 법정사(法井寺)의 항일투쟁을 들 수 있다. 1918년 10월 제주도 중문의 법정사에서 승려·불교도·선도교도·농민 등 수십 명이 모여 시위를 시작했는데, 이들은 일본인과 식민기관 등을 제주도에서 내몰고 국권회복을 하기 위해 항일투쟁을 전개했다. 시위대는 화승총·곤봉을 들고 서귀포로 향했는데, 지역 농민들도 합세하여 7백여 명으로 급증하였다.

시위대는 일제가 그동안 자행한 토지저당 고리대금업과 토지조사사업, 강제부역에 대해 많은 피해를 받아 이에 맞서 싸우고자 하였다. 시위대는 중문지역의 일제 통치기관을 파괴하고 일본인들을 습격하였으며, 구금되었던 농민 13명을 석방시켰다. 그러나 이들의 항일투쟁은 일제의 무장 경찰대와 순사대의 무자비한 진압으로 인해 실패로 돌아가고 주도자들이 대거 체포되고 말았다. 당시 일제에 피체되어 검거된 인원은 66명이었으며, 재판

1909년 10월 16일 이토 히로부미를 척살한 안중근을 찬양한 고토쿠 슈스이(幸德秋水)의 한시가 적힌 안중근의 사진

에 회부되어 실형을 받은 대상자는 31명이었다. 불교계가 3·1운동에 적극 참여하게 된 배경에는 이러한 일제의 탄압에 대한 반발과 민족종교로의 정체성을 되찾으려는 노력 속에서 가능했던 것이다.

대종교나 천도교·불교에 비해, 구미 열강과의 외교문제를 고려해 일제가 상대적으로 강제규제를 하지 못한 기성종교로는 천주교와 기독교를 꼽을 수 있다. 서구 열강의 선교사들과 비교적 자유롭게 관계를 유지하며 선교활동을 펼치고 있던 민족주의적인 천주교와 기독교인들에 대해 일제는 정치적인 사건을 이용해 탄압하였다. 우선 일제는 1909년 10월 16일 만주 하얼빈에서 이토 히로부미 전 총독을 안중근 의사가 처단하는 의거를 일으키자, 그가 천주교인 인지를 확인하여 주변인을 탐문하였다. 한국천주교회의 뮈텔 신부는 안중근의 의거를 살인행위라 단죄하고 다른 선교사들과 한인 성직자나 신도들에게도 그렇게 믿도록 인식시켰다. 심지어 뮈텔 신부는 안중근의 사촌동생인 안명근(安明根)이 황해도 일대에서 무관학교 설립자금을 모금하려 하자, 그를 평양의 일본헌병대에 밀고하여 체포되도록 했다. 이 사건을 빌미로 일제는 1911년 1월 160여 명의 항일인사를 검거해 중형에 처하도록 했다(일명 '안악 사건'). 이어 일제는 안명근이 비밀결사 신민회의 일원임을 파악하고, 그해

11월 평양도 지역의 애국지사 600여 명을 체포하였다. 서울의 윤치호(尹致浩)·양기탁, 평북의 이승훈(李承薰), 평양의 안태국(安泰國), 황해도의 김구(金九) 등이었다. 상동교회의 전덕기(全德基) 목사는 이때 극심한 고문으로 인해 세상을 떠나고 말았다. 혐의는 압록강 철교개통식을 참석하려는 데라우치 총독을 암살하려 모의했다는 것이다. 이를 빌미로 많은 애국지사들에게 고문과 악행을 가해 105명을 기소처리하였다(일명 '105인 사건').

나아가 일제는 1915년 '포교규칙'과 '개정 사립학교 규칙'을 제정해 종교에 대한 탄압의 법적 근거를 마련하였다. 포교규칙에는 불교와 기독교를 포함하였는데, 포교사는 총독부에 자격요건을 갖추어 신고를 해야 했고, 교회·설교소·강의소 등을 설립하려면 허가를 받도록 했다. 뿐만 아니라 교회의 부흥회·기도회·예배 모임 등을 감시·방해하고, 출판물에 대한 검열도 강화했다. '개정 사립학교 규칙'에서도 사립학교 설립, 설립자·학교장·교원 등의 변경이 있을 때는 조선총독의 인가를 받아야 했고, 교과용 도서도 조선총독부에서 편찬한 것이나 검정을 받은 것을 사용하도록 강요하였다. 예배와 종교교육의 금지와 아울러 일본어 사용을 권장하였다.

하지만 기독교에 대한 일제의 탄압은 오히려 한인들의 저항의식과 민족적 독립정신을 고양시키는 결과를 낳았다. 장로교회는 1911년 2천여 개의 예배처소와 14만 명의 회집, 650개 이상의 학교를 운영하는 등 급속한 교세 확장을 보였다. 총독부의 포교규칙에도 불구하고, 기독교계의 조직은 더 체계적으로 운영되었다. 일제 치하에서 한인들이 합법적으로 모일 수 있는 공간은 교회뿐이었고, 이 때문에 교회는 전국적인 연결망을 형성하게 되었다.

국외에서도 교포사회를 중심으로 교회가 조직되어 서로 소통할 수 있었다. 정치적 망명이나 경제적·사회적 여건 때문에 국내를 떠나 해외에서 거주하는 한인들은 교회에서 파견한 선교사들에 의해 조직되고 연결되었다. 해외 교회조직은 사실상 해외 독립운동의 연락처나 다름없었다. 또한 교회는 국내·외의 소식을 전달하는 중계지이자 산실 역할을 담당했다. 교회의 이러한 조직적 이점을 토대로 기독교인들은 3·1운동을 비롯해 항일 민족운동을 전개할 수 있었다(김광식·김동환·윤선자·윤정란·조규태, 『종교계의 민족운동』, 2009).

2. 공화주의 이념의 확산과 대한민국 임시정부

국외 독립운동 근거지의 건설

1910년 국권피탈을 전후해 많은 애국지사들이 상해·북경 등 중국 관내 지역을 비롯해 만주, 러시아 연해주, 미국의 하와이, 북미 지역, 심지어 멕시코와 쿠바 등지로 망명길을 떠났다. 해외 각지로 이주한 한인들은 민족의 전통성과 자존감을 지키기 위해 어려운 여건 속에서도 민족교육을 목표로 한 학교들을 설립하였다. 국내의 학교들이 일제의 식민지 교육으로 인해 말과 글을 빼앗기게 되자, 해외의 한인학교들은 한국어와 한글, 조선 역사 등을 가르치며 자녀들에게 한국인으로서의 정체성을 가질 수 있도록 하였다.

한인들은 또한 각지에서 대종교와 천도교, 기독교 교회 등 민족종교 기관을 설립해 동포들에게 민족적 정통성과 함께 근대 계몽적 가치관을 받아들일 수 있도록 하였다. 민족교육과 종교 활동을 통한 의식화가 이루어지고, 한인사회에 인적, 물적 기반이 갖추어지면서 한인단체들이 대거 결성되었다. 러시아 원동 지역의 권업회(勸業會)와 만주 서간도 지역의 부민단(扶民團), 상해 지역의 동제사(同濟社), 일본 동경 지역의 조선유학생학우회(朝鮮留學生學友會) 등이 1910년대 해외에서 설립된 대표적인 한인 자치단체였다.

한반도와 지리적으로 인접한 블라디보스토크와 하바로브스키 등의 원동 지역은 1860년 함경도 농민들이 황무지를 개척하기 위해 이주한 이래 각지 한인마을에 2백만 명이 넘는 동포들이 살고 있었다. 예로부터 이 지역은 부여와 고구려·발해로 이어진 역사적인 영토였기에 한인들이 뿌리 깊은 연고의식을 갖고 있었다. 또한 1904~5년 일본과 전쟁을 치른 바 있는 일본의 대륙 팽창 야욕을 경계하고 있던 중국과 러시아의 지방 관리와 주민들은 한인들의 항일활동에 대해 우호적이었다. 이러한 배경 아래에서 러시아 연해주 지역에서는 연흑룡주 총독부의 공식 승인을 받아 1911년 12월 19일 권업회(勸業會)가 창립되었다. 권업회는 대외적으로는 실업과 교육의 권장과 증진을 표방하였는데, 이는 일본과의 외교적 마찰을 우려한 러시아 당국의 정책을 존중하고 일본의 간섭을 배제하기 위한 것이었다.

권업회는 러시아 당국으로부터 한인 자치기관의 지위를 부여받아 한인들의 국적취득을 대행해주거나 러시아어의 교육, 인구조사 등 행정기능을 담당하였다. 권업회는 『권업신문』을 간행하였는데, 블라디보스토크에서 간행된 한글신문 『해조신문』(1908), 『대동공보』(1909), 『대양보』(1911)를 계승한 신문이었다. 『권업신문』은 러시아 각지를 비롯하여 만주와 중국 관내, 일본, 그리고 멀리 미주와 하와이에까지 배포되었다. 하지만 제1차 세계대전이 발발되어 러시아 당국이 연해주 전역에 계엄령을 선포하고 모든 한인 단체들을 해산시킴에 따라 이 신문도 폐간되고 말았다.

압록강 건너편에 위치한 서간도 지역에서는 1910년 무렵 국내에서 망명해 온 독립운동가들이 이주 계획에 따라 정착촌을 건설하고 독립운동의 근거지로 만들려는 노력이 있었다. 특히 국내에서 활동하던 비밀결사인 신민회의 간부들은 백두산과 가까운 서간도 지역으로 대거 이주할 계획을 수립하였다. 이들이 독립운동 기지 후보지로 선정한 곳은 서간도 유하현(柳河縣) 삼원포(三源浦) 추가가(鄒家街) 지역이었다. 이 지역은 이회영(李會榮) 등이 1910년 8월 신민회 선발대로서 몰래 사전 답사한 곳이다. 이후 서울의 삼한갑족인 이회영 6형제의 60명 일가가 전 가산을 정리해 자금을 마련한 후 12월 31일 압록강을 건너 망명하였고, 안동 혁심유림의 거두인 이상룡(李相龍)·김대락(金大洛)·김동삼(金東三) 일행도 곧 합류하였다. 강화도의 마지막 양명학자인 이건승(李建承)과 충북 진천의 정원하(鄭元夏)·홍승헌(洪承憲) 일가도 그해 12월 얼어붙은 압록강을 건넜다. 이후에 이동녕(李東寧)·여준(呂準) 등이 연달아 망명하여 도착하니, 이 일대는 곧 한인촌으로 변하였다.

1911년 봄 이회영·이상룡 등이 서간도 일대의 독립운동 기지 건설을 위해 첫 삽을 뜬 사업은 이주 동포들의 안착과 농업생산을 지도하는 자치기관으로 낮에 농사짓고 밤에 공부하는 '경학사(耕學社)'를 조직하는 일이었다. 이주 한인들은 그해 4월 일제 밀정들의 눈을 피해 대고(大孤)산 기슭에서 노천 군중대회를 열어 이상룡(李相龍)을 임시의장으로 선출했다. 이상룡이 취지문에서 "민단을 일으키고 학교 및 교회를 설립하고 나아가 무관학교를 설립하고 교육을 실시해 기회를 타서 독립전쟁을 일으켜서 구한국의 국권을 회복한다."고 밝힌 바와 같이, 경학사는 국외 독립운동 기지건설 방침에 따라 조직된 최초의 자치단체였다. 나아가 이들은 병농일치의 민족교육과 군사교육을 실시하기 위해 현지인의 옥수수 창고를 빌려 6월 10일 신흥강습소를 개교하였다. 이어 6개월 만에 제1회 특기생이 배출되었으니,

김연(金鍊)·변영태(卞榮泰) 등 40여 명이 그들이다.

이회영 일행은 보다 넓고 안정된 학교 터를 찾아 1912년 봄 통화현(通化縣) 광화진(光華鎭)의 합니하(合泥河) 일대에 토지를 구입하고, 경학사의 후신인 부민단(扶民團)과 한족회(韓族會)를 조직하였다. 또한 이곳에 중등 교육과정과 군사교육을 가르치는 신흥무관학교를 세웠다. 신흥무관학교는 4년제 중학과정인 본과와 6개월 속성의 무관양성 과정이 있었는데, 학생들에게는 교육비와 숙식비 모두 무료로 제공되었다. 잇따른 대흉년으로 인한 배고픔과 풍토병, 마적의 침탈 등의 어려움에도 불구하고, 무관학교 생도들은 군사이론교육과 야외훈련을 비롯해 국사와 지리교육 등을 이수하였다.

모든 졸업생들은 2년간 모교를 위해 복무했고 노동강습소와 노동학교를 설립했다. 또 신흥학우단이라는 강력한 혁명단체를 조직했는데, 기관지『신흥학우보』를 간행해 이주한인들에게 홍보하였다. 385명에 이르는 신흥학우단 단원들은 1915년 본격적인 독립전쟁을 수행할 독립군 군영으로 백두산 서편의 고원평야에 백서농장(白西農庄)을 만들어 군사훈련을 실시했다. 신흥무관학교는 1919년 3월 서간도 일대에 만세운동이 일어나 많은 한인청년들이 이곳을 찾게 되자, 교통이 편리한 고산자진(孤山子鎭)으로 본부를 옮겨 군사훈련을 계속했다(서중석,『신흥무관학교와 망명자들』:2001, 174~180쪽).

하지만 일제가 만주 지역 독립군을 토벌하기 위해 중·일 합동수사를 전개하자, 학교도 안전지대로 옮겨야 했다. 1920년 8월 학교는 서로군정서의 지도 아래 안도현 삼림 지역으로 이동함에 따라 폐교되고 말았다. 이렇게 신흥무관학교가 약 8년간 배출한 졸업생은 약 3,500여 명에 이르렀는데, 이들은 대부분 만주 독립군 부대의 간부로 활동하거나 의열단, 나아가 한국광복군과 중국 홍군 등에도 핵심간부로서 참전하는 등 항일 독립전쟁의

1910년 망국에 맞서 독립기지로 세워진 서간도 합니하의 광화진 신흥무관학교 일대

주역이 되었다. 이들은 항일투쟁 방략으로서 '독립전쟁론'을 채택하였다. '독립전쟁론'이란 일본이 서구 열강 가운데 하나 이상의 국가와 전쟁을 하게 되면 그 열강과 연합하여 일본과 최후의 결전을 결행함으로써 독립을 달성한다는 장기적인 독립운동 방략이었다.

만주 일대와 더불어 중국 관내지역 가운데 가장 한국 독립운동가들이 활발하게 활동한 곳은 상해지역이었다. 상해 지역은 유럽 열강의 조계지가 있는 국제적인 도시로서 지리적인 면에서 국내와도 가깝고 미국이나 유럽으로 나아가기에도 편리한 교통요지였다. 1911년 무창(武昌)과 상해 등지에서 일어난 신해혁명(辛亥革命)은 망국의 한인청년들을 흥분시켰다. 청조 봉건통치의 철폐와 공화주의를 채택한 중국혁명의 메시지는 한인들에게 큰 감동을 주었으며, 중국혁명의 성공이 한국의 독립과 해방으로 이어질 것이라는 기대를 갖게 했다.

상해 한인사회에서 선구적으로 활동한 인물들은 신규식(申圭植)으로, 그는 1912년 4월 중순 중화민국 임시 대총통인 손문(孫文)을 면담하였다.

이어 그해 7월 그는 박은식·신채호·조소앙(趙素昻) 등과 함께 최초의 비밀 결사인 동제사(同濟社)를 조직하였다. 동제사는 1913년 12월 17일 박달학원(博達學院)을 개교하여 중국과 구미로 유학을 가려는 학생들을 위한 입학 예비교육을 실행하였다. 상해의 망명지사들은 1917년 2월 한인 2세들을 교육시키기 위해 상해에 인성(仁成)학교를 설립하였다(손과지, 『上海韓人社會史』:2001, 156~164쪽).

한편, 일본에서는 근대학문을 배우려는 청년들과 살길을 찾아 나선 노동자들의 도일이 급속히 증가하여 새로운 분위기가 형성되었다. 1909년 790명에 불과하던 재일한인들이 1917년에는 1만 4천명, 1919년에는 3만 6천여 명으로 급증하였다. 일본에 처음 이주해온 한인들은 대개 석탄광이 많이 몰려 있는 후쿠오카(福岡)와 나가사키(長崎), 홋카이도(北海島)에 이어 신흥 공업지대인 오사카(大阪)와 효고(兵庫) 등지에 흩어져 살았다. 집단 모집으로 건너 온 한인 노동자들은 오사카와 나고야(名古屋) 등의 소규모 공장이나 토목 현장에 취업하면서, 집단 거주지인 이른바 '조선인촌'을 형성하였다. 특히 오사카는 1910년대부터 항만 공사가 대대적으로 전개되어 일손이 부족하였고, 1923년부터 제주와의 직항로가 개설됨에 따라 제주도민의 도일이 급증하였다.

일본의 한인 유학생은 1910년대에 평균 5~6백 명 수준이었는데, 1917년 12월 말에는 재일조선인 유학생 총수가 589명이었고 1921년 무렵에는 1,023명에 이르렀다. 이 가운데 대부분의 유학생들이 도쿄(東京)에 편중되어 있었다. 특히 이른바 '다이쇼(大正) 데모크라시'라 불린 1910년대와 20년대 중반의 도쿄는 신학문과 선진 문물이 유입되던 교육의 중심지였고 대학을 중심으로 한 지식 계층이 밀집된 곳이었다. 따라서 한인 유학생들이 한 학기에 500~2,000명씩 몰릴 정도였다.

한인 유학생들이 가장 많은 찾은 대학은 메이지(明治)대학이었다. 이어 와세다(早稻田)대학과 주오(中央)대학, 니혼(日本)대학 등에 많은 유학생들이 취학하고 있었다. 이 외에도 단기 어학전문 학원인 세이소쿠(正則)영어학교와 전문학교 등도 노동과 학업을 병행하는 고학생들이 많이 다닌 학교로 꼽을 수 있다. 진보죠(神田町)와 니혼바시(日本橋) 주변에는 메이지대학과 와세다, 니혼대학 등이 밀집해 있는 이른바 명문대학가가 형성되어 있어 많은 유학생들과 고학생들의 교류장소로 활용되고 있었다. 게다가 진보죠에는 수많은 서점가를 비롯해 저렴한 가격의 상가나 음식점이 밀집해 있어 유학생들이 각종 잡지나 서적을 쉽게 구입할 수 있고, 각종 만남의 장소로 활용되었다. 도쿄에 몰려든 유학생과 고학생들은 선진 문물과 자유사상이 충만한 도쿄의 대학가 주변에서 생활하면서 각종 신사상을 수용할 수 있었다(김명섭,『한국 아나키스트들의 독립운동』;2008, 69~77쪽).

재일 유학생들은 상호 친목과 정보교류, 숙소와 일자리 해결 등을 위해 각종 모임을 만들었다. '조선유학생학우회(朝鮮留學生學友會)'는 최대의 재일유학생 단체로 유학생들의 가입의무가 있었다. 학우회 회원들과 교제하지 않은 학생은 '일본의 개'로 취급받았다. 학우회는 1년에 2회 간행되는 기관지 『학지광(學之光)』을 통해 유학생과 국내의 학생들에게 신사상과 반일의식을 고취하였다. 이러한 재일 유학생들과 노동자들의 새로운 움직임은 후일 2·8독립선언과 사회주의 사상수용에 선구적인 역할을 담당하게 되었다.

공화주의 이념의 확산

1910년대 전반기는 국외로 망명한 독립운동가들이 해외에 독립운동 근거지를 구축하고 확대해 가는 과정이었다. 그러나 이 과정에서 한인사회의 주도권을 둘러싸고 독립운동가들 간에 갈등과 분열이 일어나기도 했다. 갈등과 분열의 원인은 주로 출신지역이나 서구 문명에 대한 상호 입장차이, 구한국 황제권을 복구하자는 복벽주의와 새 나라를 세우자는 공화주의의 정치이념, 급진적 변혁과 완만한 개혁론 등 방법론의 차이에서 비롯되었다. 1910년대 국·내외의 독립운동은 이러한 내부적인 진통을 거치면서 발전해 나갔다.

1910년대 전반기에 러시아·중국·미국 등의 당국자들은 한인들의 독립운동에 대하여 대체로 우호적이었다. 그러나 이러한 분위기는 1914년 8월 제1차 세계대전의 발발로 급변하게 되었다. 러시아·중국·미국 등이 일본과 동맹국이 되면서 일본과의 외교적 관계를 우선시하였던 때문이다. 일본은 이들 국가에게 항일적 한인들을 추방하고 감시하며 통제할 것을 요구하는 공격적 외교정책을 취하였고, 이로 인해 항일운동은 침체기를 맞게 되었다.

이러한 상황에서 한국 독립운동가들은 중국 혁명가들과의 연대를 모색하였다. 1914년 11월 일본은 독일에 선전포고를 하고 독일의 조차지인 청도(靑島)를 점령하였다. 대전 초기에 독일은 전세를 유리하게 이끌면서 일부 한인들은 독일의 승리를 예상하기도 했다. 이어 1915년 3월 일본이 중국정부에게 '21개조'를 강요하면서 일본과 중국 사이에 긴장이 고조되었다. 이동휘(李東輝) 등 대한광복군정부의 간부들은 중국 혁명군과 연합하여 대일본전을 전개할 준비를 하였다. 그러나 5월 9일 중국 원세개(袁世凱) 총통

정부가 일본이 내놓은 최후통첩에 굴복하여 21개조 문제를 승인함으로써 한-중 연합에 의한 대일 무력투쟁계획은 수포로 돌아갔다.

중국 관내에서는 1915년 3월 성낙형(成樂馨)·유동열(柳東說) 등이 이상설과 협의하여 상해에서 신한혁명당(新韓革命黨)을 조직하였다. 서울에 감금되어 있는 고종을 당수로 추대한 신한혁명당은 대한제국의 망명정부 수립을 목표로 삼았다. 신한혁명당은 독일 정부의 보증 하에 원세개 정부와 한국 망명정부 간의 군사동맹을 체결하려고 했다. 신한혁명당은 1915년 5월 중·일 간에 21개조가 타결된 후인 7월 중한의방조약(中韓宜防條約) 체결을 위한 고종의 위임장을 받기 위해 국내에 성낙형을 파견했으나, 일본당국에 체포되면서 이 계획은 좌절되고 말았다.

이러한 좌절을 경험한 이후 국·내외 한인 민족운동계에서는 고종을 복위시키려는 복벽주의가 급격히 약화되고 공화주의가 점차 확산되어 갔다. 재미한인들의 단체인 대한인국민회는 미국 정치체제인 대통령제의 영향을 받아 다른 지역보다 앞서서 공화주의 노선을 표방하였다. 중국에서도 신해혁명의 영향으로 재중 한인들 사이에서 공화주의 이념이 급속도로 확산되었다. 제1차 세계대전이 진행되면서 제정국가인 독일의 패배와 민주정인 프랑스와 미국의 승리가 예상되자, 한인들 사이에서 공화주의가 다시 힘을 얻게 된 것이다.

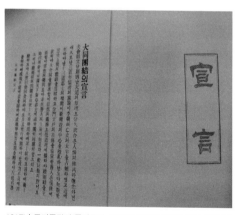

1917년 국민주권의 독립국가 건설을 위해 민족대단결의 필요성을 주창한 〈대동단결선언〉

한인 독립운동가들 사이에 공화주의 확산의 결정적 계기는 1917년 제정 러시아를 붕괴시킨 러시아혁명이었다. 1917년 6월 4일 시베리아와 러시아 원동 지역의 한인대표 96명은 연해주 니콜스크-우수리스크(Nikol 'sk-Ussurisk)에서 전로한족대표회의를 개최하고, 러시아 혁명임시정부에 대한 지지와 한인들의 러시아 헌법제정의회 참여를 결의하였다. 이 대회에서 귀화한 한인들은 러시아 내에서의 권리 확보와 자치 확대를 위하여 고려족중앙총회를 결성하였다. 한인들은 1917년 7월 초 2개의 한글신문을 창간했는데, 우수리스크에서 발행한 『청구신보』, 블라디보스토크에서 발행한 『한인신보』가 그것이었다. 귀화 한인들만으로 조직된 고려족중앙총회는 러시아의 10월혁명 이후인 1918년 1월초 하바로브스크에서 조직된 한족중앙총회와 통합하여 전체 한인의 민족단체로서 전로한족중앙총회를 조직하였다.

이 무렵 1917년 7월 신규식·조소앙·신채호 등 14명의 한인 지도자들 명의로 「대동단결선언」이 상해에서 작성되어 러시아 연해주와 미국, 중국 각지의 한인 지도자들에게 배포되었다. 이 선언문은 주권행사의 의무·권리가 국민에게 있다는 국민주권설에 기초하고 있으며, 일제에 의해 구속되어 있는 국내의 동포 대신 해외의 동지가 그 책임을 감당해야 한다고 주장하였다. 이 글에는 향후 독립된 국가를 만들기 위해서는 '임시정부'와 같은 통일국가를 만들어야 하고, 이를 위해 민족대회의인 통일기관을 만들어야 한다고 보았다. 「대동단결선언」은 국민주권의 공화주의 노선을 천명하고 유일무이한 최고기관의 조직을 제창함으로써 이후 임시정부 수립의 전례와 근거를 만들었다는 점에서 역사적 의미가 있다.

1918년 11월 11일 제1차 세계대전의 종결과 함께 국제무대에 전후 처리를 위한 파리강화회의 개최, 미국에서의 소약국회의(제2차 약소민족동맹회의) 개최, 미국 대통령 우드로 윌슨(Woodrow Wilson)의 민족자결주의 선언, 러시아혁명의 성공 등 세계 개조의 물결이 몰려왔다. 일본 내에서는 시베리아 출병에 대한 반전 여론이 확산되었고, 일본정부는 1918년 8월 쌀 소동으로 인해 궁지에 몰려 있었다. 이러한 국제 정세 속에서 한국민들 사이에서는 일제 식민통치로부터 벗어날 수 있다는 기대감이 높아졌다. 특히 미국 등 서구 열강이 한국의 독립을 도와줄 것이라는 낙관론도 작용하였다.

이러한 한국 독립에 대한 기대와 열망은 1919년 3·1만세운동으로 표출되었는데, 그 단초는 1월 22일 고종의 갑작스런 죽음에서 비롯되었다. 고종의 죽음은 만주에서 국내로 임시 돌아온 이회영이 1918년부터 은밀히 추진해온 중국으로의 망명계획과 밀접한 관련이 있다. 이회영은 장남인 규학(奎鶴)의 아내가 고종의 생질로서 사돈관계인 것을 이용해 접촉한 후, 고종의 중국 망명의사를 타진하여 승낙을 받았다. 이정규의 『우당 이회영 약전』에 따르면, 망국 후 남작 작위 수여를 거부했던 고종의 측근인 민영달(閔泳達)은 "황제의 뜻이 그러하시다면 신하된 나에게 무슨 이의가 있겠는가."라며 북경에 행궁(行宮)을 마련할 자금으로 5만원을 내놓았다. 이회영은 1918년 말쯤 이득년(李得年)에게 이 자금을 건네 북경의 동생 이시영(李始榮)에게 전달해 실제 거처를 구입하였다고 한다. 하지만 이 사실을 눈치챈 일제에 의해 고종이 급서함에 따라 계획은 수포로 돌아갔다.

일제가 편찬한 『순종실록 부록』에 이태왕(李太王·고종)의 와병 기록은 1919년 1월 20일자에 나오는데, 병명도 기록하지 않은 채 그날 병이 깊어 일본 도쿄에 가 있는 왕세자에게 전보에 알렸다고만 기록되어 있다. 문제는 그날 밤 숙직시킨 인물이 이완용과 자작 이기용(李埼鎔)이라는 사실인데, 다음날 오전 6시 고종이 숨졌다는 것이다. 일제는 이 사실을 하루 동안 숨겼다가 신문 호외를 통해 뇌일혈로 사망했다고 발표했다.

하지만 이것이 일제의 독살 때문이라는 소문이 널리 유포되었다. 김윤

식이 『속음청사(續陰晴史)』에서 고종이 갑자기 승하해 아들들도 임종을 지키지 못했다고 기록한 것을 비롯해 이회영의 아들 이규창도 자서전 『운명의 여신』에서 형수인 조계진이 운현궁에 갔다가 이런 사실을 듣고 부친에게 전했다는 말을 적고 있다. 이회영의 제자인 이관직의 『우당 이회영 실기』에서는 고종이 "밤에 식혜를 드신 후 반 시각이 지나 갑자기 복통이 일어나 괴로워하시다가 반 시간 만에 붕어하셨다."고 전한다. 또한 식혜를 올린 두 나인도 입을 막기 위해 살해했다는 것이다.

이처럼 구체적인 정황이 드러나 고종 독살설로 인해 일반 국민들의 분노와 반일감정은 매우 고조되었다. 만세운동의 기획자들이 거사일(3월 1일)을 고종 황제의 장례식 이틀 전으로 잡은 것도 이러한 분위기를 반영했기 때문이다. 3·1운동 이후 국내·외에서 수립된 임시정부들이 모두 공화제를 채택했다는 사실은 1910년대에 점차 확산된 공화주의가 당대 민족지도자들 의식 속에 확고히 자리잡고 있음을 보여주고 있다.

3·1운동과 대한민국 임시정부의 수립

1919년 2월 8일 오후 2시 일본 도쿄 간다구의 조선기독교청년회관에서 개최된 조선청년독립단 대회에는 도쿄 지역 유학생 642명 가운데 600명이 참가하였다. 이들은 독립선언식을 거행하고 「독립선언서」(2·8독립선언서)와 결의문을 낭독하였는데, 이 일로 실행위원 27명이 체포되고 최팔용(崔八鏞) 등 9명이 금고 1년형을 받았다. 당초 일제는 내란죄를 적용하려 했으나, 후세 다쓰지(布施辰治) 등 민권변호사들이 "학생들이 자기 나라의 독립을 주장한 것이 어찌 일본 법률의 내란죄에 해당하는가?"라며 무료 변론을 펼

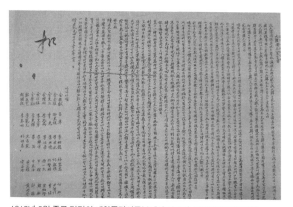

1919년 2월 중국 길림의 대한독립의군부에서 발표한 〈대한독립선언서〉

처 출판법 위반
죄가 적용되었다.

재일 한국유
학생들의 2·8독립
선언은 이후에 독
립운동을 준비하
고 있던 국내외
각 지역한인들의
독립운동을 크게
고무시켰다. 만주 길림에 본부를 둔 대한독립의군부가 주도하여 김교헌·김
규식 등 39명이 참여한「대한독립선언서」를 발표한 데 이어 국내에서 3·1독
립선언서를, 러시아 연해주 대한국민의회의에서 「대한독립선언서」, 북간도
에서 '간도거류조선민족 일동'으로 발표된 「독립선언 포고문」 등을 연이어
발표하였다.

국내에서의 3·1운동은 천도교, 기독교, 불교 등 주요한 종교 교단과 학
생들을 중심으로 추진되었다. 정치사회단체들이 모두 해산된 상태여서 종
교 지도자들만이 그나마 합법적인 활동이 가능했고 전국적인 조직망을 갖
고 있었다. 이들 종교계 지도자들은 독립이라는 민족적 대의명분 앞에서
교단, 종파의 이해관계과 이질성을 극복하고 민족적 대연합을 달성하였다.
만세운동 기획자들은 독립운동을 전개하는 데 있어 대중화·일원화·비폭력
의 3대 원칙을 채택하였다. 그리하여 3·1운동은 신분, 계층, 종교, 직업의
차이에 관계없이 광범위한 일반 대중들의 참여를 이끌어낼 수 있었다.

1919년 3월 1일 오후 2시 서울 종로의 음식점 태화관(泰和館)에 천도교
의 손병희·권동진(權東鎭)·오세창(吳世昌), 기독교의 길선주(吉善宙)·이승훈

(李承薰), 불교의 한용운(韓龍雲) 등 3대 종교를 대표하는 지도자 33명이 '민족대표' 명의로 서명한 「독립선언서」가 선포되었다. 선포식에 참석한 29명은 대기하고 있던 일본 경찰들에 의해 종로경찰서로 연행되었다. 파고다공원에서는 학생대표들이 민족대표들을 기다리고 있었는데 민족대표들이 연행되자, 2시 30분 경 독자적으로 독립선언식을 거행하고 '독립만세'를 외치며 시가행진에 돌입하였다.

당시 경성의학전문학교 학생으로서 파고다공원에 있었던 이의경(李儀景 -필명 이미륵)은 『압록강은 흐른다』에서 "갑자기 깊은 정적이 왔고 누군가가 조용한 가운데 연단에서 독립선언서를 읽었다 …… 잠깐 동안 침묵이 계속되더니 다음에는 그칠 줄 모르는 만세 소리가 하늘을 찔렀다. 좁은 공원에서 모두 전율했고, 마치 폭발하려는 것처럼 공중에는 각양각색의 삐라가 휘날렸고, 전 군중은 공원에서 나와 시가행진을 했다."고 현장 분위기를 전했다. 이날 서울에서의 시위는 저녁 늦게까지 전개되었으나, 한용운이 작성한 '공약 3장'에서 제시한 대로 평화적으로 진행되었다.

독립만세 시위운동은 3월 1일부터 4월 11일까지 매일 평균 10회 이상 일

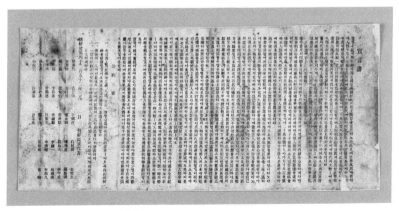

1919년 최남선이 기초한 〈대한독립선언서〉

1919년 3월 1일 서울 탑골공원에서 세계사에 큰 획을 그은
대한독립 만세시위

어났다. 3·1 운동은 중앙에서 지방으로, 도시에서 농촌으로 점차 확대되어 5월 말까지 전국 거의 모든 지역에서 평화적으로, 때론 유혈충돌로 전개되었다. 시위운동은 시가지 대로변은 물론 시골 장터의 만세 시위, 야간 산 위에서의 봉화 시위, 태극기를 이어받으며 지역과 지역을 연결하는 릴레이 시위, 상인들의 철시와 학생들의 동맹휴학 시위, 노동자들의 파업, 광부들의 주재소 습격 시위, 거지들이나 기생들의 시위 등 실로 다양한 지역의 다양한 계층 사람들이 다양한 방법으로 시위를 벌였다. 시위 건수로는 2천 회가 넘었고, 참가 인원으로는 연인원 2백만 명이 넘었으니 전체 인구의 10%가 넘는 인원이었다.

3·1운동 당시 일본 군경의 무력 탄압은 실로 무자비하고 잔혹하였다. 중국 상해에서 1920년에 간행된 박은식의『한국독립운동지혈사』과 미국에서 간행된 자료에 의하면, 약 7천여 명이 학살되었고 부상자가 4만 5천여 명, 투옥된 사람은 5만 명에 이르렀음을 알 수 있다.『한국독립운동지혈사』는 서울에 있는 통신원의 기록을 토대로 "창으로 찌르고 칼로 치는 것이 마치 풀 베듯 해서 즉사한 사람이 3,750여 명이고, 중상을 당해 며칠 후에 죽은

사람이 4,600여 명"이라고 전한다. 이는 사실상 일본 정부에 의한 민간인 대학살이라 해야 할 것이다.

국내의 3·1운동에 부응하여 해외에서도 독립선언과 아울러 치열한 만세 시위운동이 전개되었다. 중국의 북간도에서는 3월 13일 용정(龍井)촌 서전 벌에서 학생들과 동포 약 3만여 명이 운집하여 '조선독립축하회'가 열렸다. 시위대는 일본 총영사관을 향해 행진하다가 중국 군경의 발포로 13명이 희생당하고 말았다. 북간도에서의 시위운동은 4월말까지 총 54회의 집회에 10만여 명이 참여하였다. 서간도의 유하현과 통화현에서도 독립선언 축하식과 만세운동이 전개되었다.

러시아 연해주에서는 3월 17일 니콜스크-우수리스크에서 독립선언서 발표식을 거행되었고, 블라디보스토크에서 약 2만여 명이 참여하는 시위운동이 일어났다. 이에 일본총영사관과 러시아 당국이 저지에 나서자, 4월 9일까지 연해주 전역에서 항의시위가 전개되었다. 미국 샌프란시스코의 대한인국민회도 3월 9일 만세집회를 가졌으며, 필라델피아에서는 4월 14일부터 16일까지 제1차 한인회의를 개최하고 시내를 행진하였다.

3.1운동은 일본을 비롯한 강대국들에게 한국민족의 강인한 독립정신과 민족정신을 보여주었을 뿐 아니라, 제국주의에 희생된 아시아와 다른 식민지 약소국들에게 새로운 독립운동의 방향을 제시해 주었다. 특히 반식민지 상태에 빠져있는 중국민들에게 적극적인 항일 민족운동을 펼치게 한 5·4운동의 시발이 되었을 뿐 아니라, 영국에 저항하는 인도와 이집트의 독립운동에도 많은 영향을 끼쳤다. 이처럼 한민족의 독립의지를 세계만방에 알리고 독립국가임을 선포한 3·1운동의 결과로 대한민국 임시정부라는 새로운 정부를 수립하는 것은 자율적이며 독립적인 정부를 위한 당연한 수순이었다.

대한민국임시정부는 1919년 3월 4일 중국 상해 프랑스 조계에 독립운

1919년 4월 11일 발표된〈대한독립선언서〉

동의 최고기관 조직을 위한 임시 사무소가 설치되면서 첫발을 내디뎠다. 이 곳을 중심으로 국내에서 파견된 인사들과 신한청년당, 일본·만주·러시아·미국 등지에서 건너온 독립운동가들이 독립운동을 이끌어 갈 최고기관 설립에 대해 논의하였다. 참석자들은 대한제국의 황제가 포기한 국가를 국민이 나서서 새롭게 세우겠다는 열망으로 독립운동을 이끌 최고기관으로서의 정부를 조직하기로 하였다.

4월 10일 프랑스조계지에 각 지방의 대표자 29인이 모였다. 손정도(孫貞道)·신익희(申翼熙)·이광수(李光洙) 등 3·1운동과 관련해 일본과 국내에서 망명한 인물들과 이회영·이시영·이동녕 등 만주 인사들, 신채호·조소앙·여운형 등 신한청년당, 그리고 러시아 노령의 남형우(南亨祐)와 대종교의 조완구(趙琬九) 등이 출석했다. 무기명 투표로 임시의정원 초대 의장에 이동녕, 부의장에 손정도가 선출되었다. 이들은 이튿날까지 밤샘 회의를 열어 대한민국 임시의정원을 조직하고, 민주공화제를 국체로 하는 임시헌장을 제정하였다. 그리고 이승만을 국무총리로 하는 내각책임의 임시정부를 구성하였다.

임시정부는 상해뿐만 아니라 러시아 연해주의 '대한국민의회'와 서울의 '한성정부'가 수립되어 통합문제가 시급해졌다. 상해 임시정부측은 그 기득권을 포기하면서 한성정부의 법통을 인정하는 방안을 갖고 내무차장 현순

(玄楯)을 러시아령에 파견하여 대한국민회의 관계자들과 협의했다. 그 결과 "1. 상해와 노령에서 설립한 정부들은 일절 해소하고 국내에서 13도 대표가 창설한 한성정부를 계승할 것이니, 국내의 13도 대표를 민족전체의 대표로 인정함이다. 2. 정부의 위치는 아직 상해에 둘 것이니, 각지에 연락이 비교적 편리한 까닭이다"하는 합의안을 도출했다. 대한국민의회는 8월 30일 블라디보스토크 신한촌에서 총회를 열어 해산을 선언했고, 임시의정원도 8월 18일 제6회 회의를 열어 '임시의정원 개조 및 임시헌법 개정에 관한 제언'을 통과시켰다.

임시정부의 참여세력 중 대부분은 이념적으로 민족주의에 해당하지만, 일부 사회주의 세력도 참여하였다. 독립운동 노선 면에서는 무장투쟁론자와 실력양성론자, 외교론자 등 다른 견해를 가진 다양한 인물들이 함께 참여하였다. 통합의 우여곡절 끝에 한인사회당의 대표인 이동휘가 국무총리로 취임함에 따라 부족하나마 한국 독립운동을 대표하는 통합정부이자 최초의 좌·우 합작정부를 구성할 수 있었다. 이후 임시정부의 모든 공식문서는 1919년을 '대한민국 원년'으로 표기했다.

임시정부는 1919년 11월 〈임시헌법〉을 발표하였는데, 그 1조는 '대한민국은 민주공화국'이라고 규정하고, 제 2조는 "대한민국의 주권은 대한인민 전체에 재함"이라 하여, 우리나라의 국호가 대한민국이라는 것과 국가의 형태가 민

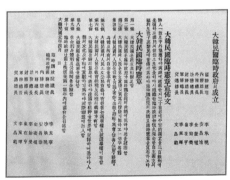

1919년 4월 11일 대한민국임시정부에서 공포한 〈대한민국 임시헌장 선포문〉

주공화국이며, 주권이 국민에게 있음을 밝히고 있다. 또한 임시정부는 3권 분립의 원칙에 따라 입법기관인 임시의정원과 행정기관인 국무원, 그리고 사법기관인 법원을 구성하였다. 이로써 우리 민족은 역사상 처음으로 비록 해외에서나마 민주공화제에 입각한 민주국가를 건설하게 되었던 것이다.

임시정부는 4월 11일 발표한 〈대한민국임시헌장〉에서 성, 신분, 재산에 따른 불평등을 타파하겠다는 뜻을 밝혔다. 헌장은 10개 조에 불과하지만, '대한민국의 인민은 남녀귀천 및 빈부의 계급이 없고 일체의 평등함'(3조) 과 '대한민국의 인민으로 공민자격이 있는 자는 선거권과 피선거권을 가짐'(5조), '대한민국의 인민은 교육납세 및 병역의 의무가 있음'(6조)이라 규정하고 있다. 이는 새로이 건국된 대한민국이 유교적 전통사회가 견지해온 남녀 차별과 불평등이 더 이상 존재하지 않음을 보여준 것이며, 남성과 마찬가지로 여성도 국민으로서의 동등한 권리와 의무, 곧 참정권을 갖는다고 천명한 것이다

나아가 대한민국 임시정부는 교육문화정책을 통하여 근대국가의 실현 과 강력한 독립운동을 추진해 나아갔다. 임시정부의 교육정책은 두 가지 측면에서 이루어졌다. 하나는 국내에서 민족교육과 문화정책을 통해 민족 정신을 고취시켜 국가의 광복을 이룩하고자 하는 것이었다. 다른 하나는 3.1운동을 계기로 성장한 근대의식을 바탕으로 근대 민주시민을 양성하는 일이었다. 또한 임시정부의 교육이념으로는 홍익인간과 이화의 세계에 기 본을 두고 균등제고와 민주시민 양성에 역점을 두었다.

대한민국임시정부의 수립 초기에는 각 부서를 중심으로 활동이 추진되 었다. 외무부는 파리강화회의에 파견한 대표를 통해 독립외교에 노력을 집 중하였고, 내무부는 국내 행정을 장악하기 위해 연통부를, 교통부는 독립 운동의 연락망을 확보하기 위한 통신기관으로 교통국을 각각 설치하였다.

그리고 군무부는 육군무관학교를 세워 군사간부를 양성하고, 국내에 군사주비단을 조직해 독립전쟁에 대비한 교두보를 마련하는 데 힘을 쏟았다. 더불어 임시정부는 내무부 경무국장 밑에 20여명의 정·사복 경호원을 두어 교포사회에 잠입해 오는 일본 밀정을 색출·박멸하고, 임시정부 요인들의 신변 안전을 책임지도록 하였다.

이 가운데 초기 임시정부 활동의 근간을 이룬 것은 연통제였다. 통합 임시정부의 국무원령 제1호인 연통제는 내무총장 안창호의 지휘 하에 추진된 국내 연통부는 도·부·군-면의 행정조직에 따라 비밀리에 설치되었다. 국외에는 한인 거류민단을 두어 해당 지역의 교민을 통할하도록 하였다. 이렇게 만들어진 연통부 조직은 임시정부 법령과 공문을 국내에 널리 배포하는 일, 애국금과 인구세를 모집하는 일, 장차 독립전쟁에 대비해 군사 경험자와 병기·탄약을 조사 보고하는 일, 일본 관헌과 군대의 상황을 내사하여 보고하는 일, 시위운동 사상자의 명단을 작성하여 보고하는 일 등을 담당하였다.

하지만 임시정부 내에서는 대통령으로 추대된 이승만과 국무총리 이동휘가 모두 자금문제로 물의를 일으켰다. 이승만은 1919년 5월 미국에 임시정부의 외교를 담당한다는 명분으로 구미위원부를 설치했는데, 미주 교포들이 내는 애국후원금을 임시정부 재무부에 납부하지 않고 전용했던 것이다. 이에 임시정부는 이승만의 사조직인 구미위원부의 폐지를 요구하는 한편, 이승만의 상해 부임을 수차례 촉구하였다. 하지만 이승만은 여러 이유를 들어 부임을 늦추다가 1920년 12월 8일에 이르러서야 상해에 도착했다. 성대한 환영식에 이어 많은 기대에도 불구하고, 이승만은 외교적인 노력만을 강조하며 현상유지만을 주창해 실망감을 안겨주었다. 게다가 6개월만인 1921년 5월 미국으로 돌아가고 말았다.

더욱이 이승만이 1918년 정한경(鄭翰景)과 공동명의로 미국 대통령에게 "한국을 당분간 국제연맹의 통치하에 두자"고 청원한 사실이 뒤늦게 알려져 큰 반발을 샀다. 임시정부에서 탈퇴한 신채호 등이 한국의 국제연맹 위임통치를 미국 대통령에게 청원한 이승만을 성토하고, 외교독립론과 실력양성론에 치중한 임시정부를 비판하였다. 북경을 거점으로 한 이같은 반임시정부 활동은 1920년 9월 군사통일회를 발기하였고, 이듬해 4월 군사통일주비회를 개최해 임시정부와 임시의정원에 대한 불신임안을 가결하기도 하였다.

국무총리 이동휘도 소련의 레닌으로부터 지원받은 혁명자금의 분배문제로 큰 물의를 일으켰다. 1919년 8월 30일 김립(金立)과 함께 상해에 도착한 이동휘는 그해 10월 한인사회당 소속의 측근 한형권(韓馨權)을 모스크바로 파견하였고, 자금지원을 받았다. 이 중 1차로 받은 40만 루블을 김립에게 전달되었다. 그런데 이 돈의 배분을 둘러싸고 임시정부에 내놓아 독립운동에 쓰지 않고 자신들의 정당활동 확장을 위해서만 사용한다는 비판이 일어난 것이다. 물론 이 자금은 임정 요인들과 여타 다양한 세력에게 분배되었지만, 문제는 공식 절차가 아니라 사적인 루트를 통해 불공정하게 지원되었다는 점이다. 결국 이 때문에 자금 전용 의혹을 받은 김립은 상해에서 김구의 지시를 받은 오면직(吳冕稙) 등에 의해 암살당하고 이동휘도 1922년 1월 25일 국무총리직을 사임하고 연해주로 돌아가야 했다. 이처럼 독립노선에 따른 갈등에 이어 자금분배 문제까지 얽히면서 임시정부는 거의 활동 불능 상태로 접어들었다.

그러자 국민대표회의를 열어 임시정부를 개최해 임시정부를 새로 만들거나 개조하자는 논의가 등장했다. 박은식·원세훈(元世勳) 등 14인은 그해 2월 「우리 동포에게 고함」이라는 성명서를 발표하고, 전 국민의 의사에 바탕을 둔 통일적인 정부 조직과 독립운동의 최선의 방침을 수립하기 위한 국민대표회의의 소집을 촉구하였다. 1923년 1월 상해에서 열린 국민대표회의에 참여한 125명의 대표들은 기존 임시정부의 개조를 주장하는 개조파와 임시정부를 부인하고 새로운 최고기관의 건설을 주장한 창조파로 나뉘어졌다. 주로 안창호(安昌浩)를 비롯한 평안도파와 서간도의 한족회 및 서로군정서 등 민족주의 진영이 개조파에 속하였고, 박용만(朴容萬)·신숙(申肅) 등 군사통일회 인사들과 상해파 및 이르쿠츠크파 고려공산당 등 사회주의세력이 창조파를 구성하였다.

국내외 독립운동단체들이 한 자리에 모여 전선의 통일을 위해 5개월동안 열띤 토의를 벌였지만, 별다른 성과를 거두지 못하고 결렬되고 말았다. 이후 임시정부는 전체 독립운동세력을 하나로 묶은 대표단체라는 위상이 약해지고 일부 민족주의자들의 보수정당으로만 인식되면서 시련기에 접어들게 되었다. 다만 국민대표회의는 임시정부를 대신할 새로운 독립운동 최고기관의 조직을 목적으로 한 민족유일당 운동을 촉발시켰다는 점에서 역사적 의미가 있다고 하겠다.

1. 만주의 무장투쟁과 민족유일당 운동

만주 독립군의 독립전쟁과 자유시참변

대한민국임시정부의 초창기 군사활동은 서간도와 북간도 일대의 독립군 부대의 무장투쟁에 크게 의존하였다. 백두산 서북쪽 압록강 넘어 혼강 일대와 송화강 중상류지역을 서간도, 백두산 동쪽 두만강 넘어 지역을 북간도라 일컫는다. 일찍부터 독립운동 기지로 개척된 이들 지역은 3·1운동 이후 항일무장투쟁의 분위기가 고조되면서 수많은 독립군 단체가 조직되었다.

먼저 1919년부터 서간도 지역에서 결성된 독립군단으로는 유하현 삼원보의 대한독립단, 유하현의 서로군정서, 관전현의 대한청년단연합회, 장백현의 대한독립군비단과 태극단, 무순현의 광정단, 통화현의 신흥무관학교, 관전현의 대한광복군총영, 의성단 등이 있다. 이 중 대표적인 독립군 단체인 서로군정서(西路軍政署)를 들 수 있다. 서로군정서는 1919년 4월 서간도

지역의 한인 자치기구였던 부민단(扶民團)이 조직을 확대하여 한족회[중앙총장 이탁(李鐸)] 로 발전하면서 산하 군사조직으로 편성된 독립군 부대였다. 당초 명칭은 군정부였는데, 11월 한족회의 방침에 따라 임시정부 산하로 들어가면서 서로군정서로 명칭을 바꾸었다. 독판에는 이상룡(李相龍)이, 참모장에는 김동삼(金東三)이 선임되었다.

서로군정서는 군자금 모집을 위해 한족회 관할구역 내의 1만여 호에 이르는 한인들에게 의무금을 부과하고, 평안도와 경상도 등지에 특파원을 파견하였다. 그리고 신흥중학을 신흥무관학교로 확대 개편하여 장교반·하사관반·특별훈련반의 과정을 두고 독립군 양성에 주력하였다. 서로군정서는 무관학교 졸업생을 중심으로 조직을 확대·강화하는 한편, 의용대를 국내로 잠입시켜 군수 등 친일세력을 처단하고 경찰 주재소와 관공서를 습격·파괴하는 작전을 전개하였다. 또한 북로군정서와 협약을 맺고 그곳 사관연성소에 신흥무관학교 출신을 교관으로 파견하기도 하였다.

1920년 6월 봉오동과 10월 청산리 전투의 승전을 이끈 북로군정서

다음으로 북간도 지역에서 결성된 독립군단은 왕청현의 대한독립군과 북로군정서, 훈춘현의 대한신민단, 연길현의 의군부와 대한의민단·대한의용군사회, 안도현의 대한정의군, 장백현의 대한국민단 등이 있었다. 노령지방에는 대한독립군결사대, 대한신민단, 대한국민혈성단, 대한독립군 등이 조직되었다. 이 밖에 흥업단과 야단, 혼한군무단, 국민의사부, 노농회, 광여단 등이 조직되었다.

이 중 대표적인 단체로 대한독립군과 북로군정서를 꼽을 수 있다. 대한독립군은 포수 출신 의병장으로 용맹을 드높인 홍범도(洪範圖)를 사령관으로 하여 조직된 독립군 부대였다. 1919년 5월 대한독립군의 병력은 약 200명 정도였는데, 당시 홍범도는 이동휘가 부장으로 있던 대한국민의회 선전부(宣戰部:군무부)의 일원이기도 하였다. 이후 대한독립군은 간도 대한국민회의 재정 지원을 받아 병력과 무기를 확충하고, 8월 압록강을 건너 함경남도 혜산진의 일본군 수비대를 공격함으로써 항일무장투쟁의 깃발을 올렸다.

대한독립군을 지원한 간도 대한국민회는 상해 임시정부 수립 직후 기독교인들이 중심이 되어 결성한 독립운동단체로, 북간도 한인사회에서 가장 큰 세력을 확보하고 있었다. 대한국민회는 직할 부대로 국민군을 편성하는 한편, 홍범도의 대한독립군, 최진동의 군무독군부와 제휴하여 1920년 5월 800여명의 연합 병력으로 대한북로독군부를 창설하였다.

북로군정서는 대종교 지도자인 서일(徐一)이 대종교 신도와 망명 의병, 공교회(孔敎會) 출신 인물들을 규합해 1919년 3월 말에 결성한 정의단(正義團)을 모체로 편성된 독립군 부대였다. 서일이 총재를 맡았으며, 김좌진이 사령관으로서 6개월 과정의 사관연성소 운영을 포함한 군사 활동을 총괄하였다. 이 부대는 청산리전투 직전인 1920년 8월에 병력이 약 1,200명에 이르러 북간도 일대 독립군 부대 가운데서 단연 두각을 나타냈다. 무기는 기관총 2문, 군총 900종, 수류탄 100여 발 등을 갖추었다.

특히 북로군정서 독립군들은 제1차 세계대전 당시 시베리아로 출병했다가 포로가 되어 고향으로 돌아가는 체코군이 남기고 간 무기들을 대량 구입하여 무장했다. 이 무기들은 제정 러시아가 미국의 레밍천사, 웨스팅하우스사 등에서 구입한 최신제였다. 이렇게 무장하고 체계적인 군사훈련을 받은 독립군들은 임시정부가 '독립전쟁의 해'로 선포한 1920~21년에 서로 앞을 다투어 압록강과 두만강을 건너 국내의 일본군 국경수비대를 공격하였다(황민호·홍선표,『(3.1운동 직후) 무장투쟁과 외교활동』;2008, 81~85쪽).

독립군 연합부대와 일본 정규군의 대규모 전투는 1920년 6월 벌어진 봉오동전투와 10월 청산리 전투에서 정점을 이루었다. 봉오동·청산리전투는 한국 독립군이 훨씬 우세한 화력과 병력을 갖춘 일본군과 정규전을 벌여

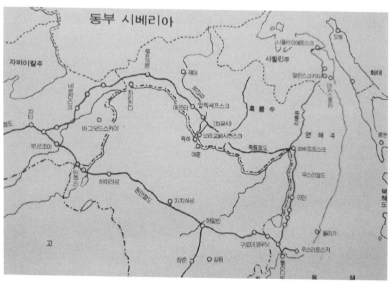

시베리아의 지도 가운데 자유시와 흑하가 나타나있다. 자유시 참변은 다른말로 흑하사변(黑河事變)이라고도 하며, 이 사건은 소련 혁명군의 배신으로 대한독립군에게 타격을 주었다.

얻어낸 성과라는 점에서 각별한 의미가 있다. 청산리전투에서 대승을 거둔 독립군 부대는 새로운 근거지를 찾아 북만주 밀산(密山)에 집결하여 대한 독립군단을 결성하였는데, 전체 병력은 3,500여명에 이르렀다. 이들은 이곳에서 겨울을 보낸 뒤, 연해주의 대한국민의회가 러시아 적군이 마련해 주기로 한 독립군 주둔지로 일단 퇴각했다가 전열을 재정비하기로 했다. 1921년 3월 대한독립군단은 러시아의 지원을 기대하며 부대별로 중·소 국경선인 우수리 강을 건너 아무르주의 자유시(스보보드니)로 이동하였다.

그러나 이들 이외에 러시아로 귀화한 한인 부대들이 자유시로 몰려들면서 상황이 복잡해졌다. 극동공화국의 제2군단 산하 특립부대 400여명은 자유대대로서 러시아로 귀화한 오하묵(吳夏黙)이 이끌고 있었고, 러시아 적군과 함께 활동한 380여 명의 니항군(尼港軍)도 자유시로 집결하였다. 니항군은 여러 독립군부대를 개조해 사할린의용대로 편제하였는데, 오하묵의 자유대대는 이를 받아들이지 않고 이르쿠츠크의 코민테른 동양비서부와 교섭해 고려혁명군정의회(高麗革命軍政議會)를 만들어 사할린의용대의 지도권을 가지고 있다고 선언했다.

이런 상황에서 6월 27일 고려혁명군정의회는 사할린의용대를 무장 해제시키기 위해 자유대대의 군대를 동원하였다. 사할린의용대가 무장해제를 거부하자, 고려혁명군정의회는 다음날 밤 대대적인 공격을 감행했다. 예기치 않게 그곳 한인 무장단체 간의 싸움에 휘말리는 과정에서 수많은 독립군이 사망하고 생포당하는 피해를 입고 말았다. 가해자 측인 고려혁명군정의회는 전사 36명, 행방불명 59명, 포로 864명이라 주장한 반면, 만주 항일단체들이 연명한 성토문에는 사망 272명, 익사 31명, 행방불명 250명, 포로 917명이라 주장했다. 김좌진과 이범석 등은 중도에 만주로 되돌아가 화를 면했다.

청산리전투의 승전으로 승기를 타던 독립군은 이 사건을 계기로 결정적으로 약화되었다. 고난의 행군으로 새로운 독립운동기지를 찾아 러시아령으로 들어갔던 독립군단이 가장 참담하고 어려운 수난을 당하게 된 것이다. 살아남은 독립군들은 러시아 적군의 공격을 혁명에 대한 배신으로 규정하면서 만주로 돌아오게 되었다.

만주 삼부(三府)의 형성

자유시 참변을 겪고 만주로 돌아온 독립군들은 흩어진 진영을 정비하기 위해 노력을 기울였다. 당시 서간도(남만주) 일대의 독립운동 세력은 크게 셋으로 나눌 수 있는데, 하나는 신흥무관학교를 만든 서로군정서 세력으로 광복 후 민주공화국을 건설하려는 공화주의자들이고, 둘째로 3·1운동 이후 만주로 망명해 온 오동진(吳東振) 등이 조직한 광복군사령부(이후 광복군총영으로 개칭)로 역시 공화주의자들이었다. 여기에 의병전쟁 끝에 만주로 망명한 조맹선(趙孟善)·조병준(趙秉準) 등 유림 계열의 대한독립단으로 대한제국 황실을 복원하려는 복벽주의자들이 있었다.

이렇게 여러 세력으로 나뉘어 있다 보니 자연 각 단체 간 통합운동이 일어났다. 1921년 말 105인 사건으로 투옥되었다가 석방된 신민부 간부 출신의 양기탁(梁起鐸)을 만주로 안내해 오면서 통합운동은 활기를 띠었다. 남만주 일대의 통합을 추진하는 양기탁의 노력으로 1922년 봄 서로군정서와 대한독립단, 광복군총영, 광한단 등 여러 단체들이 통일회의를 개최했다. 이어 8월 23일 8단(團), 9회(會), 17개 단체의 대표들이 환인현에서 모여 '남만한족통일회의'를 개최하여 대한통의부(大韓統軍部, 약칭 '통의부')를 새로 결성하게 되었다. 이들은 각 단체의 명의를 모두 취소하고 통의부로 단일화하는 한편, 군대의 명칭을 의용군(義勇軍)으로 결정했다.

통의부 총장에는 김동삼, 부총장에 채상덕(蔡相悳)을, 의용군 사령장에 서로군정서 출신의 김창환(金昌煥)을 선임하였다. 제 1대대장 휘하에 5개 중대를 두고 각 중대별로 3개 소대씩을 두었다. 각 중대는 적게는 500명에서 많게는 900여명으로 편성된 대부대였는데, 집안현과 환인현·홍경현 등을 각각 관할하였다. 통의부 의용군은 매일같이 국내진공작전을 펼쳐 국경 부근을 마비상태에 빠지게 하였다. 1923년 무렵 의용군이 압록강과 두만강을 건너 일본 경찰대를 습격한 횟수만도 735회에 달한 것으로 알려졌다.

그러나 통의부 내부의 이념 갈등이 불거졌다. 복벽주의자들의 불만이 쌓여가면서 1922년 10월 14일 대한독립단 군인 20여 명이 관전현을 습격해 통의부 선전국장을 사살하고 양기탁 등 주요간부를 구타하는 사건이 발생했다.『독립신문』은 이를 '서간도사변'으로 보도하면서 "통의부가 국체를 민국(民國:공화국)으로 규정하고 대부분의 요직도 신진인사들에게 배정된 데 대한 불만이 표출된 사건"으로 해석하였다. 두 당사자인 양기탁과 전덕원(全德元)이 원만한 해결을 위해 노력하고 상해 임시정부에서도 조문단과 진상조사단을 파견했지만, 그해 12월 다시 쌍방 간에 총격전이 발생하면서 파국으로 치달았다.

결국 전덕원을 비롯한 복벽주의자들은 1923년 2월 통의부 탈퇴를 선언하고 환인현 대황구(大荒溝)에서 의군부(義軍府)를 설립했다. 양 단체간의 대립이 심각해지자, 통의부 의용군 중대장 채찬(蔡燦) 등이 그해 말 상해의 임시정부로 찾아가 전말을 설명하고 그 해결책을 요청하였다. 임정 인사들과 협의한 끝에 1924년 4월 남만군인대표 78명이 서명하는 '맹약(盟約) 3장' 이 명기된 선언서를 발표했는데, 그 내용은 다음과 같다.

- 우리는 대한민국임시정부의 직할임을 적극적으로 인정한다.
- 우리는 대동 통일의 선봉이 된 것을 내외에 알리고 대한민국임시정부의 기치 하에 통일이 되도록 적극적으로 힘쓴다.
- 우리는 대한민국 육군으로 내외 무장 각 단의 가입을 권유하여 가입시킨다.

이에 활동이 부진했던 임시정부는 크게 환영하여 전 광복군사령부 설립에 관여했던 독립신문사 사장 김승학(金承學)과 이유필(李裕弼)을 파견하여 군정부 조직에 협조하도록 했다. 그 결과 임시정부 산하로 만주의 전 독립군단이 통합되어야 한다는 원칙을 피력한 통의부 의용군들이 1924년 5월 육군주만참의부(陸軍駐滿參議府, 약칭 '참의부')를 조직하였다(김병기,『참의부연구』:2005, 34~39쪽).

참의부는 집안현 화전자에 본부를 두고, 자치활동보다는 적극적인 항일 무장투쟁을 전개하는데 힘썼다. 참의부는 여러 차례 국내진공작전을 펼친 것은 물론, 1924년 5월 19일 압록강변인 마시탄(馬嘶灘)에서 국경 순시 중이던 사이토 마코토(齊藤實) 조선총독을 급습한 사건으로 유명하다. 본격적인 국내진공작전 계획을 세우려던 참의부 지도부는 그러나 1925년 3월 16일 집안현 고마령(高馬嶺)에 매복해 있던 일본군 헌병대와 수비대 등 200여 명에게 기습을 당해 참의장 최석순(崔碩淳)과 소대장 최항신(崔恒信) 등 29명이 전사하는 참변을 당했다. 주요 군사 지도자를 한꺼번에 잃은 참의부의 비극은 만주 독립군 전체의 비극이었다(채영국,『1920년대 후반 만주지역 항일무장투쟁』:2007, 16~23쪽).

설상가상으로 만주군벌 장작림 휘하의 봉천성 경무처장과 조선총독부 경무국장 미쓰야 미야마쓰(三矢宮宋) 사이에 '한인의 취체에 관한 쌍방협정', 즉 삼시(三矢)협정이 체결되었다. 이 협정에 따라 한인들의 무장이 강제로 해제되고 많은 만주의 독립운동가들이 중국 관헌에 의해 체포되어 일본경찰에 인계되고 말았다. 이에 따라 1924년 560건에 달하던 참의부의 국내진공 횟수는 이듬해 270건, 1926년 69건으로 급감하게 되었다. 그럼에도 참의부의 국내 진공작전은 계속되었다.

참의부의 성립으로 세력이 약화된 통의부는 상해 임시정부와 적대적인 서로군정서 등 8개 단체를 통합하여 1924년 11월 24일 정의부(正義部)를 수립하였다. 정의부는 다음과 같은 선서문과 공약을 발표했다.

o 선서문

우리는 민족의 사명을 수(受)하고 시대의 요구에 응(應)하여 통일적 정신하에서 정의부를 조직하고 아래의 공액에 따라 광복대업을 완성하기까지 노력하기로 자에 선서함.

o 공약

-. 철저한 독립정신 하에서 운동의 정궤(正軌) 완전히 정(定)기로 한다.

-. 주만(住滿) 체 우리 의사를 기본으로 한 조직체의 행위는 오직 주만(住滿) 체 우리의 복리를 위해 실지운동에 적합하도록 할 따름이오. 기타 허위적 신성(神聖)을 허치 않기로 한다.

-. 운동의 전위인물은 현시(現時) 환경을 초광(超胱)하여 희생적 의무로 시국정돈(時局整頓)의 책(策)을 짓기로 한다.

-. 운동의 방침은 소극·적극을 병진하되 적극적인 면에 힘써 충분한 실력을 양성하기로 한다.

이와 같은 선서문에 이어 창립 결의문에서는 "개국기원(단군기원)을 연

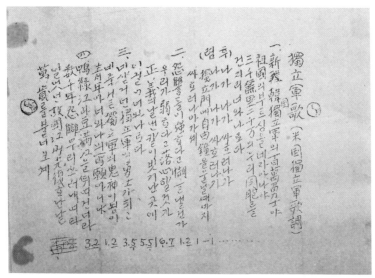
만주 독립군의 애환과 희망이 담긴 숫자보로 씌어진 독립군가

호로 사용하고 구(區)의회, 지방의회, 중앙의회를 설치"하기로 했다. 정의부
는 하얼빈 이남의 남만주 전체를 관할구역으로 이주한 한인들의 대표기관
을 자임했는데, 입법·사법·행정의 3권이 분립된 명실공히 민주공화제를 지
향하였다. 입법기관으로 중앙의회가 구성되었고, 사법기관으로 중앙심판원
이, 행정부로 중앙행정위원회 산하에 민사·군사 등 8개 부서를 두었다. 군
사조직인 의용군사령부는 군사부 예하에 소속되었다. 정의부의 초대 중앙
행정위원장은 이탁(李沰)이 맡았으며, 의용군 사령관은 오동진(吳東振)을
임명하였다.

정의부는 이주한인의 안정된 생활기반 마련을 위한 교육 및 산업부흥과
군건한 독립기지의 구축을 실천이념으로 삼았다. 그를 위해 관할민에 대한
징병, 의무금 및 부과금의 납부, 교육에 대한 의무사항과 선거·피선거권, 소
송권, 생명·재산·명예에 대한 피침해권, 언론·출판·집회·결사 및 종교에 대한

권리사항 등을 정하였다. 그리고 이같은 의무 및 권리사항을 관할민들이 지키고 실천하며 보호받도록 하기 위해 정의부 헌장 및 각종 규정을 만들어 공포한 후 이를 실시하였다(채영국, 위의 책:2007, 30~63쪽).

한편 북만주에서는 김좌진이 이끄는 북로군정서가 각 지역에 산재해 있는 독립군단을 모아 1922년 8월 대한독립군단(大韓獨立軍團)을 조직하였다. 대한독립군단은 남만주에서 참의부와 정의부가 잇따라 결성되자, 1925년 1월 목릉현에서 부여족통일회의를 개최하고 군정부 설치에 합의하였다. 이어 3월 10일 개최된 회의에서 대한독립군단과 북로군정서 등 각 단체들을 통합하여 새로이 신민부(新民府)를 창설하였다.

신민부 역시 3권 분립에 의한 민주공화제를 지향했는데, 중앙행정을 담당할 중앙집행위원회와 의회인 참의원, 사법부인 검사원을 두었다. 위원장은 대종교 계통의 김혁(金爀), 위원에는 조성환과 김좌진 등이 임명되었다. 참의원 의장은 의병장 출신의 이범윤이, 검사원 원장에는 현천묵(玄天黙)이 선임되어 대체로 대종교 계통의 인사들이 주류를 이루었다.

신민부는 군사활동과 함께 북만주 각 지방에 행정조직을 설치하여 이주한인을 관할하였다. 신민부는 결의안에서 "군사는 의무제를 실시할 것, 둔전제 혹은 기타의 방법에 의해 군사 교육을 실시할 것, 사관학교를 설치하여 간부를 양성할 것, 군사 서적을 편찬할 것" 등을 규정했다. 실업에 관하여는 "토지의 매매와 조세로 기관의 지도하에 실행하기로 함. 각 지방의 한인들에게 노동에 힘쓰도록 권함. 공농제(共農制)를 실시하여 공동농지를 경영할 것. 식산조합을 설치할 것. 부업을 장려할 것. 필요하다고 인정되는 지방에는 소비조합을 설치할 것"이라 규정했고, 교육에는 "소학교 졸업년한은 6개년, 중학교 졸업년한은 4개년으로 함. 단 100호 이상의 마을에는 1개의 소학교를 설치하고 필요에 따라 기관에서 중학교 또는 사범학교를 설치함.

교육을 통일시키기 위하여 교과서를 편찬함. 기관에서 관리방법을 제정하고 교수의 자격을 정한 노동강습 및 통속강습에 진력함"으로 정하였다.

신민부는 대외문제에 대해 "중앙정부의 정변에는 불간섭주의를 택하고 국민상호간에 일어난 사건은 되도록 외국관청에 의뢰하지 말 것"으로 규정하고, 특히 연호는 "민국연호를 사용"한다고 결의하였다. 이러한 사실은 신민부가 정의부와 달리 대한민국임시정부를 불신하지 않고 그 존재 자체를 인정하겠다는 의미이지만, 불간섭주의를 택해 절대적으로 신용하지는 않는다는 점을 보여주는 것이라 하겠다(채영국, 위의 책:2007, 82~84쪽).

신민부 역시 참의부와 정의부와 마찬가지로 이주한인의 경제적 부흥과 실업의 장려, 교육활동 등 민정활동과 군정활동을 전개했다. 특히 일제를 상대로 무장투쟁을 전개할 독립군 양성에 힘썼는데, 중앙집행위원장인 김혁을 교장으로, 군사위원장인 김좌진을 부교장으로 한 성동(城東)사관학교를 설립하여 한 해에 2기의 생도 500여 명에게 무관교육을 실시하였다. 또한 이들은 한인 자녀의 교육을 위해 약 50개의 소학교를 설치해 운영하였고, 각 촌락마다 노동야간강습소를 설치하여 문맹퇴치와 민족정신 고취에 노력하였다. 나아가 식산조합과 소비조합을 설치하고, 공동농지를 개척하는 등 한인 이주민들의 실업진흥에 힘썼다.

이렇게 1920년대 중반에는 남만주지역을 무장 활동을 주도했던 참의부와 정의부, 그리고 북만주의 신민부 등 3부가 상해의 대한민국 임시정부를 대신해 한인들의 자치정부 역할을 수행했다. 3부는 관할지역도 하얼빈 이남인 현재의 동북3성의 광활한 지역을 실질적으로 관장하면서 내부적으로는 민주주의 운영원칙과 삼권분립을 지키면서 행정과 군사 방면에서 일본 식민통치와 대항했던, 사실상의 한인 망명정부였다. 하지만 이 단체들도 1925년 중국과 일본의 삼시협정 체결 이후 중국 관헌의 탄압이 심화되고 소련 공산혁명의 영향으로 공산주의자들이 세력을 확장하면서 내우외환에 빠졌다. 이에 삼부는 전력이 약화된 난국을 타개하고 이주한인들에 대한 권익보호와 적극적인 대일투쟁의 전개를 위해 통합운동에 나서게 되었다.

민족유일당 운동과 삼부의 통합

1920년대 후반 국내·외에서는 제국주의 침략 세력에 맞서 민족의 역량을 하나로 모으기 위한 협동전선운동이 폭넓게 전개되었다. 강력한 일본 제국주의 침략세력에 비해 아직 미약한 항일세력들이 이념과 노선을 넘어 역량을 하나로 결집하는 것이 무엇보다 절실했기 때문이다. 때마침 중국에서는 1924년 국민당과 공산당이 제1차 국·공합작을 이루어 반제민족통일전선을 결성하였고, 일본에서도 1925년 보통선거법이 제정됨에 따라 비합법 전위정당인 공산당과 별개로 합법적인 무산대중정당이 출현하였다. 이같은 동북아시아 국제정세의 변화에 발맞춰 국내외에서도 중국 관내의 민족유일당운동과 만주의 3부 통합운동, 국내의 신간회운동 같은 반제민족 협동전선운동이 수면 위로 떠올랐다.

상해와 북경을 중심으로 한 중국 관내에서의 한인 민족유일당운동은 종래 "산만하고 무통일한 각 소단체의 군림으로부터 조직적이고 통일적이며 전 민족적인 결합"을 촉구함으로써 목적의식적인 정치투쟁으로 전환하는 것을 목표로 삼았다. 민족유일당운동은 1926년 7월 안창호가 민족대당(民族大黨) 결성의 필요성을 역설하면서 시작되었다. 안창호는 그해 8월 그동안 임시정부를 부인해오던 북경 창조파 출신의 원세훈(元世勳)과 만나 민족유일당 건설을 위해 먼저 각 지역에 촉성회를 조직할 것에 합의하였다. 그에 따라 북경촉성회의 결성을 필두로 상해·광동(廣東)·남경(南京)·무한(武漢) 등지에 촉성회가 조직되었다. 촉성회에는 일부 임시정부 옹호파를 제외한 대다수의 민족주의자들과 사회주의자들이 적극적으로 참여하였다.

중국 관내의 각 대표들은 1927년 11월 상해에 모여 '한국독립당 관내촉성회'를 결성해 "한국독립에 필요한 전 민족적 일체 혁명역량을 총집중하는데 선구가 될 것"을 선언하였다. 하지만 운동이 추진되는 과정에서 분열의 조짐이 나타났다. 이를 혁명정당으로 발전시키려는 사회주의 진영과 '이당치국(以黨治國)' 노선에 따라 임시정부를 이끌어갈 정당을 결성하려는 민족주의 진영 사이의 노선 차이가 드러났던 것이다.

분열의 양상은 1927년 7월 국공합작의 결렬 이후 중국국민당과 공산당의 대립이 격화되면서 더욱 노골화하였다. 이후 민족유일당운동은 더 이상 진전되지 못하다가, 1929년 11월 유일당운동에서 주도적 역할을 해온 상해촉성회가 해체선언을 발표함으로써 사실상 끝이 났다. 민족유일당운동이 실패로 돌아가자 이동녕과 안창호를 양대 축으로 하는 임시정부 계열의 민족주의자들은 임시정부에 대한 지지와 민족진영의 단합 및 쇄신을 도모하고, 종래의 파벌적 감정을 청산하여 해외 독립운동전선을 통일하기 위해 1930년 1월 상해에서 한국독립당(韓國獨立黨)을 결성하였다.

중국 관내의 민족유일당운동은 만주지역 한인사회에도 커다란 반향을 일으켰다. 만주 지역의 민족유일당운동은 1927년 1월 조선공산당 만주총국이 그 건설 방안을 마련하고, 정의부 또한 그해 4월 재만독립운동대표자회의를 열어 연구준비기관으로 시사연구회를 조직함으로써 물꼬를 텄다. 이어 정의부는 중앙총회를 열어 "만주 지역의 운동전선을 통일하기 위하여 신민부와 참의부의 연합을 적극적으로 도모할 것, 전 민족운동전선 통일을 위하여 유일당 축성을 준비할 것"을 결의하고 유일당 조직의 전단계로 3부의 통합 작업에 착수하였다. 그에 따라 정의부·참의부·신민부의 간부들은 회합을 갖고 통합회의를 개최하기로 했다.

드디어 1928년 5월 12일부터 길림성 화전현에서 정의부 외 18개 재만단체 대표자 39명이 회의를 개최했다. 회의는 민족유일당 결성을 기존 단체들이 연합하는 단체본위로 할 것인지, 모든 단체를 해산하고 개인본위로 조직할 것인가로 나뉘어 대립하였다. 세력이 가장 컸던 정의부가 단체본위 통합을 주장한 반면, 참의부와 신민부는 기존 모든 단체의 해산과 새로운 유일당 건설을 주장했다. 여기에 신민부 내부에도 김좌진 중심으로 적극적인 무장투쟁을 주장하는 군정파와 최호(崔灝)를 중심으로 교육과 산업을 우선적으로 발전시키자고 주장하는 민정파가 분열하고, 참의부 대표의 소환 문제가 겹쳐 끝내 결렬되고 말았다.

결국 신민부 군정파는 1928년 12월 참의부 주류파, 정의부 탈퇴파와 일부 사회주의자들을 규합해 혁신의회(革新議會)를 조직하였다. 혁신의회는 회장에 김동삼, 중앙집행위원장 김원식, 군사위원장에 황학수(黃學秀) 등을 선임하고 중앙집행위원회 산하에 3개 분회를 설치했다. 제1분회는 참의부, 제2분회는 정의부, 제3분회는 신민부에 관련된 업무를 수행하기 위한 것이었다.

이에 맞서 정의부 주류와 참의부 일부, 신민부 민정파가 1929년 3월 통합회의를 개최하고, 4월 1일 새로운 통합단체로 국민부(國民府)를 결성하였다. 이로써 만주 지역의 독립운동 진영은 통합회의와 국민부의 양대 세력으로 재편되었다.

만주 조선혁명당과 한국독립당의 독립국가 건설론

1929년 4월 1일 결성된 국민부는 조직선언문을 통해 당면과제와 목표를 다음과 같이 제시하였다.

> 국민부는 민족유일당의 결성과 통일적 자치기관 실현의 양대 부문적 조직이 결성되는 과정에서 당면전투와 공안보장을 절대의무로 하는 과도기적 조직으로써, 재래의 조직형태와 투쟁방식을 일신변혁하여 만주운동의 신국면을 타개하려고 하는데 있다. 민족유일당은 대중 각 계급층에 산재하는 전위분자를 결합하여 세계혁명의 일환적(一環的) 역할을 함으로써 일본제국주의를 박멸하고 조선민족 자주의 독립국가 건설을 최고목표로 사는 민족혁명의 지도본부를 결성하려고 하는 것이고, (중략) 자진하여 빠른 기간에 민족유일당을 결성하는 것이 전위당면의 임무이다(조선총독부 경무국, 「소화6년5월말조 국민부상황(國民府狀況)」, 1931, 국사편찬위원회,『임가사료(林家史料)』).

이와 함께 국민부의 헌장이 제정되었는데, 총론 부분은 다음과 같다.

제1장 총론
제1조 본부는 국민정부로 칭함
제2조 본부는 중령(中領)에 교거(僑居)하는 한국 민족으로 조직함
제3조 본부의 주권은 주민 전체에 있고 그 행사권은 집행위원회에 위임함
제4조 본부의 기관을 입법·행정·사법의 삼권으로 나누고 둔(屯)·구

(區)·지방·중앙의 4급으로 함, 단 필요하다고 인정할 때는 특별구를 두고 지방측에 준하여 중앙에 직할시킴.

제5조 둔은 10호 이상, 구는 100호 이상, 지방은 1,000호 이상으로 하고 지리관계에 따라 신축(伸縮)할 수 있음.

(장세윤,『1930년대 만주지역 항일무장투쟁』;2009, 15~18쪽)

이처럼 국민부는 민족유일당 결성과 통일적 자치정부 실현을 위한 과도기적 조직이라 하면서도, 재만한인을 토대로 한 자치정부를 구상했음을 분명히 하였다. 이들이 밝힌 민족혁명은 일본제국주의의 박멸과 조선민족의 자주적 독립국가 건설이며, 민족유일당은 이러한 민족혁명을 지도하는 본부 역할을 수행하는 것이었다.

국민부는 1929년 9월 27일 제2회 중앙의회를 개최해 간부를 선임했는데, 행정부인 주석 및 중앙집행위원장으로 현익철(玄益哲)을, 사법부인 중앙사판소는 양인원(梁仁元), 검찰 체제인 중앙검리장에 김문거(金文擧)를 각각 선출했다. 지방조직으로는 남만주의 각 현마다 거의 설치되었는데, 1930년 중반까지 유지된 지역은 홍경·신빈·통화·환인·집안·관전·유하현 등지이다.

국민부는 이후 중앙본부를 신빈현 홍경(興京)으로 이전하였다. 이어 1929년 12월 20일 이를 통

1929년 중국 북만주의 국민부에서 창당한 조선혁명당의 선언문

치하는 정당으로 조선혁명당(朝鮮革命黨)을 창당하였다. 조선혁명당은 결성 초기에는 '민족유일당조직동맹'이란 좌익 단체와의 연합에 의한 민족협동전선적 성격을 띠어 코민테른의 혁명론을 따르는 세력들이 있었다. 이에 1930년 8월 대회를 계기로 현익철·양세봉(梁世奉) 등 민족주의자들에 의해 좌파세력이 축출당하였고, 일본 영사관 및 중국 경찰들의 습격으로 주요 간부가 체포됨에 따라 큰 위협을 당하였다. 나아가 일제가 1931년 9월 18일 만철 철로를 폭발하여 대대적인 공격으로 만주를 점령하고 이듬해 3월 1일 '만주국'이란 위성국을 수립함으로써 정세대응이 불가피해졌다.

이에 조선혁명당은 군사조직으로 조선혁명군(朝鮮革命軍)을 결성하여 당-정-군의 체제를 정비하였다. 조선혁명군은 속성군관학교를 설립하고 중국측의 항일세력과 연합해 한·중연합군을 편성하였다. 한·중연합군은 1932년 3월 총사령관 양세봉(梁世鳳)의 지도 아래 영릉가 등지에서 일본군과 전투를 벌여 여러 차례 승전하였다. 이들의 항일전은 1938년 9월까지 줄기차게 전개되었다. 나아가 조선혁명군 주요간부인 박대호 등 60여 명은 중국공산당계의 동북항일연군에 합류하여 새로운 한·중 연합전선을 형성하였다.

다른 한편 외교부의 유동렬(柳東說)·최동오(崔東旿)·김학규(金學奎) 등을 중국관내로 파견하여 중국국민당 정부와 한국독립당·의열단 등과 교류하며 대일항쟁에 필요한 지원을 요청하였다. 그런 결과의 하나가 곧 1932년 11월 상해에서 결성된 '한국대일전선통일동맹'이다. 이후 관내로 들어온 현익철과 지청천(池靑天)이 남경에서 합류하여 1937년 조선혁명당을 재건하고 1940년 다시 '통합 한국독립당'을 결성함에 따라 그 일부 인맥과 이념은 한국독립당으로 계승되었다고 할 수 있겠다(장세윤, 위의 책;2009, 109~113쪽).

한편, 김좌진 등 신민부 군정파를 중심으로 조직된 혁신의회도 중국과 일제의 극심한 탄압을 받고 있었다. 1927년 12월 25일 신민부 집행위원장인 김혁과 핵심간부들이 하얼빈 주재 일본 총영사관 경찰과 이에 매수된 만주경찰대의 습격에 의해 체포된 데 이어 1929년 11월 통합회의를 마치고 돌아오던 혁신의회 회장 김동삼이 체포되고, 그리고 1930년 김승학도 일본 경찰에 의해 체포되었다.

이에 김좌진은 조카인 김종진(金宗鎭)과 이을규(李乙奎) 등 아나키스트들과 연합하여 한인들의 자치 행정기관으로 한족총연합회(韓族總聯合會)를 결성하였다. 한족총연합회는 1930년 1월 회장인 김좌진과 김종진 등이 공산주의자들에 의해 피살되어 큰 시련을 맞았다. 그 후 한족총연합회는 1930년 7월 홍진(洪震)·지청천·황학수(黃學洙) 등이 한국독립당(韓國獨立黨)과 그 소속군으로서 한국독립군(韓國獨立軍)을 결성하였다.

한국독립당의 초창기 주요 간부는 중앙위원장 홍진, 총무위원장 신숙(申肅), 조직위원장 남대관(南大觀), 선전위원장 안훈(安勳, 조경한), 군사위원장 지청천, 경리위원장 최호(崔灝), 감찰위원장 이장녕(李章寧) 등이었다. 대부분 대종교 또는 천도교 신자이거나 전통유림의 지도자, 무관학교 졸업자들로서 공산주의에 큰 반감을 가진 민족주의자들이었다. 이들은 다음 네가지 사항을 결의했는데, 첫째 당의 지부는 현(縣)·지부·구 지부 등 3칭 체계를 둘 것, 둘째 군은 당군으로 편성하되 전 만주를 15구로 나누어 신병을 모집하여 3개월씩 일기로 미리 훈련할 것, 셋째 당원 및 청소년 훈련을 적극 추진하여 적색(공산주의)의 오염을 방지할 것, 넷째 농민 성인에 대한 강습은 농한기나 가을 겨울간 야간을 이용할 것 등을 결정하였다(조경한,『백강회고록』·1979, 91쪽).

한국독립당은 이후 각지의 주민회를 연합하여 일반주민을 결속하고 공산주의자들의 활동을 저지하기 위해 표면기관으로 1931년 2월 한족자치연합회를 조직하였다. 그런 후 당 내부에는 총무·조직·선전·군사·경리·감찰 등 6종의 위원회를 두었으며 조직체계로는 중앙당부와 지당부·구당부 등의 3급 조직을 두었다. 이후 동만주와 북만주의 옛 의병과 대종교 인사들, 한국 교민들을 대거 영입해 진영을 강화한 한국독립당은 당원이 대폭 늘어나 관할구역도 36개로 확대되기에 이르렀다.

1931년 9월 일제가 만주사변을 일으켜 만주 서북단까지 공략하여 서쪽 끝 금주(錦州)를 점령한 후 하얼빈을 침공하였다. 이에 한국독립당은 10월 15일 긴급중앙위원회를 열어 중국군과의 공동작전을 펼칠 것을 결의하였다. 이어 당 군사위원장 지청천을 총사령, 부사령에 남대관, 참모관 이장녕으로 임명하고 한인들을 징집하여 500여 명 규모의 한국독립군을 편성하였다. 한국독립군은 길림성에서 항전하는 중국항일군과의 연합을 도모하여 한·중연합군을 결성하였다.

한·중연합군은 1931년 12월 경박호(鏡泊湖)와 동경성(東京城) 등지에서 일본군 및 만주국 연합군을 상대로 수많은 전투를 전개해 승전하였다. 가장 널리 알려진 전투는 대전자령(大甸子嶺) 대첩이다. 한국독립군 약 500명과 길림구국군 2천여 명이 일본군 1,600여명을 습격한 이 전투에서 대승을 거두었는데, 이때 각종 무기와 탄약·피복과 식량 등 엄청난 물량의 군용품을 노획하게 된 것이다. 이러한 막대한 군수물자 노획은 한국 독립전쟁 사상 최대의 전과로 꼽히고 있다(한국독립운동사연구소 편,『한국독립운동과 대전자령전투』;2013, 31~36쪽).

하지만 이후 중국구국군이 한국독립군에게 산하부대로 합류할 것과 무기의 절반 이상을 넘기라는 무리한 요구를 해옴에 따라 갈등이 심화되었다. 더구나 구국군 내의 중국 공산당원이나 한인 공산주의자들은 독립군들이 친일 반공단체인 민생단(民生團)과 내통한다는 음해까지 자행했다.

마침내 중국구국군이 지청천 총사령 등 한국독립군을 포위해 무장을 해제시키고 구금하는 사태에까지 이르게 되었다.

이처럼 한국독립군이 곤란에 처해 있을 때, 중국 관내에 있던 한인애국단의 김구 단장이 중국 국민당정부의 지원을 받아 한인 청년들을 중앙육군군관학교 낙양분교에 입교시키려는 계획을 알려왔다. 이 요청에 따라 1933년 10월경 지청천·조경한·오광선(吳光鮮)·공진원(公震遠·별명 高雲起)·김창환 등 주요 간부들과 병사 등 40여 명은 북경을 거쳐 중국 관내로 이동하게 되었다.

이로써 북만주와 동만주 일대에서 항일전쟁으로 커다란 전과를 거두던 한국독립군이 해체되기에 이르렀고, 대신 상당수의 한인들이 중국공산당 만주조직인 항일부대에 참가해 무장투쟁을 이어나갔다. 한국독립당과 독립군에서 활약한 주요 인물들은 1933년 말경 중국 본토로 이동해 조선혁명당처럼 1940년 '통합 한국독립당'에 합류함에 따라 독립운동의 질적·양적 발전에 공헌하였다.

2. 반제 민족협동전선과 독립국가 건설론

신간회의 민족통일전선운동

1920년대 후반 국외에서 민족유일당운동이 전개되는 것에 발맞춰 국내에서는 '민족단일당'을 표방하는 민족협동전선으로서 신간회(新幹會)가 출범하였다. 신간회는 민족협동에 대한 좌·우익에 걸친 폭넓은 공감대가 바탕이 되었기에 창립될 수 있었다. 민족주의 세력과 사회주의 세력이 분열과 대립을 거듭한다면 결코 강대한 일본 제국주의 세력을 몰아낼 수 없다는 위기의식이 좌·우익을 망라한 민족협동전선의 결성을 가능케 하였던 것이다.

민족주의 진영에서는 최린(崔麟)을 비롯한 천도교 신파와 동아일보 그룹 등 일부세력이 자치운동을 모색하며 일제 당국과 타협하려는 경향을 보이자, 그에 맞선 비타협적 민족주의자들을 중심으로 사회주의 세력과 손을 잡으려는 움직임이 나타났다. 그리하여 1926년 7월 서울청년회 신파의 사회주의자들과 물산장려회 계열의 민족주의자들이 먼저 제한적 규모의 민족협동전선으로 조선민흥회(朝鮮民興會)를 결성하였다.

이를 바탕으로 조선의 완

1927년 민족협동전선의 결실로 창립된 신간회의 대구지회 총회 안내문

전독립을 목표로 한 민족협동전선 결성의 움직임이 시작되었다. 1926년 12월 국내 민족지도자인 홍명희(洪命憙)와 신석우(申錫雨)·안재홍(安在鴻)이 만나 언론계·불교계·천도교계·기독교계를 비롯해 사회주의계 등 비타협적 좌우익 대표 28명의 발기인을 구성하였다. 이에 따라 1927년 2월 15일 종로 중앙YMCA회관에서 개최된 신간회 창립대회는 명실상부한 민족협동전선의 출범식으로 치러졌다. 창립대회에는 조선일보 사장 이상재(李商在)를 회장으로, 홍명희를 부회장으로 선출하였다. 강령으로 "우리는 정치적·경제적 각성을 촉진한다. 우리는 단결을 견고히 한다. 우리는 기회주의를 일체 부인한다."는 조항을 채택하였다.

신간회는 서울에 본부를 두고 전국 각지에 군 단위의 지회를 설치하였다. 신간회 지회는 각 지역의 청년단체와 사회운동단체들이 중심이 되어 결성되었는데, 1927년 12월에 지회 100개소 돌파 기념식을 거행할 정도로 조직 사업이 활발했다. 그리하여 그 수가 많을 때는 140여개 지회에, 회원이 4만 명에 이르렀다. 신간회는 1928년 3월 민족운동의 구체적인 당면과제로 다음 6개 항목을 발표해 본부와 지회들이 모두 본격적인 활동에 나서도록 촉구했다.

(1) 농민교양에 적극적으로 노력한다.
(2) 경작권의 확보 및 외래이민을 방지한다.
(3) 조선인 본위의 교육을 확보한다.
(4) 언론·집회·결사·출판의 자유를 획득하기 위한 운동을 전개한다.
(5) 협동운동을 지지하고 지도한다.
(6) 염의단발(染衣斷髮)의 여행(勵行)으로 백의와 망건의 폐지를 고조한다.

(안재홍선집간행위원회, 『민세안재홍선집』1, 1981, 270~274쪽)

신간회는 당시 총 인구의 83%를 차지하는 농민대중 속으로 들어가 민족독립사상을 교양하고, 조선 토지를 조선인이 경작하도록 하며, 농민들의 협동조합과 생활개선운동을 적극 지도하려 한 것이다. 또한 일제의 식민지교육을 철폐해 민족교육을 실시하고 언론·집회·결사·출판의 구속을 철폐하고 그 자유를 획득하기 위해 투쟁하라는 것이었다. 이것은 일제의 식민통치를 정면으로 도전하는 민족운동의 방향을 구체적으로 제시하고 촉구하는 것으로서 전국 지회와 민중들에게 큰 영향을 끼쳤다(신용하, 『신간회의 민족운동』;2007, 49~50쪽).

신간회 중앙본부는 일제 식민지교육 반대운동과 전국순회 강연을 비롯해 소작쟁의(小作爭議)·수재민 구호·어민들의 권익옹호 운동 등을 펼쳐나갔다. 또 원산총파업 지원과 함남 수력발전소 매립지구 토지보상, 재일본 한인노동자 송환 항의운동, 광주학생독립운동 지원활동 등 민생과 직결된 사회운동을 펼쳤다. 각 지회에서는 웅변대회와 연설회 개최, 야학 개설, 강좌개설 등의 다양한 민중계몽활동을 펼쳤다. 그리고 지역의 노동·농민단체 등과 연대하여 소작료와 소작권 보호, 동척 일본인 이민 반대, 일제 수리조합의 농회 반대, 전매제도 반대, 최저임금제 확립, 노동조건과 임금에서의 민족적 차별 철폐 등과 같은 민중의 일상적 이익을 대변하였다. 이 밖에도 각 지방지회는 학생운동을 지원하거나 지역의 노동·사상운동에 대한 일제의 탄압을 지원하고 여성·부인운동과 생활개선 활동도 펼쳐 광범위한 영향을 끼쳤다.

반면 신간회 중앙본부는 일제의 탄압으로 활동에 제약을 받아 그 역할을 제대로 수행하지 못하였다. 제1회 정기대회를 금지당한데 이어 전 조선

대회 집회도 열지 못했고, 1929년 11월 광주학생운동이 일어나 민중대회를 개최하려 했으나 경찰의 사전 단속으로 좌절되었다. 더구나 일제는 중앙본부를 수차례 압수 수색하고, 허헌(許憲)을 비롯한 집행부 40여 명을 구속시키는 탄압을 가하였다. 지방 지회 역시 집회 금지와 간부들의 검거·투옥이 이어졌고, 강연회나 모금 행위 금지, 심지어 회원에 대한 탈퇴 압력과 동조자 해고, 회원간 음해공작 등으로 방해를 일삼았다.

민중대회사건 이후 새로 집행위원장에 취임한 김병로(金炳魯)는 합법노선을 주장하며 일제 당국과의 직접적 충돌을 피하려 하였다. 이 같은 신간회 집행부의 온건노선은 지회의 반발을 불러일으켜 해소론이 제기되는 빌미가 되었다. 지회에서 해소론을 제기한 이유는 신간회의 조직이 정당 형태라는 점, 강령이 추상적이고 구체적 투쟁 지침이 없어 오히려 노동·농민운동을 말살시킨다는 점, 세계대공항 이후 객관적 정세가 급변하여 주체적 조건 또한 그에 따를 수 밖에 없다는 점 등을 들었다.

공산주의자들은 노동자와 농민을 기초로 당을 재건하라고 지시한 코민테른의 「12월 테제」에 영향을 받아 부르조아 민족주의자들을 배제하고 노농동맹을 통해 노동자·농민의 혁명 역량을 제고시켜야 한다고 주장하였다. 1928년 12월 발표된 이 「조선혁명 농민 및 노동자의 임무에 관한 테제」에서는 신간회를 '민족해방단체'로 보고 그 안에서 공작을 부지런히 하여 "민족주의자·기회주의자의 우유부단성을 폭로해야 할 것"이라고 주장했다. 하지만 1930년 9월에 발표된 프로핀테른(적색노동조합 인터내셔날)은 한국 공산주의자들에게 신간회와 관련해 다음과 같이 지시하였다.

일본 제국주의는 개량주의적 부르조아지에게 자치를 약속함에 의해서 그들을 매수하여, 그들의 도움을 얻어 혁명의 방파제를 쌓으려

하고 있다. 조선에 있어서 혁명적 파도의 증대, 중국 및 인도에서의 혁명, 그리고 소비에트 동맹에서의 사회주의건설의 성과 앞에 두려움을 느끼는 민족개량주의적 부르조아와 그 단체 - '조선일보'·'동아일보' 및 '천도교'의 일부 - 등등은 장개석과 중국의 반혁명을 모방할 가치가 있는 선례로 생각하고 있다. 그들은 일본 제국주의와의 협력을 구하고 반소비에트 사주(使嗾)를 하고 있다. '신간회'도 똑같은 민족개량주의단체이다. 그들은 학생스트라이크 및 노동자 시위운동 때 그들의 사보타지 정책에 의해 그것을 증명하고 있다.

노동자 스트라이크, 도시 중간층의 활동성의 증대 및 농민운동의 발전은 일본제국주의와 조선의 민족개량주의적 부르조아지의 책모(策謀)나, 혁명운동에 대한 그들의 협조 및 그들의 공동투쟁이 증대하고 있는 대중투쟁의 발전을 저지할 수 없다는 사실을 보여주고 있다.
(「조선의 혁명적 노동조합운동의 임무에 관한 테제-9월테제」, 『식민지시대 사회운동』, 한울임, 1986, 250~251쪽)

즉 프로핀테른은 신간회를 민족혁명당으로 보았던 12월 테제와 달리, 9월테제에서는 '민족개량주의적 단체'로 규정하면서 그 증거로 광주학생운동이나 노동운동 시에 고의로 방해했다는 주장하고 있다. 또 일본 제국주의와 협력을 하고 소련 소비에트 정권에 반대하는 운동을 한다고 비판하였다. 물론 이것은 사실이 아니며 근거가 부당한 것이다. 이러한 상황변화는 1930년 정치적 경쟁자인 트로츠키에 이어 우파의 부하린 등을 추방한 스탈린의 1인 독재체제가 소련과 코민테른 내에 확립되었기 때문으로 풀이된다. 스탈린주의의 가장 큰 특징은 레닌과 달리 사회민주주의와 부르조아 민족주의를 '주적'으로 간주한 것이다. 이러한 스탈린의 극좌모험주의 노선과 정책이 9월테제를 통해 아시아 전 지역에 지시된 결과, 한국에서도 공산주의자들에 의한 신간회 해소투쟁이 나타나게 된 것이다(신용하, 위의 책;2007, 294~299쪽).

국내에서의 신간회 해소투쟁은 일본 도쿄 신간회에서 이론가로 활동한 고경흠(高景欽) 등이 처음 주장하여 1930년 12월 부산지회 등에서 전개되었다. 이어 함남 이원지회와 해주지회, 평양에 이어 경성지회 등 전국적으로 해소론이 널리 확산되었다. 이에 신간회 본부 중앙집행위원회는 허헌·홍명희 등 간부들이 구속되어 있는 상태에서 1931년 5월 15~16일 전국전체대회를 열기로 결정했다. 일제는 항상 금지시켜오던 전체대회를 처음으로 허가하였다.

대회 첫째날 대의원의 자격심사 문제로 해소파와 존속파 사이에 격론이 벌어졌고, 둘째날인 5월 16일 중앙집행부 위원장과 위원 선거가 진행되었다. 이때 선출된 위원들은 해소파가 대다수를 차지하였고, 찬반토론도 생략해 버린 채 표결에 부쳐졌다. 그 결과 찬성 43표와 반대 3표로 해소안이 가결되고 말았다. 감옥 밖에 있던 한용운 등 각계 유지 20여 명이 민중대회를 열었으나, 뜻대로 되지 못했다. 중앙집행위원들이 대회 직후 회의를 개최하려 했으나, 일제는 신간회가 해체되었으니 불허한다고 하였고 잔무 처리를 독촉하였다.

신간회 해소 이후 민족운동뿐만 아니라 비합법적 노동운동과 농민운동은 민족진영의 정치적 조직 기반을 상실한 채 무방비상태에서 일제의 가혹한 탄압을 받게 되었다. 신간회 해소와 비합법적 노동운동만을 강조해 온 코민테른은 뒤늦게 그들의 착오를 깨닫게 되었으나, 이번에는 자기 지시를 '추종한' 조선 공산주의 청년들에게 잘못을 떠넘겼다. 1932년 1월 코민테른이 국제공산청년동맹의 서한을 통해 한국 공산주의 청년들을 다음과 같이 비판하였다.

> 신간회 및 청년총동맹의 해소는 조선공산주의 제 단체들로 하여
> 금 발붙일 곳을 불리하게 하였고, 또 중대한 정치적 오류를 범하였
> 다. 공산주의 청년동맹원 제군은 신간회와 청년총동맹 내부에 있는
> 청년대중을 전취하기 위한 공작을 전개하지 못하였다. 그 결과 신간
> 회와 청년동맹원의 해소는 의심할 여지없이 일본 제국주의와 그 민족
> 개량주의적 주구배들에게 이익을 주었다.
>
> (李錫泰, 『사회과학대사전』, 문우인쇄소, 1948, 615쪽)

이처럼 신간회의 해소라는 '중대한 정치적 오류'를 코민테른의 잘못된 정
책결정 때문이라 자인하는 것이 아니라, 도리어 한국 공산주의자들에게 비
판을 돌리고 있다. 창립하기조차 험난했던 첫 민족협동전선 기관을 너무
쉽게 스스로 해체하도록 지시한 코민테른의 스탈린주의자들은 스스로 약
소민족 해방운동을 지도할 능력이 없음을 잘 보여준 것이라 하겠다. 또한
잘못된 정책결정과 부당한 지시를 당당히 거부하지 못하고 맹종하여 해소
공작에 앞장선 한국공산주의자들의 맹목적성과 비자주성을 드러낸 것이
라 볼 수 있다(신용하, 위의 책;2007, 311~318쪽).

이후 비타협적 민족주의자들은 지식인 중심의 반합법적 민족문화운동
에 전념하였고, 공산주의자들은 부르조아민족주의자들과의 제휴 대신에
혁명적 노동조합·농민조합운동과 그에 기초한 조선공산당의 재건운동에
몰두하였다. 4년여에 걸쳐 전개된 신간회운동은 1920년대 중반 민족운동
이 부르조아민족주의와 사회주의 노선으로 분화된 이후 국내에서 처음으
로 시도된 전 민족적 협동전선이자, 식민지시기를 통틀어 가장 큰 규모의

반일 사회운동이었다. 이러한 경험은 이후 국외의 각종 정당통일운동, 민족유일당운동, 좌우연합정부 건설운동에도 직접적인 성찰과 영향을 주었다고 할 수 있겠다.

상해 한국독립당의 이념, 삼균주의

1929년 민족유일당운동이 실패로 돌아가면서 중국 관내의 독립운동은 침체의 늪에 빠졌다. 이에 안창호와 이동녕·조소앙·김구 등 상해의 민족주의자들은 민족진영의 쇄신과 전선통일을 위해 새로운 정당을 조직해 임시정부를 중심으로 독립운동을 전개할 필요성을 절감하였다. 그런 배경에서 1930년 1월 25일 상해 임시정부 판공실에서 결성된 정당이 '상해 한국독립당(韓國獨立黨)'이다.

상해 한국독립당을 결성한 28명 대부분은 안창호와 이동녕·이시영 등 임시정부를 수립했거나 직·간접적인 관계를 가진 주요 구성원들이었다. 창당 당시의 인물로만 보면 상해 한국독립당이 곧 임시정부였다고 해도 과언이 아닐 정도이다. 하지만 창당 직후 일정기간 결성 사실을 비밀로 하였기 때문에 그 존재가 외부에 드러나지 않았다. 한국독립당의 조직체계는 중국국민당과 공산당의 장점을 절충해 민주적인 중앙집권제를 채택한다고 밝히고 있지만, 실제로는 이사장제를

정치·경제·문화 균등의 독립국가 건설을 담은 삼균주의의 주창자 조소앙

채택했다. 초대 이사장에는 임시정부의 주석을 맡고 있는 이동녕이, 이사에는 조완구와 안창호·이시영·조소앙·김구·김철(金澈) 등 6인이며, 비서에는 엄항섭(嚴恒燮)이 선임되었다.

비밀결사로 출발한 상해 한국독립당의 존재가 대외적으로 드러난 시점은 1931년 4월경이다. 이 무렵 임시정부는 국무위원의 명의로 '대한민국임시정부 선언'을 발표하였다. 이 선언문에서 임시정부는 상해 한국독립당에 그 근간을 두고 있음을 밝히고 있다.

> 본 정부는 독립당의 표현기관이며 독립당은 전민족의 대리기관이다. 본 정부의 정책은 독립당의 주의로서 세웠다 …… 본 정부는 독립당을 근간으로 하고 독립당을 민국 전체를 기초로 하며 균등주의(均等主義)를 고집한다. 균등주의는 일찍이 민족전체의 공동요구로 말미암아 발생되었은 즉, 본 정부의 주의와 정책은 이에서 뿌리를 두고 비로소 결정되었다.
>
> 「大韓民國臨時政府宣言」, 1931.4)

임시정부가 표방하는 주의와 각종 정책은 상해 한국독립당의 삼균주의에 기초하고 있으며, 임시정부는 이를 실행한다고 언급한 것이다. 임시정부 스스로 한국독립당과 표리일체의 관계임을 대내외에 선포한 것이다. 그렇다면 상해 한국독립당이 추구하는 주의는 구체적으로 무엇인가. 당의 이념과 노선을 정립한 조소앙은 상해 한국독립당의 주의에 대하여 다음과 같이 설명하고 있다.

> 독립당이 내세우는 주의는 과연 무엇인가? 사람과 사람, 민족과

민족, 국가와 국가의 균등생활을 주의로 삼는다. 사람과 사람의 균등을 어떻게 도모하는가? 정치적 균화·경제적 균화·교육적 균화가 이것이다. 보선제(普選制)를 실행함으로서 정권을 고르게 하고, 국유제를 실행함으로서 경제를 고르게 하고, 국비의무학제를 실행함으로서 교육을 고르게 한다. 이것으로서 국내의 사람과 사람의 균등생활을 실현한다.

민족과 민족의 균등을 어떻게 이루는가? 민족자결로서 자타민족에게 적용하여 소수민족과 약소민족으로 하여금 피압박·피통치의 지위에 빠지지 않게 하여야 한다. 국가와 국가의 균등은 어떻게 도모하는가? 식민정책과 자본제국주의를 파괴하고 약한 것을 겸병(兼竝)하고 우매한 것을 공격하여 어지러운 것을 취하며 망한 것을 모멸하는 전쟁행위를 금지하여 일체의 국가로 하여금 서로 범하지 않고 서로 침탈하지 않게 하여 국제생활에서 평등지위를 완전하게 하고 나아가 사해일가·세계일원의 궁극적 목적을 도모할 수 있다.

(趙素昻, 「韓國獨立黨之近像」『素昻先生文集』상, 삼균학회, 1979, 108쪽)

조소앙은 상해 한국독립당의 주의는 삼균주의라 정의하고 있다. 정치·경제·교육의 균등을 골자로 개인과 개인의 평등, 민족과 민족, 국가와 국가의 균등생활을 추구하는 삼균주의가 상해 한국독립당의 이념과 노선으로 채택된 것이다. 이러한 당의는 당의 결성에 직접 관여하였던 당의기초위원으로 참여한 이동녕·안창호·조소앙·김두봉(金枓奉)·이유필(李裕弼)·안공근(安恭根)·조완구(趙琬九) 등 7명이 작성하였다. 상해 한국독립당의 당의와 당강의 전문은 다음과 같다.

당의

우리는 5천년 독립자주하여 오던 국가를 이족 일본에게 빼앗기고, 지금 정치의 유린과 경제의 파멸과 문화의 말살 아래에서 사멸에 직면하여, 민족적으로 자존을 지키기 어렵고 세계적으로 공영을 도모하기 어렵다.

이에 본당은 혁명적 수단으로써 원수일본의 모든 침탈세력을 박멸하여 국토와 주권을 완전광복하고 정치·경제·교육의 균등을 기초로 한 신민주국을 건설하여 내로는 국민 각개의 균등생활을 확보하며 외로는 족여족 국여국(族與族 國與國)의 평등을 실현하고 나아가 세계일가의 진로로 향함.

당강(기본강령)

一. 대중에 대하여 (국민의)혁명의식을 환기하고 민족적 혁명역량(총역량)을 총집중할 것.

一. 엄밀한 조직 하에 민족적 반항과 무력적 파괴를 적극적으로 진행할 것.

一. 세계 피압박민족의 혁명단체와 연락을 취할 것.

一. 보선제를 실시하여 국민참정권을 평등하게 하고, 기본권리를 보장 할 것.

一. 토지와 대생산기관을 공유(국유)하여 국민의 생활권을 평등하게 할 것.

一. 생활상의 기본지식과 필요기능을 수득하기 위해 충분한 의무교육을 공비(公費)로써 실시하여 국민의 수학권을 평등하게 할 것.

一. 민족자결과 국제평등을 실현할 것.

一. 세계일가의 조성에 노력할 것.

(「韓國獨立黨的創立經過」『한국독립운동사』자료3, 396쪽)

당의와 당강을 통해 볼 때, 상해 한국독립당의 정치이념은 삼균주의이며, 독립운동 노선도 민족적 반항과 무력적 파괴라는 무장투쟁 노선을 채택하고 있음을 알 수 있다. 나아가 광복 후 수립할 국가는 정치·경제·교육의 균등을 기초로 하는 신민주국가로서 균등사회의 실현을 제시하는 것이다. 이러한 상해 한국독립당의 이념과 노선은 임시정부의 정책에도 그대로 반영되었다.

하지만 상해 한국독립당은 곧이어 터진 1931년 9월 18일 일제의 만주침략과 1932년 1월 이봉창 의거, 이어 일제의 상해침공 등으로 시련에 빠지게 되었다. 특히 1932년 4월 29일 일제의 상해사변 승전을 기념한 천장절 행사에서 거행된 윤봉길 의거로 인해 일제의 한인 독립운동가들에 대한 대대적인 검거와 수색이 있었다. 따라서 임시정부와 한국독립당의 주요 간부들은 상해를 떠나 항주(杭州)와 진강(鎭江)·남경(南京)·가흥(嘉興) 등지로 피신할 수 밖에 없었다. 더구나 윤봉길 의거 이후 중국 측에서 임시정부 관계자들에게 기증된 독립자금의 처리문제를 둘러싸고 김구계열과 조소앙·이유필 계열 등이 대립을 보여 더욱 곤경에 처하였다. 이와 같이 상해 한국독립당의 주요 간부들이 일제의 검거를 피해, 또는 개인적 사정 때문에 중국 각기로

삼균주의와 평화·민주를 상징하는 한국독립당의 당기

흩어져 있는 관계로 1934년 1월 항주로 이전할 때까지 별다른 활동을 펼칠 상황이 되지 못했다.

중국 관내지역 정당통일운동

일제는 1931년 7월 한인 농민과 중국인들이 충돌한 만보산사건을 국내 언론에 과장·왜곡 보도하여 중국인 배척운동으로 악화시켰고, 뒤이어 9월 18일 만주철로 폭파사건을 조작하여 중국군을 공격하는 만주사변을 일으켰다. 만주 일대를 점령하려는 일제의 정치적 계략으로 인해 중국인들 사이에 재중 한인들을 일본의 앞잡이로 보는 경향이 농후해졌다. 상해의 대한민국임시정부를 비롯해 만주의 한인 독립운동단체의 입지도 갈수록 험난해졌다. 이 같은 위기 상황에서 임시정부의 지도자들은 여러 차례 국무회의를 열어 일본의 이간 책동으로 악화된 한·중 양 국민의 갈등을 일거에 해소하고 독립운동에 활기를 불어넣을 긴급대책으로 특무공작을 추진하기로 결정하였다. 그리고 김구(金九)에게 그 책임을 맡겨 모든 권한을 일임하였다.

김구는 임시정부의 결정에 따라 1931년 11월 의열투쟁을 전개할 특무조직으로 한인애국단(韓人愛國團)을 결성하고, 일본제국주의의 상징이자 근간인 일왕의 암살을 1차 목표로 삼아 준비에 들어갔다. 그는 중국군 상해병공창의 병기주임으로 있던 김홍일(金弘壹)에게 거사에 사용할 수류탄의 제작을 의뢰하고, 앞서 임시정부에 찾아와 일왕을 처단하겠다는 의사를 밝힌 이봉창(李奉昌)에게 거사 자금과 수류탄 두 개를 건넸다.

이봉창은 1931년 12월 17일 일본으로 건너가 도쿄에 도착하였다. 그는 일왕 히로히토(裕仁)가 육군의 신년 관병식에 참석했다가 환궁하는 마차 행렬에 수류탄을 던졌다. 그러나 수류탄은 궁내부대신이 타고 가던 마차를 손상시키는 데 그쳤다. 이봉창의 거사는 실패로 끝났지만, 일본의 수도 한복판에서 일본인들이 현인신으로 받드는 일왕에게 폭탄을 던졌다는 사실만으로도 충격적인 사건이 아닐 수 없었다.

이무렵 만주 전역을 거의 점령한 일본은 괴뢰국가인 만주국 건설을 강행하는 데 따른 국제사회의 비난 여론을 다른 곳으로 돌리기 위해 해군육전대와 군함, 항공기를 동원해 1월 28일 밤 상해 공동 조계 북쪽에 진을 치고 있던 중국육군 제19로군에 대해 공격을 개시한 이른바 '상해사변'을 일으켰다. 그리고 육군 3개 사단을 추가 파병하여 3월 중국군을 몰아냈다. 승리에 도취한 일본은 4월 29일 일왕의 생일인 천장절 기념식을 전승 축하식과 겸해 홍구(虹口)공원에서 거행할 계획을 세웠다. 이 날은 중국군과 일본군 사이에 정전협정 조인이 예정된 날이기도 하였다.

거사를 계획하던 김구는 결연한 의지를 밝힌 윤봉길(尹奉吉)에게 거사를 맡기기로 하고 식장에 갖고 들어갈 성능이 좋아진 물통형 폭탄과 도시락형 폭탄 한 개씩을 만들어 주었다. 윤봉길은 4월 29일 일본 거류민 행세를 하며 식장에 들어가 11시 50분경 심지를 뽑은 물통형 폭탄을 단상 중앙을 향해 힘껏 던졌다. 폭발 굉음과 함께 상해 파견 일본군사령관 시라카와 요시노리(白川義則) 대장을 비롯한 일본 군부와 정계 수뇌 7명이 모두 그 자리에서 쓰러졌다. 이 일로 육군대장 시라카와는 치료를 받다 한 달 뒤에 사망하였고, 주중 일본공사 시게미즈 마모루(重光葵)는 오른쪽 다리를 절단하는 수술을 받았다. 1945년 9월 2일 미국 항공모함 미주리함에 지팡이를 짚고 나타나 맥아더 장군 앞에서 항복문서에 서명한 일본 외무대신이 바로 시게미즈였다.

윤봉길의 홍구공원 의거는 한국독립운동사상 최고의 의열투쟁이었다. 윤봉길의 의거로 만보산사건 이후 한국인에 대한 중국인들의 반감이 눈 녹 듯이 사라짐과 동시에 한국독립운동에 대한 지지와 성원이 잇따랐다. 윤봉길의 의거 직후 중국 국민당정부의 주석 장개석(蔣介石)은 "중국의 백만 대군도 못한 일을 일개 한국 청년이 해냈다"고 극찬하면서 임시정부에 대한 전폭적인 지원을 약속하였다.

윤봉길의 상해 투탄의거는 민족유일당운동의 좌절을 딛고 독립운동의 새로운 돌파구를 모색하던 중국 관내의 독립운동가들에게 국면을 전환해 전열을 재정비하는 기회를 제공하였다. 한인애국단의 단장 김구는 중국국민당의 굳건한 신뢰를 얻음으로써 재정 지원과 함께 활동 반경을 크게 넓힐 수 있었다. 의열단의 김원봉(金元鳳) 또한 남경에 있는 중국국민당의 황포군관학교 동창들과 만나 한·중 합작으로 만주국에 반대하는 항일투쟁을 전개할 것을 제안하여 지원을 받아냈다. 이를 바탕으로 김원봉은 군관학교의 설립에 나서 1932년 10월 남경 교외에 조선혁명군사정치간부학교를 개교하고, 1935년 10월까지 3기에 걸쳐 125명의 청년간부를 배출하였다. 김구도 장개석의 지원을 받아 1933년 12월 중국 중앙육군군관학교 낙양분교에 한인 특별반을 설치하고, 만주 한국독립군의 총사령 지청천을 책임자로 초빙하여 1935년 4월까지 군사훈련을 실시하였다.

이렇게 중국의 정세가 급변하여 항일역량을 결집해야 할 필요성이 커지는 가운데, 1932년 10월 12일 '상해 한국독립당'의 대표 이유필·김두봉·송병조, 한국광복동지회의 대표 김규식, 남만주 조선혁명당의 대표 최동오, 남경의 한국혁명당 대표 윤기섭·신익희, 의열단의 대표 박건웅·한일래 등 9명이 상해에서 만나 통합운동을 펼쳤다. 이윽고 단체가입을 원칙으로 하는 협의체 형식의 한국대일전선통일동맹(韓國對日戰線統一同盟)을 결성하였다. 창립 후 이 동맹은 중국 지역 '혁명집단의 총집합체'를 표방하고, 조선혁명당을 통해 만주 지역의 항일단체를 비롯해 재미 한인사회에도 손을 뻗쳐 몇몇 단체의 가맹을 이끌어냈다.

연합조직을 완성해 가는 과정에서 대일전선통일동맹의 협의체적 방식이 갖는 비효율성에 대한 비판이 제기되었다. 그리하여 오랜 논의 끝에 1935년 6월 남경의 금릉대학에서 각 혁명단체 대표회의가 개최되었다. 대표대회에서 의열단, 상해 한국독립당, 조선혁명당, 신한독립당, 대한독립당 등 5개 정당·단체 대표들은 미주 지역의 4개 단체 대표가 옵저버 자격으로 참가한 가운데, 기존 단체를 모두 해체한 뒤 개별 가입에 기초해 중앙집권적인 민족단일당을 결성할 것을 결의하고, 7월 5일 민족혁명당(民族革命黨)을 창당하였다.

좌·우익을 아우르는 5개 정당·단체의 단일당으로 출범한 민족혁명당은 창립대회 선언을 통해 자주독립의 완성과 진정한 민주공화국의 건설, 평등한 경제 조직의 건립을 천명하였다. 이후 민족혁명당은 중국국민당정부 군사위원회와 황포동학회 등의 지원을 받아 중국 관내 지역 최대의 독립운동 단체로 발돋움하였다.

그러나 가맹 세력들 사이에 성향과 노선상의 차이가 드러나 1935년 9월 조소앙 등이 탈당하여 상해에서의 한국독립당(韓國獨立黨)을 재건하였다. 또한 민족혁명당 결성에 반대한 김구의 한인애국단과 송병조(宋秉祚)·차리석(車利錫) 등 임시정부를 고수하자는 세력은 1935년 11월 항주(杭州)에서 임시정부의 여당으로 한국국민당(韓國國民黨)을 결성하였다. 이후 민족혁명당 내에서 주도권과 이념 정책을 둘러싸고 김원봉 계열과 지청천 계열이 오랫동안 갈등한 끝에 1937년 4월 결국 지청천을 비롯한 신한독립당 계열이 탈당하여 별도로 조선혁명당(朝鮮革命黨)을 결성하였다. 이로써 민족혁명당에 반대하는 세 정당이 임시정부를 축으로 결집하기 시작했다.

우익 3개 정당의 민주공화국 건설론

1935년 9월 민족혁명당을 탈당한 조소앙 등이 상해에서의 한국독립당을 재건하였다. '재건 한국독립당'이 밝힌 당의와 당강은 다음과 같다.

당의

오등은 5천년래 독립 자주해 온 국가를 이족 일본에게 탈취당한 이래 정치의 유린과 경제의 파멸, 문화의 말살 하에서 사멸에 직면하고 민족적으로 자존하기 불능하고, 세계적으로 공영을 도모하기 어려운 경우에 있다. 자에 본당은 혁명적 수단으로써 구적 일본의 모든 침탈세력을 박멸하여 국토와 주권을 완전히 광복하고 정치·경제·교육의 균등을 기초로 하는 신민주국가를 건설함으로써 안으로는 국민 각개의 균등生活을 확보하여 민족과 민족, 국가와 국가의 평등을 실현하고 나아가 세계일가의 진로로 향한다.

당강

① 대중의 혁명의식을 환기하여 민족혁명역량을 총집결할 것.
② 엄밀한 조직 아래 민중적 반항과 무력적 파괴를 적극적 진행해야 할 것.
③ 세계 피압박 민족의 혁명단체와 연락을 취할 것.
④ 민족자결과 국제평등을 실현할 것.

(독립운동사편찬위원회 편, 『독립운동사』4(임시정부사), 755쪽)

재건 한국독립당의 당의와 당강은 상해에서의 한국독립당과 매우 비슷하다. '혁명적 수단' 즉 무장투쟁을 통해 일제를 물리치고 독립을 쟁취한 후 정치·경제·교육의 균등을 기초로 하는 '신민주국가'를 건설하겠다고 밝혔다. 신민주국가는 자본주의 체제만이 아니라 '사회주의적 민족주의 국가'를 지향했다는 점에서 민족혁명당과 큰 차이가 없다. 또 세계 피압박 민족의 혁명단체와 연락을 취하고 민족자결과 국제평등을 실현하겠다는 의지도 밝히고 있다.

민족혁명당 탈당 이후 조소앙은 송병조(宋秉祚)·차리석(車利錫)을 끌어들여 김구를 견제하고 경쟁관계에 있던 사람들과 연합해 임시정부를 장악하려 하였다. 하지만 '재건 한국독립당'이 중국 국민당 지도부로부터 자금지원을 얻는데 실패하여 재정적으로 어려워지자, 기관지 발간 등 별다른 선전활동을 펼치지 못하였다. 이 점은 '재건 한국독립당'이 한국국민당이나 임시정부와 접근하게 되는 요인이 되었다.

이에 비해 한인애국단의 단장인 김구는 송병조 등 임시정부 옹호세력, 김붕준(金朋濬) 등 옛 한국독립당 광동지부 당원들의 지원 아래 1935년 10월 임시정부의 외무장으로 복귀하였다. 이어 김구는 11월 하순경 항주에서 한국국민당(韓國國民黨)을 창당하였다. 창립선언서에 나오는 한국국민당의 이념은 다음과 같다.

자(玆)에 오등은 국가주권의 완전한 광복에서 전민적 정치·경제·교육균등의 3대 원칙의 신앙을 확립하고 한국국민당을 조직하였던 바, 장애 더욱 성실·건전·영용의 비개인적 정신으로써 방황효산(彷徨淆散)

울불한괴(鬱怫恨愧)한 사람을 일단으로서 도성(導成)하고 옥쇄(玉碎)의 귀(貴)를 경험하고 와전(瓦全)의 치(恥)를 극복하는 대영용무외(大英勇無畏)의 보조로써 분투매진하고 적의 총세력을 박멸하고 완전한 민주공화국을 건설하여 위로는 조선의 광휘를 빛내고, 밑으로는 자손만대의 영예를 발전시킴으로써 세계 각국 민족과 함께 공존공영을 도(圖)할 것을 선언하노라

(金正明 編,「1935년上海の中心どする朝鮮人の不穩策動狀況」『朝鮮獨立運動』II, 546~547쪽).

이처럼 한국국민당은 주권을 회복한 후 정치·경제·교육균등의 3대 원칙을 '신앙'으로 삼아 '완전한 민주공화국 건설'을 목표로 삼았다. 민주공화국을 세우기 위해서는 '혁명의 제1대상'인 "자기가 부속하는 민족"을 이해에 따라 민족주의에 입각하여 활동하는 것이라고 보았다. 반면에 과거 민족운동이 부진한 최대의 원인을 민족주의에 입각해 활동하지 않았기 때문이라는 데서 찾았다. 그러면서 이 같은 전략적 목표를 달성한 이후 독립국가의 내용에 대해 당의와 당강에서 다음과 같이 언급하고 있다.

당의

아등은 오천년래 독립 자주해 온 국가를 이족 일본에 탈취당하고 정치의 유린과 문화의 말살 아래 현재 사멸에 직면하여 민족적 자존을 획득하기 불능하고 세계적 공영을 도모할 방법이 없는 경우에 있다. 자에 본당은 혁명적 수단으로써 구적 일본의 총침탈 세력을 박멸하여 국토와 주권을 완전히 광복하고 정치·경제·교육의 균등을 기초로 하는 신민주공화국을 건설하여서 안으로는 국민 각개의 균등생활

을 확보하고 밖으로는 민족과 민족, 국가와 국가와의 평등을 실현하고 나아가 세계 일가의 진로로 향함.

당강

① 국가주권광복의 혁명적 의식을 국민에게 고취 환기하여 민족적 혁명역량을 총집중할 것.

② 엄밀한 조직 아래 민중적 반항과 무력적 파괴를 적극적으로 진행할 것.

③ 우리들의 광복운동을 우호적으로 원조하는 국가 및 민족과 절실히 연락할 것.

④ 토지와 대생산기관을 국유로 하고 국민의 생활권을 평등하게 할 것.

⑤ 독립운동에 대한 사이비 불순적 이론과 행동을 배격할 것.

⑥ 임시정부를 옹호·진전시킬 것.

(金正明 編, 「1939年の在支不逞朝鮮人の不穩策動狀況」 『朝鮮獨立運動』Ⅱ, 644~645쪽)

위의 당의와 당강에서 밝힌 바와 같이 한국국민당은 삼균주의에 입각해 '신민주공화국'을 건설하려는 전망을 가졌다. 이러한 전망은 토지와 대생산기관을 국유화하겠다는 강령을 제시한 것에서 알 수 있듯이 건강한 자본주의체제를 지향했다고 할 수 있다. 당강에서도 국민의 생활권을 평등하게 만들기 위해 국유화를 하겠다고 밝히고 독립운동에 '사이비 불순적 이론과 행동'을 하는 친일파를 배격하며, 임시정부를 옹호하겠다는 의지를 표명하였다. 이는 1919년 4월 임시의정원에서 제정한 '대한민국 임시헌정'의

정신과 같은 맥락에서 파악할 수 있겠다.(신주백, 『1930년대 중국관내지역 정당통일운동』;2009, 153~157쪽).

한국국민당의 지도부는 김구와 이동녕·조완구(趙琬九)·이시영(李始榮) 등으로 구성되었고, 본부를 남경으로 옮겼다. 이들은 창립 선언에서 주권을 회복한 후에 정치·경제·교육 균등의 3대 원칙 곧 삼균주의에 입각해 완전한 민주공화국을 건설할 것을 천명하였다. 민족혁명당에 반대하는 세력으로 마지막으로 합류한 사람들이 지청천을 비롯한 과거 신한독립당 계열 인사 20여 명이었다. 이들은 1937년 4월 조선혁명당(朝鮮革命黨)을 결성하였다. 이들은 중앙집행위원회 명의로 아래와 같은 정강이 포함되어 있는 선언문을 발표하였다.

① 일본 제국주의 침탈세력을 박멸하고 국민 일률 평등의 정권을 확립하며 민주정치를 실현한다.
② 경제 평등 제도를 확립하여 국민생활의 평등을 조성한다.
③ 생략 (인용자)
④ 국민의 직업·신앙·집회·결사·언론의 자유를 확보하여 자유 평등의 신사회를 세운다.
⑤ 본당은 동일한 입장에 서 있는 선린 민족, 그리고 일본 제국주의와 대립 지위에 서 있는 모든 세력이 공동 전선을 결성하여 일본 제국주의를 박멸함으로써 인류공영에 나아간다.

위의 선언문에서 보여지듯, 조선혁명당도 민족대단결로 일제를 몰아낸 후 민주정치를 실현하는 민주공화국을 건립하겠다고 선언하였다. 독립 이후에 수립될 민족국가의 기본성격에 관해서는 한국독립당이나 한국국민

당, 나아가 민족혁명당과도 큰 차이가 없음을 확인할 수 있다. 조선혁명당
은 창당 선언에서 김원봉의 의열단 계열이 별도로 '반민족주의 사당(私黨)'
을 갖고 전횡을 일삼으며 민족혁명 세력을 파괴하고 있다고 비난하면서 자
신들을 '순수 민족주의 혁명가'라고 주장하였다.

이처럼 지청천 계열이 민족혁명당을 비난하며 이탈해 조선혁명당을 세
우자, 조소앙은 이들과 제휴하여 세력을 확대하려는 시도를 하였다. 김구
의 한국국민당도 조선혁명당을 끌어들여 반민족혁명당 세력을 확장하려고
하였다. 세 정당은 민족혁명당에 대립한다는 정치적 입장과 함께 삼균주의
에 입각한 비슷한 당강을 갖고 있다는 공통점 때문에 서로 결합할 여지가
많았다. 더구나 재정적 기반이 취약했던 '재건 한국독립당'이나 조선혁명당
으로서는 한국국민당과의 유대관계를 강화할 현실적인 필요성이 있었다.

이러한 배경 아래에서 1937년 7월 초 때마침 항주에 있던 '재건 한국독
립당'의 대표 홍진이 남경에 오게 되자, 조선혁명당의 지청천과 한국국민당
의 송병조 등이 회동하여 다음과 같은 협정을 체결하였다.

① 3파 합동의 취지를 명확하게 하기 위해 곧 공동성명서를 발표한
다.
② 합동 단체는 협력하여 임시정부를 옹호 확대 강화한다.
③ 각 단체는 대표 2명을 남경에 파견하여 공동사무를 처리한다.

이로써 우익진영의 3개 정당은 민족혁명당 세력에 맞서 임시정부를 축
으로 결집하기 시작했다.

1. 임시정부와 정당통일운동

중일전쟁과 한국광복운동단체연합회

1937년 7월 7일 북경교외에 있는 일명 '마르코폴로 브릿지'라 불리우는 노구교(盧構橋) 부근에서 야간훈련 중인 일본군을 향해 몇발의 총성이 울렸다. 일본군은 병사 1명이 행방불명되고 공격을 받았다는 구실로 전 병력을 출동시켜 다음날 새벽 노구교를 점령하고 북경으로 쳐들어갔다. 8년간에 걸친 중·일전쟁의 서막이 오른 것이다.

노구교를 시작으로 일본군은 곧 북경과 천진을 무력 점령하고, 이어 중남부의 상해와 하문(廈門) 등 해안 도시를 비롯해 대륙 깊숙한 곳까지 침략해 들어갔다. 침략의 속도도 매우 빨라서 한 달 만에 8월 13일 상해를 점령하고, 12월에는 중국국민당 정부의 수도인 남경까지 점령하였다. 남경을 점령한 일본군은 시민 30여만 명을 잔혹하게 학살하는 이른바 '난징대학살'을 자행하였다.

일본의 본격적인 중국 대륙 침략에 따라 한인 독립운동 진영에도 커다란 변화가 일어났다. 강력하고 무자비한 일본군과 맞서기 위해서는 무엇보다 독립운동 역량을 한 곳으로 집결시켜야 한다는 공감대가 형성된 것이다. 먼저 민족주의 진영의 정당 및 단체들이 연합을 추진하였다. 당시 중국에는 김구를 중심으로 한 한국국민당, 조소앙을 중심으로 한 한국독립당, 지청천을 중심으로 한 조선혁명당이 진영을 이루고 있었다. 이들은 중일전쟁이 발발한 직후 민족의 독립운동 역량을 결집해야 한다는 데 의견을 같이하고 연합을 추진하였다. 여기에 미주 지역에서 활동하고 있던 대한인국민회, 동지회, 단합회, 대한부인애국단, 대한인부인구제회, 대한인독립당 등이 동조해 힘을 모았다. 중국의 3개 정당과 미주 지역 6개 단체는 임시정부를 중심으로 세력을 결집하자는 데 의견을 모으고, 1937년 8월 1일 그 연합체인 '한국광복운동단체연합회'(韓國光復運動團體聯合會, 약칭 연합회)를 결성하였다.

연합회는 1938년 2월 일본군이 남경을 점령하자 장사(長沙)로 이전하였고, 5월에는 조선혁명당의 본부가 있던 남목청(南木廳)에서 세 정당의 연합문제 등을 논의하였다. 이 무렵 김구 중심의 통합 움직임에 반발하는 조선혁명당의 당원이 회의장에 들어와 총기를 난사해 현익철이 즉사하고, 김구·유동열·지청천이 중상을 입는 사건이 발생했다(남목청 사건). 이 사건은 오히려 연합회 내의 반김구세력이 제거되고 한국국민당이 통합의 주도권을 장악하는 계기가 되었다.

연합회는 좌익 진영과도 통합을 이루어 하나의 단체로 결집시키고자 하였다. 중국 국민당 장개석 주석도 김구와 김원봉 두 사람을 각각 불러 합작을 종용하였다. 이에 통합문제를 협의하기 위해 우익 진영을 대표한 김구와 좌익 진영을 대표한 김원봉이 만났다. 그 결과 1939년 5월 10일 두 사람

공동명의로 〈동지·동포에게 보내는 공개신〉을 발표하고 통일의 원칙에 합의하였다. 이 가운데 하나는 공동의 정치적 목표로 자주독립국가 및 민주공화제 건설, 일제 및 친일파 재산 몰수, 산업의 국유화, 농민에게 토지분배, 남녀평등, 국비교육 등 10개조의 공동강령에 합의하였다. 또 하나는 좌우합작의 방법으로 모든 조직을 해소하고 새로운 단일조직을 수립하자는 것이었다. 이는 임시정부가 〈임시헌법〉 이래 지향해 온 삼균주의에 입각한 국가건설론과 좌우합작의 유일당 운동과 크게 다르지 않았다.

이들은 독립운동 역량을 결집하여 통일을 이루어야 한다는 원칙에 합의하고, "중국 관내 각 단체의 모든 조직을 해체하고 새로운 통일된 단일조직을 수립한다."는 내용의 합의문을 발표하였다. 이를 바탕으로 통일을 위한 회의가 열렸다. 통일회의는 우익 연합체에 소속된 3개 단체와 좌익 연합체에 소속된 4개 단체가 참여한 가운데 개최되었다. 이를 '7당 통일회의'

1939년 3월 1일 대한민국 임시정부의 3·1절 기념식 단상에 선 조완구 국무위원

라고 한다. 여기에 참가한 각 단체는 통일을 이루어야 한다는 당위성에 대해서는 이견이 없었다. 그러나 독립운동 최고기구에 대한 문제를 둘러싸고 의견이 엇갈렸다. 우익진영은 임시정부로 세력을 통일하고 임시정부를 최고기구로 하자는 의견이었고, 좌익진영은 통일회의에서 결성될 새로운 조직을 독립운동 최고기구로 삼자는 주장이었다.

양측은 타협안을 찾지 못했고, 결국 통일회의는 결렬되고 말았다. 7당 통일회의가 결렬되면서 좌우익 독립운동 세력이 통일을 이루어 하나의 조직체를 결성한다는 시도는 좌절되고 말았다. 하지만 이러한 시도는 정치적 이념과 목표를 달리하는 좌우익 세력이 통일을 추진한 하나의 경험이 되었고, 임시정부를 중심으로 통일을 이루는 밑거름이 되었다.

좌익진영과의 통일이 좌절되자, 김구는 우익진영 3당만이라도 통합을 추진하였다. 한국국민당, 재건 한국독립당, 조선혁명당은 정치적 이념이나 독립운동 노선에 별다른 차이점이 없었다. 그리하여 1939년 10월 3당 대표들은 '광복진선 원동3당통일대표대회'를 개최하였다. 3당의 통합논의는 1939년 10월에 개최된 임시의정원 회의를 통해 연립내각이 구성되면서 구체화되었다. 마침내 1940년 5월 8일 제2차 통일대표회의를 통해 3당의 대표는 공동명의로 '3당 해체선언'을 발표하였다.

한국국민당과 조선혁명당과 한국독립당은 각기 소속단체의 결정과 3당 대표회의의 일치가결로써 신당 즉 한국독립당을 창립하게 되었다. 신당의 전신이었던 3당은 이제부터 다시 존재할 조건이 소멸되었을 뿐 아니라 각기 해소될 것을 전제로 하고 신당창립에 착수하였다. 과거 3당이 모든 사업과 혁혁한 역사를 이로 좇아 신당이 완전히 계승 회합한 것이다. 그러므로 신당은 보다 큰 권위, 보다 많은 인원,

보다 광대한 함성, 보다 고급적 지위를 가지고 우리 독립운동을 보다 유력하게 추진케 할 것을 확실히 믿고 바라며 3당 자신은 이에 해소됨을 선언한다. 아울러 우리 3당의 결정으로 된 신당 즉 한국독립당이 3·1운동의 정맥을 계승한 민족운동의 중심적 대표당임을 성명한다.

3당은 소속 단체의 결정과 대표회의 결의로써 해소를 결정하고 신당인 한국독립당을 결성한다는 것이다. 3당의 통합으로 새롭게 결성된 한국독립당이 '3·1운동의 정맥을 계승한 독립운동의 대표 정당'임을 강조한 것이다. 다음 날인 5월 9일 한국독립당 창립 대표대회가 개최되었다. 창립대회의 대표로 선출된 조완구·지청천·김붕준·김학규·조소앙·안훈·홍진·조시원 등 8명이 기강(綦江)에 모여 통합대표회의에서 결의된 당명·당의·당강·당책·당헌 등을 원안대로 통과시켰다.

중경 한국독립당의 독립국가 건설구상과 신민주국

1940년 5월 8일 창립된 '중경 한국독립당'은 창립선언을 다음과 같이 발표했다.

우리 3당이 일당을 조성하게 된 최대 이유로 (1)은 원래 3당의 당의·당강·당책으로든지 독립운동의 의식으로든지 역사적 혁명노선으로든지 3당 서로가 1당을 세울만한 통일적 가능성을 충족하게 내포하였던 것이며 (2)는 수삼년래로 3당 통일의 예비행동이 점차로 성숙

되었던 것이며 (3)은 수십년내 독립운동의 실제공작을 통하여서든지 (중략) 오직 동일한 주의·주장을 역사적으로 가진 3당 자신의 통일은 우리 민족운동 전체의 역량 집중문제에 있어서 무엇보다도 가장 필요 절박한 선결조건이라고 3당 자신이 공동 확인하였을 뿐 아니라 (중략) (4)는 우리 독립운동에 위대한 동력을 주는 중국 항일전쟁이 …… 천재일우에 임한 우리로서는 실제적 광복공작을 지체할 수 없는 이유 때문에 아무리 원만한 대동단결을 년래로 노력 촉진하여 왔지만은 기한 없이 좌대할 수 없는 때문이다.

(「창립선언」『한국독립운동사료』(양우조편), 국가보훈처, 1999, 393쪽)

이처럼 동일한 이념과 독립운동노선을 가진 광복진선 3당의 혁명역량을 단일신당으로 집중하고 중일전쟁이라는 호기를 맞이하여 일제와의 직접적인 독립운동의 전개 필요성과 당위성이 중경 한국독립당을 결성한 목적인 것이다. 중경 한국독립당의 창당은 1930년대 중반 이후 느슨한 연합

1940년 5월 중경에서 열린 한국독립당의 제1차 중앙집행위원회에 참석한 위원들

상태에 있던 민족주의 세력들을 하나의 통일체로 결집시켜 통일을 이루었고, 임시정부의 지지 기반과 세력 기반으로 역할을 해 그 권한과 기능을 크게 강화시켰다. 특히 김구는 3당 통합을 주도해 한국독립당의 중앙집행위원장에 선출되면서, 민족진영을 대표하는 지도자로서 확고한 위상을 갖게 되었다.

한국독립당의 사상적 기반을 이루는 것은 삼균주의(三均主義)였다. 조소앙이 창안한 정치이념인 삼균주의는 균등사회 건설과 세계일가 실현이 그 핵심이었다. 정치·경제·교육의 균등을 통해 개인과 개인의 균등을 실현함으로써 균등사회를 건설하고, 개인과 개인의 균등을 기초로 민족과 민족, 국가와 국가의 균등 생활을 이루어 세계일가(世界一家)를 추구하자는 것이었다. 이미 1930년대 이후 좌우익 정당들 대부분이 삼균주의를 수용함으로써 독립운동의 정치이념이자 목표로 정립되었다. 1940년 5월 결성 당시 중경 한국독립당이 채택한 당의와 당강은 다음과 같다.

당의

우리는 5천년 독립자주하야 오든 국가를 이족(異族) 일본에게 빼앗기고 지금 정치의 유린과 경제의 파멸과 문화의 말살 앞에서 사멸(死滅)에 직면하야 민족적으로 자존(自存)을 얻기 불능하고 세계적으로 공영을 도모함이 아직 없는지라.

이에 본당은 혁명적 수단으로써 원수(寃讐) 일본의 모든 침략세력을 박멸하여 국토와 주권을 완전광복하고 정치·경제·교육의 균등을 기초로 한 신민주국을 건설하여서 안으로는 국민 각개의 균등생활을 확보하며 밖으로는 민족간 국가간의 평등을 실현하고 나아가 세계일가의 진로를 향함.

당강

1. 국토와 주권을 완전 광복하여 대한민국을 건립할 것.

2. 우리 민족생존발전의 기본조건인 국토·국권·국리를 보위하며 고유한 문화와 역사를 발양할 것.

3. 보선제(普選制)를 실시하여 국민의 참정권을 평등히 하고 성별·교파·계급 등의 차별이 없이 헌법상 국민의 기본권리를 균등화할 것.

4. 토지와 대생산기관을 국유로 하여 국민에게 생존권을 균등화할 것.

5. 국민의 생활상 기본지식과 필수기능을 보급함에 충족한 의무교육을 국비로 실시하여 국민의 수학권(修學權)을 균등화 할 것.

6. 국방군을 편성하기 위하여 국민의 의무병역을 실시할 것.

7. 평등호조(平等互助)의 우의로써 우리 국가민족을 대우하는 국가와 민족으로 더불어 인류의 화평과 행복을 공동 촉진할 것.

(「韓國獨立黨黨憲黨規合編」(1942.6))

이처럼 한국독립당은 완전한 자주독립에 이어 신민주국의 건설과 균등생활의 확보와 평등세계를 지향하는 당의를 채택하였다. 또 당의 강령으로는 고유한 역사와 문화를 발양하는 과정으로서 정치(헌법상 국민의 기본권리)·경제(국민의 생활권)·교육(국민의 수학권)의 균등화라는 삼균주의를 시행하고자 했다. 나아가 우리 국가와 민족과 같은 입장, 같은 처지에서 우리를 평등호조로 대우하는 여러 나라들과 인류의 평화와 행복을 추구하여 세계일가, 사해일원을 추구하는 구체적인 방안을 제시하였다. 중경 한국독립당의 당강은 1945년 8월 28일 개최된 제5차 임시대표대회에서 많은 변화를 갖게 되었는데, 광복을 쟁취한 상황에서 이에 걸맞게 수개한 것이다(조범래,『한국독립당연구(1930~1945)』:2011, 212~217쪽).

한국독립당이 광복 후에 건설할 새로운 국가제체로 제시한 '신민주국'이란 과연 어떤 모습인가. 삼균주의를 창안한 조소앙은 이미 1935년 '신민주'에 대하여 정의한 바 있다. 그는 신민주를 "민중을 우롱하는 자본주의 데모크라시도 아니며 무산자 독재를 표방하는 사회주의 데모크라시도 아닌 범한민족을 지반으로 하고 범한국민을 단위로 한 데모크라시"라고 정의하였다. 즉 극단적인 자본주의나 사회주의도 아닌, 특권계급이 없는 한민족의 정치·경제·교육의 균등사회를 의미한 것이다. 나아가 그는 신민주주의에 대해 다음과 같이 설명하였다.

> 우리 당의 신민주주의는 삼균제도의 건국으로써 구미파(歐美派)의 구민주주의의 결함을 보구(補救)하고, 독재를 부인하는 것으로써 독재제도의 맹아를 뽑아내고 러시아의 민주주의의 결점을 보구하려는 것이기 때문에 우리 민족 대다수의 집체적 총기관을 설립하려는 것이다. 소수가 다수를 통치하는 착취기계로서의 국가 또는 정부를 근본적으로 부인하고, 다수가 다수 자신을 옹호하는 자치기능의 임무를 충실하게 실천하지 않을 수 없는 독립정부를 수립하려는 것이다.
> (「昭和10年夏以降に於げる中華民國在留不逞鮮人團體の情況」, 1935년 12월 5일)

이처럼 한국독립당은 미국과 프랑스의 구민주주의, 러시아의 민주주의의 결점을 보완한 신민주주의를 채택하였다. 이러한 신민주주의의 기본은 삼균주의에 근거한 우리 민족 대다수의 행복 추구라고 결론짓고 있는 것이다. 중경 한국독립당에서 채택된 당책은 다음과 같다.

1. 당의 당강을 대중에게 적극 선전하여 민족적 혁명의식을 환기할 것.
2. 해내외 우리 민족의 혁명역량을 집중하여 광복운동의 총동원을 실시할 것.
3. 장교와 무장대오를 통일 훈련하여 상당한 병액의 광복군을 편성할 것.
4. 적 일본의 모든 침략세력을 박멸함에 일체수단을 다하되, 대중적 반항·무장적 전투·국제적 선전 등의 독립운동을 확대 강화하여 전면적 혈전을 적극 전개할 것.
5. 대한민국임시정부를 적극 지지할 것.
6. 한국독립을 동정 혹 원조하는 민족과 국가와 연락하여 광복운동의 역량을 확대할 것.
7. 적 일본에 향해 항전 중에 있는 중국과 절실히 연락하여 항일동맹군의 구체적 행동을 취할 것.

「한국독립당 창립선언」(1940.5.9)『한국독립운동사료』양우조편, 393쪽)

이상과 같은 7개항의 당책은 조국광복을 위한 일제와의 투쟁방략을 구체적으로 제시한 것이다. 무장투쟁과 선전활동, 국제적 연대활동에 이어 광복군 편성을 제시하였고, 중국과의 연합전선 결성을 통한 대일전선의 강화도 강조하고 있다. 중일전쟁의 전선이 동남아로 점차 확대되고 세계대전이 충분히 예견되는 상황에서 중국정부와의 연합을 통한 본격적인 독립전쟁을 수행하기 위한 현실적인 선택으로 여겨진다. 한국독립당의 광복군 창설을 위한 노력은 1940년 9월 중경 임시정부가 한국광복군을 창설하는 기반이 되었다. 특히 중경 한국독립당은 임시정부로 모든 독립운동 역량을 집중할 것을 역설하고 그 구체적인 무장력으로 광복군 편성을 당책으로 제시했다는 점에서 의미가 있다고 하겠다.

2. 중경 임시정부의 건국강령

중경 임시정부의 활동

1937년 7월 중국 대륙을 본격 침략한 일제는 11월 중국 국민당 정부의 수도인 남경(南京)을 점령하였다. 이에 중국 국민당 정부는 사천성의 작은 도시인 중경(重慶)을 임시수도로 정하고, 이곳으로 행정부를 모두 옮기어 대일항전을 전개하기 시작했다. 남경의 점령으로 호남성 장사(長沙)로 피난한 임시정부는 1938년 7월 광동성 광주(廣州)로 이전하였다. 이때 중국 정부가 중경으로 간다는 소식을 들은 김구는 중경으로 갈 것을 결정하고 먼저 출발해 10월경 도착하였다.

1939년 10월 2일 기강(綦江)에서 통일대표회의를 개최한 3당 대표들은 해를 넘긴 1940년 5월 8일 공동명의로 기존 정당의 해체와 한국독립당의 창당을 공식 발표하였다. 다음날인 5월 9일 열린 창립대회에서 중앙집행위원장에 김구, 중앙집행위원에 홍진·조소앙·지청천 등 16명이, 감찰위원장에 이동녕이 각각 선출되었다. 이로써 임시정부를 유지 옹호하는 민족주의세력이 하나의 정당으로 통일을 이루었다. 이어 1940년 9월 임시정부 요인들과 그 가족들이 중국 정부의 지원을 받아 중경으로 옮겨와 정착함에 따라 이른바 '중경시대'가 열리게 되었다.

임시정부는 3당 통합 이후 임시의정원 의원을 확충하였다. 의원에 대한 보결선거 결과, 모두 18명이 새로 선출되었다. 홍진·지청천·황학수 등 대부분의 의원은 재건 한국독립당과 조선혁명당 소속 인사들이었다. 이에 따라 국무위원도 4명이 늘어 11명을 두게 되었다. 정부의 행정부서도 증설하고 새 인사들이 행정부서 책임자로 임명되었다. 각 행정부서의 책임자는 국무위원 중에서 호선(互選)하여 1940년 2월 1일에 다음과 같이 정부를 조직하였다.

> 주석 : 이동녕
>
> 내무장 : 홍진, 외무장 : 조소앙, 군무장 : 지청천, 참모장 : 유동열
>
> 법무장 : 이시영, 재무장 : 김구, 비서장 : 차리석
>
> (국사편찬위원회, 「대한민국임시정부공보 제65호」, 『대한민국임시정부자료집』
>
> 1(헌법·공보), 2005, 210쪽)

이로써 한국국민당 위주로 유지되던 임시정부의 조직과 기반이 재건 한국독립당과 조선혁명당의 참여로 대폭 확대되었다. 재건 한국독립당과 조선혁명당 주요 간부들이 임시의정원과 임시정부의 조직에 참여하고, 국무위원과 행정부서 책임자로서 임시정부 운영에 직접 관여하게 된 것이다.

이어 임시정부는 중경에 정착한 이후, 종전의 집단지도체제를 단일지도체제로 바꾸는 작업을 추진했다. 중일전쟁의 확산과 2차 세계대전의 발발, 광복군 창설 등의 상황변화에 신속하고 강력하게 대처하기 위한 지도력이 요구되었기 때문이다. 지도체제 변경은 1940년 10월 8일 열린 임시의정원 정기의회에서 헌법개정안을 통과시켜 진행하였다. 이로써 행정수반인 주석

은 행정수반으로 정부를 대표함은 물론, 국군의 통수권을 행사하고 긴급명령 발동과 정치범 특사도 가능하도록 권한을 부여하였다. 새로 개정된 헌법에 의해 정부를 새로 구성하였는데, 김구가 주석에 당선되었다. 10월 9일 개편된 정부의 구성은 다음과 같다.

> 주석 : 김구
> 내무장 : 조완구, 외무장 : 조소앙, 군무장 : 조성환
> 법무장 : 박찬익, 재무장 : 이시영, 비서장 : 차리석
> 참모총장 : 유동열, 고문 : 홍진·송병조
>
> (국사편찬위원회, 『대한민국임시정부자료집』3(임시의정원), 2005, 8~9쪽).

이로써 임시정부는 중경에 정착하여 김구를 주석으로 한 새로운 정부를 구성하였다. 김구는 한국독립당의 중앙집행위원장, 임시정부의 주석, 광

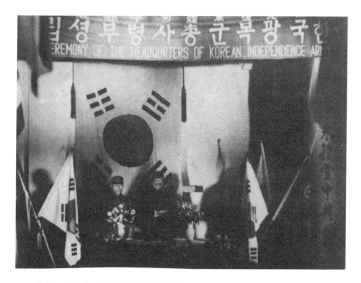

1940년 9월 17일 7시 일본군 폭격 속에 중경에서 열린 한국광복군 총사령부 창설 장면

복군의 통수권자로서 당·정·군의 핵심 지도자로 부상하였다.

통합된 임시정부는 먼저 광복군 창설을 추진하였다. 1940년 5월 한국독립당 중앙집행위원장 김구 명의로 '한국광복군편련계획대강'을 장개석 주석에게 제출하였다. 계획대강의 핵심은 임시정부가 광복군을 편성해 중국군과 함께 연합작전을 전개한다는 것, 그리고 광복군 창설에 대한 인준과 재정적 원조를 해 줄 것을 요구한 것이다. 장개석은 "광복군이 중국항전에 참가한다."는 전제하에 이를 승인하고, 중국군사위원회에 이에 대한 조속한 실현을 준비하라고 지시하였다.

이에 임시정부는 군무부 산하에 군사위원회를 설치하고 군대를 편성해 항일전쟁을 전개한다는 계획을 세웠다. 이를 위해 만주에서 독립군을 조직해 무장투쟁을 전개했던 경험이 있는 지청천·이범석(李範奭)·김학규(金學奎) 등을 중심으로 광복군 창설을 추진하도록 하였다. 이들은 중국의 군관학교를 졸업하고 중국군으로 복무하고 있는 한인청년들을 중심으로 총사령부를 조직하고, 병력을 모집해 1년 이내에 3개 사단을 편성한다는 계획을 세웠다.

임시정부는 병력모집, 재정마련, 그리고 중국정부의 승인과 양해를 얻기 위해 교섭을 벌이며 광복군 창설을 추진해 나갔다. 병력모집은 일본군 점령지역에 이주해 있는 한인 청년들을 대상으로 하였고, 이들을 모집하기 위해 군사특파단을 서안(西安)으로 파견하였다. 재정은 미주교포들에게 요청하였는데, 적극 후원하고 나섰다.

또 중국 정부를 대상으로 군대편성에 대한 교섭을 벌였다. 중국 영토 안에서 군대를 편성하려면 중국의 사전 승인과 양해가 있어야 하기 때문이다. 교섭은 광복군을 편성하면 중국의 항전에도 유익하다는 논리를 내세워 중국 측을 설득하는 방법으로 추진하였다. 이러한 논리는 중국 국민당 지도부에게 공감을 불러 일으켜 장개석 주석도 "광복군이 중국 항전에 참가한다."는 전제 하에 광복군 창설을 승인하였다.

1940년 9월 17일 아침 7시, 일본 공군기의 공습을 피해 중경 시내 가릉빈관에서 임시정부는 광복군총사령부 성립 전례식을 거행하였다. 장교 13명과 30여 명의 병사들로 출범한 초라한 전례식이지만, 한국 태극기와 중국 청천백일기가 나란히 게양되었다. 또 중국 국민당의 주요간부들을 비롯해 공산당의 주은래(周恩來)와 각 기관장들, 각국의 외교사절과 신문기자 등 200여 명이 참석해 축하해 주었다.

광복군의 창설은 우선 지휘부인 총사령부를 창설하고 이후 병력을 모집해 부대의 편제를 갖추어 간다는 계획으로 이루어졌다. 광복군은 총사령부와 3개 지대를 편성하였다. 총사령부에는 총사령 지청천, 참모장 이범석을 중심으로 구성되었고, 제1지대장에는 이준식(李俊植), 제2지대장 공진원(公震遠), 제3지대장 김학규(金學奎)가 각각 임명되었다. 총사령부는 서

1940년 12월 중국 서안에 모인 광복군총사령부 총무처 임직원

안을 근거로 병력을 모집하기 위한 초모활동에 들어갔다. 초모활동은 일본군 점령지역의 한인들을 포섭해 오는 것인데, 북쪽으로는 수원성(綏遠省) 포두(包頭)에서 남쪽으로는 남경·상해에 이르기까지 중국대륙 전체를 대상으로 하였다.

이외에도 광복군에는 중국의 3전구와 9전구에서 활약하던 3전구공작대와 9전구공작대가 있었다. 그리고 임시정부 요인들의 가족이 집단 거주하던 중경 교외의 토교(土橋)에 임시 편성부대인 토교대도 갖고 있었다.

광복군의 활동은 일본군에 소속된 한인 병사와 적 후방의 한인 청년을 포섭하는 초모공작, 이들에 대한 교육과 훈련, 적군에 대한 정보수집과 교란활동 등이었다. 서안(西安)에서는 중국군 중앙전시간부훈련단에 한국청년훈련반(약칭 '한청반')이, 안휘성 임천(臨天)에서는 한국광복훈련반(약칭 '한광반')을 각각 설치하여 모집된 청년들을 군사 초급간부로 양성하였다.

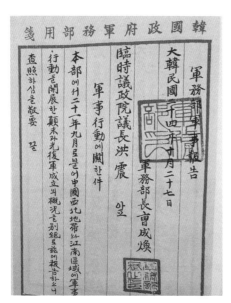

1942년 대한민국 임시정부 군무부에서 발행한 군사보고서

또한 광복군은 연합국의 일원으로 인정받기 위해 연합국과 공동작전을 펼치는 등 노력하였다. 인도·버마전선에서 인면전구공작대를 파견하여 영국군과 공동작전을 벌였다. 그리고 미국 전략정보국(OSS)과 합작하여 국내진입을 위한 초급장교를 육성하였다. 전략정보국은 한반도에 대한 공작거점을 확보하기 위해 한인청년

들을 잠수함이나 항공기로 국내에 투입하고자 하는 계획이었다. 그래서 2지대 1기생이 5월부터 전략정보국의 교육을 받고 8월 4일에 수료한 뒤, 8월 7일 국내진입이라는 공동작전이 추진되었다. 그렇지만 출발 직전에 일본의 항복소식이 전해져 광복군은 실전에 투입되지 못하였고, 3지대에서 실시되던 교육도 중단되고 말았다.

임시정부는 국내에 대한 방송공작도 실시하였다. 중경의 방송국을 이용해 광복군이 직접 국내 동포들에게 라디오 방송을 보냈는데, 세계대전의 추이와 광복군의 활동상황을 알리고 국내 동포들에게 항일의식을 고취시키고자 하였다. 그 결과는 여운형(呂運亨)의 건국준비위원회 결성 등에 직접 영향을 주어 일제 말기 국내 투쟁의 배경으로 작용하였다.

다른 한편 광복군은 중국 관내지역에서 활동 중인 한인무장부대를 광복군으로 편입시켰다. 당시 서안에서 활동 중인 나월환(羅月煥)이 이끄는 아나키스트계열의 한국청년전지공작대 대원들을 1941년 1월 1일 편입시킨 것이다. 이로써 광복군은 창설된 지 4개월만에 1백여 명이 넘는 병력을 갖추게 되었다.

중경 임시정부의 건국강령

김구 주석이 이끄는 중경 임시정부와 한국독립당은 1941년 7월 7일 공동명의로 삼균주의를 기본이념으로 독립 후 민족국가건설에 대한 계획인 건국원칙을 밝혔다. 이는 1941년 11월 28일 「대한민국 건국강령」이란 이름으로 임시정부 국무회의를 거쳐 발표되었다. 건국강령의 기초자는 1931년 '대한민국임시정부선언'의 기초자인 조소앙이었는데, 국무회의에서 약간의 수정을 거쳐 원안대로 통과되어 공포된 것이다.

건국강령은 총강·복국·건국의 3장과 24개항으로 구성되었는데, 독립 후 건설할 국가의 정체를 민주공화국으로 규정하였다. 그리고 균등사회를 실현한다는 전제하에 구체적이고 세부적인 방안들을 정치·경제·교육의 세 분야로 나누어 정리하고 있다. 제 1장은 총강으로 1항부터 7항까지이고, 제 2장은 복국에 관한 내용으로 1항에서 8항까지로 구성되어 있다. 마지막 제 3장은 건국에 관한 내용으로 1항부터 7항에 이르고 있다.

이를 보다 구체적으로 살펴보면, 제 1장 총강에서는 민족공동체로서 한국, 삼균제도의 역사적 근거, 토지국유제의 전통, 주권상실 당시 순국선열의 유지, 혁명으로서 3.1운동과 이를 계승한 민주제도 건립으로서 임시정부, 삼균제도의 발양확대, 혁명적 삼균제도인 정치, 경제, 교육의 균등과 독립, 민주 균치의 동시 실시 등 7개항으로 이루어져 있다.

제 2장에서는 복국의 단계를 3기로 나누어 설명하고 있는데, 제 1기는 독립을 선포하고 기타 법규를 반포하여 적에 대한 혈전을 계속하는 과정, 제 2기는 국토를 회복하고 당·정·군이 국내에 들어가는 과정, 제 3기는 국토, 인민, 교육, 문화 등을 완전히 되찾고 각국 정부와 조약을 체결하는 과정이다. 마지막으로 제 3장에서는 건국의 단계를 역시 3기로 나누어 토지와 주요산업의 국유화, 무상의무교육 실시 등 삼균제도를 실시하는 과정을 구체화하였다. 이로써 건국강령은 민주공화국 정체와 토지, 주요산업 국유화를 혼합한 일종의 사회민주주의 체제를 표방하였다.

임시정부가 추구한 진정한 정치의 균등은 참정권 등 국민의 기본권 시행과 균등화이다. 건국강령 제3장 4항에는 건국기의 헌법에 포함되어야 할 국민이 기본권이 나열되어 있다.

(1) 인민의 기본권리·의무

　건국기 헌법상 인민의 기본권리와 의무는 다음 원칙에 의지해 법률로 제정·시행함

가. 노동권·휴식권·피구제권·피보험권·면비수학권·참정권·선거권·피선거권·파면권·입법권과 사회 각 조직에 가입하는 권리가 있음.

나. 부녀는 경제와 국가와 문화와 사회 생활상 남자와 평등권리가 있음.

다. 신체 자유와 거주·언론·저작·출판·신앙·집회·결사·유행·시위운동·통신비밀 등의 자유가 있음.

라. 보통선거에는 만 18세 이상 남녀로 선거권을 행사하되 신앙·교육·거주 년수·사회출신·재산 상황과 과거 행동을 분별치 아니하며 선거권을 가진 만 23세 이상의 남녀는 피선거권이 있으되 매 개인이 평등한 비밀과 직접으로 함.

마. 인민은 법률을 지키며 세금을 바치며 병역에 응하며 공무에 복하고 조국을 건설 보위하며 사회를 시설 지지하는 의무가 있음.

바. 적에 부화한 자와 독립운동을 방해한 자와 건국강령을 반대한 자와 정신이 흠결된 자와 범죄판결을 받은 자는 선거와 피선거권이 없음.

　건국강령에서는 지방자치제의 시행을 구상하였다. 중앙정부는 건국기에 구성한 의회에서 개정된 헌법에 기초하여 조직한 국무를 집행하는 최고의 행정기관이라 규정하고 각기 실무행정은 내무부·외무부·군무부 등 8개 부처를 두고 실행하도록 했다. 지방에는 각 지방행정 단위별로 정부와 의회를 구성하여 지방자치를 시행한다는 것이다. 이는 특정계급의 독재를 방

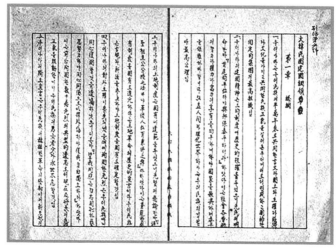

1941년 11월 28일에 독립후 건설할 대한민국의 정체를 밝힌 〈대한민국 건국강령〉

지하고 정권을 분산시키려는 방안으로 제시된 것이라 여겨진다.

이와 함께 강령에는 경제의 균등화를 위해 대생산기관 및 주요 운수사업, 공용의 방산산업 국유화를 규정하였다. 강령 제1장 제3조는 우리민족의 토지제도는 전통적으로 토지국유제였다고 주장하면서 토지제도를 국유로 할 것을 주장하였다. 이를 위해 일제가 침탈한 관공사유토지와 일제의 시설 및 자본, 일제에게 부화한 자가 소유한 모든 자본과 부동산을 몰수하여 국유화한다는 원칙을 세웠다. 몰수한 재산은 우선 빈농과 빈곤·무산자에게 나누어 주고, 토지는 농사를 직접 짓는 농민들에게 분대함을 원칙으로 한다고 규정하였다. 분배한 토지는 상속이나 매매 등을 철저하게 금지할 것도 함께 규정하였다. 아울러 몰수한 재산과 토지 등은 국영 또는 공영의 집단생산기관에 공급하여 국민 각개의 정신상·물질상의 생활을 제고하는 데에 도움이 되도록 한다고 규정하였다. 이러한 임시정부의 토지국유화, 대생산 기관의 국유화, 자력자경인에게 토지 분급 원칙은 임시정부가 조소앙의 삼균주의에 나타난 사회주의적 경제관을 대폭 수용한 것이었다.

국가정책 가운데 가장 중요한 국민교육정책의 시행목적과 그 구체적인 방안에 대해서는 다음과 같이 제시하고 있다.

(4) 교육제도

건국기 헌법상 교육의 기본원칙은 국민 각개의 과학적 지식을 보편적으로 균등화하기 위하여 다음 원칙에 의지하여 교육정책을 실행함

가. 교육종지(宗志)는 삼균제도로 원칙을 삼아 혁명공리의 민족정기를 배양·발양하며 국민도덕과 생활지능과 자치능력을 양성하야 완전한 국민을 조성함에 둠.

나. 6세부터 12세까지의 초등 기본교육과 12세 이상의 고등기본교육에 관한 일체 비용은 국가가 부담하고 의무로 시행함.

다. 학령이 초과되고 초등 혹 고등의 기본교육을 받지 못한 인민에게 일률로 면비(免費) 보습교육을 시행하고 빈한한 자제로 의식을 자비하지 못하는 자는 국가에서 대공(代供)함.

라. 지방의 인구·교통·문화·경제 등 정형을 따라 일정한 균형적 비례로 교육기관을 실시하되 최저한도로 매 1읍 1면에 5개 소학과 2개 중학, 매 1군 1도 1부에 2개 전문학교, 매 1도에 1개 대학을 설치함.

마. 교과서의 편집과 인쇄발행을 국영으로 하고 학생에게 무료로 분급함.

바. 국민병과 상비병의 기본 지식에 관한 교육은 전문훈련으로 하는 이외에 매 중등학교와 전문학교의 필수과목으로 함.

사. 공사학교는 일률로 국가의 감독을 받고 국가의 규정한 교육정책을 준수케 하며 한교(韓僑)의 교육에 대하여 국가로서 교육정책을 취행함.

이상에서 보듯이 광복 후 수립할 민족국가의 교육정책은 민족정기와 자치능력을 갖춘 완전한 국민으로 육성하는 것이었다. 이를 위해 국비에 의한 의무교육을 실시하여 국민 개개인의 과학적 지식을 보편화·균등화하고, 국민도덕·생활지능·자치능력을 향상시켜야 한다는 것이다.

이상에서 살펴본 바와 같이 건국강령은 정치적으로는 민주공화제 체제를, 경제적으로는 삼균주의에 입각한 균등주의적 경제관을 통하여 신국가를 건설하고자 하였다. 이러한 임시정부의 건국강령은 1942년 10월 민족혁명당과 조선민족해방동맹, 조선혁명자연맹 등 좌익진영의 독립운동세력이 임시정부로 합류함에 따라 더욱 구체화되었다. 건국강은 좌우합작에 의한 연합정부에서 만든 최종헌법인 1944년 제5차 〈개정임시약헌〉의 이념적 기초가 되었다.

2장

한국 사회주의 세력의 독립전쟁과
국가 건설 구상

1. 한국인들의 사회주의 수용

일본 유학생들의 사회주의 만남

한국 사회주의세력은 언제, 어떻게 형성되었을까. 이를 알기 위해서는 한국인들은 언제, 어디에서, 어떻게 사회주의를 접하게 되었는지를 알아야 한다. 처음 사회주의를 받아들이고 이를 자신의 평생 신념으로 삼아 실천에 옮긴 이들은 누구일까.

처음 사회주의를 수용한 한국인들은 "민족운동에 열심히 활약하였던 진보적 사상가, 혈기의 청년들"이었다. 즉 이들은 오래 전부터 사회주의사상을 체계적으로 공부하고 훈련받은 것이 아니라, "누구나 한가지로 민족주의사상을 가지고 있었다."고 한다. 또 사회주의가 수용된 경로는 "하나는 동으로 수입된 것과 하나는 북으로 수입된 자"로 볼 수 있다고 한다.(임경석:2009, 10~12) 즉 동쪽의 일본 유학생층과 북쪽의 러시아 연해주와 중국 만주의 망명자층을 일컫는다. 이에 일본과 러시아, 중국에서의 사회주의 수용과정을 통해 구체적으로 어떤 이들이 어떤 내용을 받아들였는지 살펴보기로 한다.

한국인에게 서구 혁명사상인 사회주의가 처음 소개된 것은 1880년대 중국과 일본의 동향을 보도한 《한성순보(漢城旬報)》를 통해서이다. 이 신문은 유럽 사회당의 이념이 "귀천과 빈부를 평등하게 하는 것을 주의로 삼고 있다"고 소개하였다. 1904년에서 1910년 동안에 발행된 《대한매일신보》에서는 유럽 각국 사회주의자들의 동향을 많이 실었는데, 주로 러시아 혁명당이 황제와 귀족을 암살하려 한다는 기사나 독일·영국·미국 등에서 일어난 군사비 증액 반대운동, 그리고 각종 반정부 시위 등을 전하였다. 1909년 무렵 조선침략을 노골화하던 일제는 '일본을 배척하는 사상'과 더불어 사회주의를 명시함에 따라 국가체제를 뒤집으려는 위험한 사상으로 인식하게 하였다.

일제는 사회주의와 함께 아나키즘을 매우 파괴적이고 위험한 사상으로 매도하였다. 원래 아나키즘은 그리스어의 '아나르코(anarchos)'에서 나온

1904년 러일전쟁 반대운동의 중심지인 《평민신문》

말인데, '없다an'라는 말과 '지배자arche'라는 말뜻의 합성어이다. 말 그대로 '지배자가 없다'는 뜻으로, '무지배주의' 또는 '무강권주의'로 번역될 수 있다. 하지만 1902년 도쿄대 대학생이던 게무야마 센타로(煙山專太郞)가 『근대무정부주의近代無政府主義』라는 책

을 통해 러시아 차르 정권 치하의
나로드니키와 허무당 당원들의 활
동을 소개했는데, 이 책을 계기로
일본을 비롯한 중국·조선 등 한자
문화권에서는 아나키즘을 무정부
주의로 통용시켜 버렸다. 아나키
즘은 각 개인의 자유를 최대한 보
장하고 자유로운 개인들의 연합과
자율·자치로서 연합하며, 이를 통
해 자유로운 정부를 구성하자는

일본 사회주의운동의 선구자 고토쿠 슈스이(幸德秋水)
와 부인

주장을 주요 이념으로 삼고 있는데, 무정부주의로 번역되면서 기존 질서나
국가, 심지어 모든 조직이나 정부자체를 부정한다는 뜻으로 왜곡되고 만
것이다. 이후 일본 지배 권력자들은 아나키스트들을 파괴와 암살, 혼란과
무질서를 유도하는 과격주의자로, '시대의 반항아'로 낙인찍어 버렸다.

한인 지식인 중에는 항일사상의 하나로 개인 차원에서 사회주의와 아나
키즘에 대해 관심을 보인 이들이 있었다. 대표적으로 신채호(申采浩)와 조
소앙(趙素昻)을 꼽을 수 있다. 신채호는 1905년 무렵 일본의 반전 사회주
의자 고토쿠 슈스이(幸德秋水)의 『장광설(長廣舌)』을 읽고 아나키즘과 사회
주의에 대해 알게 되었다고 한다. 이어 일본 유학생이던 한광수(韓光洙)가
1915년 잡지 《제3제국》을, 황석우(黃錫禹)가 1916년 1월 《근대사조》를 발간
해 서구 사회주의를 소개하였다.

일본에 유학하여 사회주의 사상으로 제국주의 침략 반대와 민족혁명에
참여한 최초의 한국인으로는 조소앙(趙素昻)을 꼽을 수 있다. 당시 황실 유
학생이던 조소앙은 1907년 가을 무렵 고토쿠 슈스이와 오스기 사카에(大

杉榮)·유사배(劉師培)·장계(張繼) 등 일본 및 중국 혁명가들, 베트남 등 아시아 진보적 유학생들과 함께 동아시아 최초의 반제국주의 연합단체인 아주화친회(亞洲和親會)를 조직했다. 아주화친회는 약장을 통해 "제국주의에 반대하여 스스로 자신의 민족을 보존하는 것"을 목적으로 삼았고, 아시아혁명을 달성하기 위해 아시아 각국의 연합을 결성하자고 주장했다. 또한 침략주의자를 제외한 "민족주의·공화주의·사회주의·무정부주의를 불문하고 모두 입회할 수 있다"고 규정하여 동아시아 진보세력의 연합을 추구하였다(이경석;2005, 113~114). 아주화친회의 이러한 반제 국제주의와 연대투쟁의 정신은 이후 1920년대에 이르러 오스기 사카에(大杉榮)와 신채호 등에 의해 동방아나키스트연맹으로 계승되었다.

조소앙에 이어 1910년대 일본으로 유학한 한인 청년들 중 많은 이들이 사회주의 사상을 조선독립과 민족혁명의 행동지표로 삼고자 했다. 일제에

일본의 번역가이자 아나키스트인 오스기 사카에(오른쪽 두번째). 1923년 9월 관동대지진때 그는 헌병대위 아마카스 마사히코(甘粕正彦)에게 살해당하였다.

의한 강제합병 이후, 망국의 한을 품고 새로운 일자리와 함께 신학문을 배우려는 많은 젊은 이들이 현해탄을 건너 일본 도쿄로 유학길에 나섰다. 당시 일본은 러일전쟁 직후, 도시 중산층에 의한 반전운동과 민주주의 개혁요구가 본격화되어 자유주의 풍조가 고조되어 있었다. '다이쇼(大正) 데모크라시 시대

1919년 2월 8일 동경 유학생들의 독립선언지인 조선기독교회관의 기념비

(1912~1922)'라 불리우는 이 10여 년간에 도쿄의 여러 대학들이 몰려 있는 진보죠(神保丁) 서점가에는 서구 자유주의와 사회주의 관련 각종 서적과 진보적인 잡지와 신문들이 범람하고 있었다. 열악한 주거환경과 민족 차별에 시달리고 있던 한인 유학생들은 대학가에서 일기 시작한 새로운 근대학문을 비롯해 유럽과 미국에서 전해진 자유와 평등사상, 노동운동과 농촌계몽에 관한 다양한 지식정보를 접하고, 일본의 진보적인 지식인들과 자유로운 토론의 장을 경험하게 되었다. 이러한 지적 충격으로 인해 도쿄는 한인들에게 '극동에 있어서 학생의 성지이며 온갖 혁명가들의 피난처'로 여겨질 정도였다(김산·님 웨일즈, 『아리랑』;1984, 73~78쪽).

한인 유학생들은 일본 사회주의자들과 직접 교류하며 사상단체에 가입해 활동하였다. 나경석(羅京錫)·정태신(鄭泰信)·원종린(元鍾麟)·황석우(黃錫禹)·이달(李達) 등이 대표적이다. 이들은 1913년경부터 노동조합운동을 지향하는 생디칼리즘연구회에 참여하고 있던 갑호 요시찰 인물인 요코다 소지로(橫田宗次郞)와 미국에서 사회혁명당 활동을 한 하세가와 이치마쓰

(長谷川市松), 저명한 번역가이자 아나키스트인 오스기 사카에 등과 교류
하였다.

1918년 12월 변희용(卞熙鎔)과 백남훈(白南薰) 등 조선유학생학우회 간
부들은 자유 민권주의자인 요시노 사쿠조에 의해 창립된 여명회(黎明會)에
참여하였고, 원종린·황석우도 사상단체인 신인회(新人會)에 가담하였다. 박
열(朴烈)·김약수(金若水) 등이 간부로 있던 조선고학생동우회 회원들은 아
나키스트인 이와사 사쿠타로(岩佐作太郎)의 집에서 에스페란토어 강습을
받으면서 식민지 문제와 노동현실에 대해 토의하였다.

이러한 지적 교류와 사상단체 활동을 통해 신사상을 수용하고 반제 독
립운동을 주도한 한인 유학생들은 드디어 1919년 2월 8일 독립선언서를 발
표했다. 도쿄 기독교청년회관에서 600여 유학생들의 열광적인 지지 속에
거행된 독립선언식은 경찰에 의해 강제 해산되고 27명이 실형을 언도 받았
다. 이어 3월 1일부터 5월까지 약 3개월간 조선 전역과 중국·만주·연해주·
미주 등지에서 일제의 무단통치에 대한 뿌리 깊은 분노가 폭발하였다. 그
러나 일제의 무자비한 진압으로 인해 8,000명이 사망하고, 1만 6,000명이
부상당했으며, 5만 3,000여 명이 검속되기에 이르렀다.

이에 한인들은 더 이상 외교적 청원운동이나 합법적 단체활동에 한계
가 있음을 절감하게 되었다. 대다수 젊은이들은 더 이상 국내에서 활동할
수 없다고 판단하고, 일본과 중국·만주와 연해주 일대로 망명하여 의열투
쟁이나 무력항쟁 등 보다 적극적인 투쟁을 전개하려 하였고, 이를 위해 보
다 강력한 지도조직을 갖추어야 한다는 주장에 공감하게 되었다. 또한 친
일 개화파들이 숭상한 사회진화론과 약육강식론이 일제의 식민지 지배를
합리화하고 자본주의 사회의 계급적 불평등을 조장한다는 사실을 깨닫고
크로포트킨의 상호부조론이나 마르크스의 과학적 유물론에 관심을 보이

기 시작했다. 그런 의미에서 3·1 만세운동은 한인 민족운동의 분수령인 동시에 사회주의운동을 태동시킨 산파라 할 수 있겠다(임경석, 『한국사회주의의 기원』; 2003, 89~90쪽).

3·1만세운동의 실패 이후 한인 유학생들의 일본 사상단체 참가율도 급격히 증가하였다. 1920년 당시 일본 내무성이 파악한 도쿄의 요주의 단체는 18개였는데, 이중 급진적인 사상단체에는 대부분 한인 유학생들이 가입해 활동한 것으로 알려졌다. 즉 학우회의 중심 멤버인 변희용과 이증림(李增林) 등이 동양사회당에 가입하였고, 정태성(鄭泰成)·이용기(李龍基) 등이 아나키스트인 가토 가즈오(加藤一夫)와 이와사 사쿠타로가 주관하는 자유인연맹에서 활동하였다.

나아가 한인 유학생들은 1920년 12월 10일에 결성된 일본 사회주의동맹에도 직접 참여하였다. 창립 발기 대회 당일에는 저명한 일본 사회주의자뿐만 아니라 중국 북경대학의 이대조(李大釗) 교수, 한인 유학생 정수홍(鄭守洪)·김판권(金判權)·권희국(權熙國) 등이 참여한 것으로 확인된다(『社會主義同盟名簿』, 1920). 특히 권희국은 사카이 토시히코와 함께 국제주의를 표방하는 코스모구락부를 결성했다. 이 모임은 일본의 양심적인 지식인을 비롯해 중국·대만·인도인 등을 망라한 아시아 각국 동지들과의 연락망을 갖추려 하였다. 코스모구락부는 1922년 11월 18일 도쿄의 간다에서 제국학사회(帝國學士會)를 개최하여 조선과 중국의 독립운동을 지지하는 한편, 사회개조를 통한 공산제의 실시를 주장하였다(社會文庫 編:1965). 이 밖에도 원종린과 김약수·조봉암·한현상(韓峴相) 등은 일본 경찰에 의해 '가장 과격한 단체'로 평가받은 공산주의 성향의 비밀단체인 효민회(曉民會)에도 적극 참가한 것으로 알려졌다.

한인 유학생들은 1921년 11월 워싱턴에서 열린 국제연맹 회의에서 식민지 해방문제가 거론될 줄 알았으나, 열강들이 언급조차 없이 끝내버리자 크게 실망하였다. 이에 더 이상 국제연맹에 의지하는 외교방식으로는 독립을 달성할 수 없으며, 결국 조선 민족의 단결과 무장투쟁으로 독립을 쟁취해야 한다는 인식이 광범위하게 퍼지게 되었다. 일본 관헌들은 이러한 당시 한인 유학생들의 동향에 대해 "점차 외교노선에 실망하고 일본 사회주의자들의 각종 노동문제 강연회와 집회에 참여하면서 사회주의와 아나키즘 등 급진사상을 품게 되었다."고 분석하였다(김명섭,『한국 아나키스트들의 독립운동』:2008, 73~77쪽). 이처럼 독립 청원 운동에 한계를 느낀 많은 한인들이 외교노선 대신 사회주의 사상 수용과 혁명운동에 관심을 갖게 되었음은 극히 자연스러운 현상이었다고 할 수 있겠다.

러시아와 중국 망명객들의 사회주의 수용

다음으로 북에서의 러시아 연해주와 중국 대륙으로부터 사회주의를 수용한 망명자들을 살펴보기로 하겠다. 연해주를 비롯해 러시아 극동지역은 1863년 흉작을 피해 이주한 한인 13가구가 두만강 넘어 지신허(地新墟)에 정착한 이후, 농민들과 의병 등이 꾸준히 망명한 곳이다. 이곳에는 일제의 침략이 본격화되던 1905년 무렵 망명인사들이 늘어남에 따라 1917년 무렵 연해주의 19만여 명을 비롯해 러시아 극동지역에 한인 수가 22만 5천여 명에 이르렀다.

연해주의 한인 망명자들은 1906년 무렵 전 간도관리사인 이범윤(李範允)과 재력가인 최재형(崔在亨)을 중심으로 항일 의병부대를 편성하였다. 안중근(安重根) 등이 참여한 연해주 의병부대는 두만강을 넘어 국내로 진입해 일제를 공격하는 등 작전을 펼쳤으며, 1910년 무렵 유인석(柳麟錫)을 도총재로 삼아 13도의군을 편성하기도 하였다. 국망 이후에도 러시아 한인들은 권업회와 대한광복군정부, 대한인국민회 등을 조직하여 항일 언론 활동과 민족학교 설립을 통해 독립군을 양성하였고, 만주와 국내 등지에 설립된 항일단체와의 교류와 연합을 통해 독립전쟁을 준비하였다. 하지만 1914년 1차 세계대전 발발과 사회주의혁명을 탄압하려는 러시아 짜르정부에 의해 지도부들이 체포·추방되는 탄압을 받아 활동이 위축되고 말았다.

이러한 상황에서 1917년 2월에 일어난 러시아혁명은 한인사회에도 또 다른 활기를 불어 넣어주었다. 제정러시아의 붕괴와 함께 범(凡)사회주의세력의 집권을 계기로 한인들은 그해 5월 니콜리스크에서 '전로한족대표자회의'를 개최해 중앙총회를 결성하였다. 뒤이어 발발한 10월혁명으로 급진공산주의자들인 볼셰비키세력이 정권을 장악하자, 연해주 한인들 중 사회주의에 공감했던 한인들이 이듬해인 1918년 4월 28일 최초의 사회주의정당인 한인사회당(韓人社會黨)을 창립하였다.

한인사회당의 중앙위원장을 맡은 이동휘(李東輝)와 군사부장인 유동열(柳東說) 등은 조선독립을 위해 볼셰비키와 연대할 수 있다는 민족주의적 입장이었지만, 선전부장 김립(金立)과 김알렉산드라 페트로브나(극동 소비에트정부 외무인민위원) 등은 레닌의 공산주의혁명에 동감하여 볼셰비키세력에 적극 협력해야 한다고 주장하였다. 한인사회당은 곧 러시아 극동지역 한인사회에 공산주의를 선전하여 조직을 확대하여 항일투쟁은 물론, 제정 러시아에 반대하는 무장부대를 편성하였다. 지방의 여러 한인촌락에서도 볼셰비키에 호응하는 움직임이 활발하게 일어나 일찍부터 소비에트가 건설되었다(마뜨베이 찌모피예비치 김,『일제하 극동시베리아의 한인사회주의자들』;1990, 19~22쪽).

10월 혁명으로 러시아 전역이 사회주의화 되어가자, 일본을 비롯해 미국·영국·프랑스 등의 제국주의 열강들이 극동지역에 대한 세력을 확보하기 위해 1918년 4월 대규모 병력을 파견하였다. 연합군 가운데 최대 병력을 파견한 일본정부는 7만 명 이상의 대규모 병력을 각처에 주둔시켰다. 침략한 일본군에 맞서 연해주 곳곳에서 고려인 무장 독립군부대가 생겨났다. 한창걸 부대, 최호림 부대, 혈성단, 독립단 부대, 솔밭관 부대, 우리 동무군, 대한의용군, 군비단 등이 그것이다. 최대 36개 부대 4천여 명에 이르는 이 독립군 부대는 연해주와 하바롭스크 주 곳곳에서 5년 동안 치열한 무장투쟁을 벌였다. 올가항 전투, 달레테첸스크 전투, 파르티잔스크 전투, 볼로차예프 전투 등에서 소비에트 혁명군과 연합한 한인 독립군은 일본군에게 큰 타격을 입혔다.

하지만 이 무렵 체코 포로병들이 소비에트에 반대하는 반란을 일으켜 제정러시아를 옹호하는 백위파 정권이 들어서 1922년까지 내전상태에 빠지고 말았다. 연해주의 백위파 군대는 1918년 6월 블라디보스토크와 하바롭스크를 점령하여 김알렉산드라 페트로브나를 비롯한 다수의 한인 공산주의자들을 처형하기도 했다.

1918년 11월 1차 세계대전이 종결되고 베르사이유조약과 함께 민족자결주의가 대두되자, 연해주 한인들도 이듬해 2월 전로한족회 중앙총회를 다시 소집하여 대한국민의회〔위원장 문창범(文昌範)〕를 조직하였다. 대한국민의회는 재일 유학생들의 2·8독립선언에 이어 국내에서의 3·1운동과 북간도 3월 13일 만세시위 등이 연달아 일어나자, 3월 17일 블라디보스토크 신한촌에서 만세시위를 주도하였다. 이어 4월 11일 중국 상해에서 임시정부가 수립되자, 대한국민의회는 8월말 해산을 결의하였다. 이에 따라 이동휘와 문창범은 통합된 임시정부에 참여하기 위해 상해로 갔다.

하지만 상해 임정이 즉각 해체하지 않고 내홍을 거듭하자, 임정에 참여하자는 이동휘 일파와 해체를 주장하는 문창범 일파의 대립이 격화되었다. 결국 11월 이동휘가 임정의 국무총리에 취임하자, 문창범은 임정과 한인사회당을 맹렬히 비난하며 대한국민의회를 재건하여 대립하게 되었다.

한편, 1917년 10월 러시아혁명과 1919년 3·1운동이 발발함에 따라 중국으로 망명한 한인들도 큰 사상적 변화를 겪게 되었다. 1919년 초 85명에 머물렀던 한인 수는 이후 일제의 탄압을 피해 망명한 한인들로 인해 300여 명으로 늘어났다. 특히 북경과 상해로 망명한 기독교인들과 독립운동 지도자들은 망명 이주민들과 청년 유학생들을 중심으로 세력을 확장해 나갔다. 1912년 신규식(申圭植)·조소앙 등의 주도로 결성된 최초의 독립단체인 동제사(同濟社)와 1915년 신한혁명당에 이어, 여운형(呂運亨)·조동호(曺東祜) 등 사회주의를 수용한 청년들은 1918년 11월 신한청년당을 결성하였다. 이들은 국내외 독립운동자들과 긴밀한 연락을 추진하여 1919년 3월 상

1920년대 신사상운동의 중심지인 중국 북경대학 구지(舊址)

해에 독립임시사무소를 설치하였다. 이러한 발로 뛰어다닌 청년들의 노력으로 4월 11일 상해에서 대한민국 임시정부가 수립될 수 있었다.

하지만, 임시정부 수립직후 이승만의 대통령 추대와 독립노선을 둘러싼 갈등으로 인해 많은 독립운동가들이 상해를 떠나 북경으로 모여들기 시작했다. 1920년 1월 이후 이회영(李會永)의 북경 거처는 독립운동들이 빈번히 찾아와 묵어가는 필수코스가 되었다(이규창,『운명의 여신』; 1992, 38~54쪽).

1919년을 기점으로 많은 한인 청년들이 신문화운동을 벌이고 있는 북경과 천진의 대학에 취학하였다. 그중 프랑스 파리 유학파이며 아나키스트인 채원배(蔡元培)가 교장이 된 북경대학과 천진의 민족주의자 장백령(張伯笒)이 설립한 남개(南開)대학 학생들이 5·4운동을 주도하며 망명객들에게 호의를 베풀어 많은 한인 유학생들을 포용하였다. 채원배 교장은 진보적 사상가인 진독수(陳獨秀)를 문리과 학장으로 임명한 데 이어 이대조(李大釗)와 호적(胡適)·노신(魯迅) 형제 등을 교수로 초빙해 신문화운동을 일으켰고, 파리유학파인 이석증(李石曾)과 오치휘(吳稚暉) 등을 초빙하여 중국에 아나키즘 사상을 전파하는데 크게 기여하였다.

북경대 교수인 이대조와 황릉상·화림 등은 크로포트킨의 상호부조론에 큰 영향을 받아 1920년 11월말 무렵 북경 사회주의청년단을 만들었다. 당시 중국 청년 아나키스트들의 생각을 읽을 수 있는 자료로는 1920년 천진 진사(眞社)에서 출판한『크로포트킨의 사상』이란 번역서를 들 수 있다. 이들은 자신들이 주장하는 것은 '자유공산주의'라면서도 "강권 공산주의의 프롤레타리아 독재는 찬성하지 않는다."고 선언하였다. 즉, 공산주의는 불평등하고 불철저한 혁명이므로 당연히 오래 지속될 수 없고 개인 자유의 경향에도 위반된다는 것이다(조세현,『동아시아 아나 키스트들의 국제교류와 연대』;2010, 145~148쪽).

한인 유학생들은 일본보다 물가가 훨씬 싸고 한인들에게 호의적이었던 북경을 중심으로 사회주의와 아나키즘 등 신사상을 자유롭게 수용할 수 있었고, 영어와 에스페란토어 등을 쉽게 배울 수 있었다. 때문에 북경에는 『아리랑』의 주인공 김산(본명 張志樂)과 김충창(본명 金星淑)을 비롯해 약 3백여 명의 젊고 활동적인 한인 학생들이 혁명과 독립을 꿈꾸며 신사상을 수용하고 있었다(김산·님 웨일즈,『아리랑』;1985, 120~124쪽).

1920년대 초반 무렵의 북경은 가히 신사상과 신문화의 선전장이라 불리울 만큼, 자유와 평등 사조가 풍만하였다. 특히 북경대학은 교장의 전폭적인 지원 아래 세계어로 일컬어지는 에스페란토에 대한 관심이 크게 일어났다. 1919년 10월 대학 내에 만들어진 세계어연구회는 채원배 교장이나 주임교수의 인가를 받아야 회원으로 입회할 수 있도록 규정을 마련했다. 학교신문인《북경대학일간》의 안내란에는 1919년 10월 21일부터 '세계어학회' 모임이 정기적으로 실리고, 학생들의 자치신문인《북경대학학생주간》에도 노동자들이 에스페란토를 배워 세계 노동자들의 연합을 만들고 사회혁명을 추구하자는 내용 등의 기사가 자주 실렸다. 1920년 1월부터 5월까지 발행된《북경대학학생주간》에는 아나키스트의 입장에서 주의·주장을 편 글이거나 그 영향을 받고 있음이 분명한 글이 대부분이어서 아나키즘 선전지로 보아도 무방할 정도였다.

특히 사범대 교수인 노신은 일본에서 추방된 에스페란토 전문가인 에로센코(V. Eroshenko)를 북경대학으로 초빙하였다. 맹인 시인인 에로센코는 일본에 장기간 거주하며 사회주의동맹 회의에 참석하고 시위에 참여하다 1921년 6월 일본 정부로부터 강제 추방되었다. 그의 에스페란토 교육과 활동은 일본 아나키스트들에게 큰 감명을 주었고, 중국에서도 많은 사람들에게 영향을 끼쳤다. 그의 강의에는 수강자가 500명씩이나 몰릴 정도였다.

"모든 사회주의자는 에스페란티스토이어야 하고, 모든 에스페란티스토는 사회주의자이어야 한다"는 유명한 말을 남긴 그는 중국인들에게 세계어와 세계시민의식을 일깨워 주었다. 이 맹인 시인은 중국과 일본 청년들, 나아가 정화암(鄭華岩)과 이을규(李乙奎)·정규(丁奎) 형제 등 젊은 한국 유학생들에게 깊은 영향을 끼친 인물로 알려져 있다.

2. 한국 사회주의 세력의 형성과 사상분화

상해파와 이르쿠츠크파 공산당의 형성과 대립

1919년 4월 임시정부를 통합하기 위해 러시아 연해주에서 중국 상해로 온 한인사회당의 이동휘와 김립(金立) 등은 그해 9월 무렵 비밀리에 한인공산주의자 그룹을 조직하였다. 이들은 이듬해인 1920년 봄 이를 한인공산당으로 개편하였다. 그런데 그해 12월 김립이 코민테른에서 제공한 40만 루블을 인수받아 상해로 운반하는 과정에서 일부를 사적으로 유용했다는 비판을 받아 당내의 분란이 일어났다. 이에 이동휘·김립 등이 당을 탈퇴하고, 잔류한 안병찬(安秉瓚)·여운형(呂運亨) 등은 이후 이르쿠츠크파 편에 서게 되었다.

이동휘 등 러시아로 귀화하지 않은 이들이 주도하는 상해파 사회주의자들은 일본 제국주의의 축출뿐만 아니라 프롤레타리아 독재의 수립을 궁극적 목표로 삼았지만, "금일 한인의 최대 문제는 독립이다. 고로 한인은 개인과 단체를 막론하고 모두 독립에 심신을 집중해야 한다."고 보았다. 또

"임시정부 및 기타 혁명단체를 찬조하며 가급적 본당의 주의를 관철하도록 노력해야 한다."면서 상해 임시정부에 적극 참여해 이를 혁명단체로 바꾸려 하였다. 상해파 고려공산당은 조선의 특수한 사회·정치적 상황 때문에 부르조아지들이 혁명적이므로 이들과도 협력이 필요하다고 보았고, 무엇보다 대외적으로 국제연맹과 완전히 결별케 하고 코민테른에 합류시키고자 하였다. 즉 조선 독립을 위해서는 자체의 무장부대를 편성하고 다가올 제국주의 및 자본주의 국가와의 대전을 준비하기 위해 소비에트 러시아와 제휴해야 한다는 입장이었다.

이에 비해 문창범 등 귀화한 한인들이 중심인 이르쿠츠크파는 상해 임시정부에의 참가에 반대하며, 한인사회당 계열을 맹렬히 비난하였다. 이들은 1920년 2월 상해에서 블라디보스토크로 돌아와 대한국민의회의 부활을 선언하였다. 그해 4월 연해주 주둔 일본군의 공격으로 인해 신한촌이 습격당하자, 대한국민의회는 아무르주 블라고베셴스크로 본부를 옮겼다. 이들은 7월 이르쿠츠크에서 고려공산당 대표자대회를 열고 '전로 고려공산단체 중앙위원회'를 결성하였다. 이어 그해 9월 아무르주 블라고베셴스크에서 공산주의의 수용을 선언하였다.

1921년 5월 러시아 이르쿠츠크와 중국 상해에서 각각 고려공산당 창립대회가 개최되었다. 이르쿠츠크파 고려공산당 창립대회에는 러시아 국적의 한인 사회주의자 75명과 중국 관내 및 만주의 6명, 국내 2명 등 85명이 참석하였는데, 의장단은 안병찬·김철훈·최고려·이성·김동한 등이었다. 이에 비해 상해파 고려공산당 창당대회에는 이동휘와 박진순·김립·현정건 등과 국내 사회혁명당의 김철수·주종건·이봉수 등 30명 정도가 참석했다. 이로써 러시아에 상해파 고려공산당과 이르쿠츠크파 고려공산당이라는 2개의 정당이 각각 출현하게 되었다.

지역적 거리가 멀고 참가인원의 성향도 너무 다른 해외에서 두 개의 세력이 각기의 정당을 결성했다는 사실은 부득이 노선상의 갈등과 대립을 수반하게 되었다. 이르쿠츠크파 고려공산당은 조선을 일제로부터 해방시킴과 동시에 공산주의에 입각한 사회를 건설할 것을 제시했다. 이들이 주장한 경제정책과 농업 정책은 일체의 봉건적 부르조아적 착취형태를 일소하는 것이며, 국가형태도 프롤레타리아독재론에 입각한 것이다. 이들은 부르조아 민주주의공화국 건설에 반대하고, '노동자·농민 소비에트공화국' 건설을 목표로 삼았다. 특히 이르쿠츠크파는 일관되게 상해 임시정부에 반대하는 입장을 취했다. 그 이유는 임시정부가 부르주아 민주주의 유형의 정부라는 점과 구래의 관료 지배층에 의해 구성되었다는 점, 그리고 임시정부의 정책이 미국과 유럽 등 제국주의 국가에 대해 의존적이라는 점을 들었다(박찬승『한국독립운동사-해방과 건국을 향한 투쟁』;2014, 198~205쪽). 이와 같은 두 고려공산당의 대립과 갈등은 결국 흑하사변(일명 '자유시참변')이라는 뜻하지 않은 비극을 초래하였다.

1921년 6월 한국 독립운동사상 최대의 참변이라 할 흑하사변은 러시아 동북부 제야강변에 위치한 알렉세에프스르(스보보드니로 개칭)라는 도시인 자유시에서 일어났다. 애초 공산 러시아군(적로군)은 왕당파인 백계 러시아군(백로군)을 몰아낼 목적으로 한인 독립군부대를 자유시로 불러들였다. 서일과 김좌진이 이끄는 북로군정서와 지청천이 대한독립단, 홍범도의 대한독립군단 등 봉오동과 청산리전투에서 승전한 한국독립군은 일본군의 대대적인 추격을 피해 흑룡강성 밀산에 모여 3,500명 규모의 '대한독립군단'을 조직했다. 대한독립군단은 러시아 적로군과 대한국민의회의 요청에 따라 1921년 1~3월 동안 우수리강을 건너 연해주 이만을 거쳐 자유시로 집결하였다.

이때 자유시에 집결한 한인 무장부대 중 이르쿠츠크파에 속하는 자유대대의 오하묵과 최고려 등은 코민테른 동양서기부에 가서 독립군의 통수권을 자신들에게 주도록 요청하여 '임시고려군정회의'를 조직하게 하였다. 이에 상해파의 박일리아가 이끄는 사할린의용대 등이 무장해제를 거부하자, 고려군정회의측은 즉각 공격명령을 내렸다. 동족간에 벌어진 이러한 참극으로 인해 대한독립군의 피해는 사망 272명, 익사 31명, 행방불명 250명, 포로 917명 정도에 이를 정도로 치명적이었다. 더욱이 독립군 지휘관인 지청천과 채영·오광선 등 간부급 84명은 중범자라 하여 이르쿠츠크 군 형무소로 이송되어 특별수용 되었고, 나머지 병사들은 탄광과 벌목장에 노역병으로 보내지는 수모를 겪어야 했다(반병률,『1920년대 전반 만주·러시아지역 항일무장투쟁』;2009, 278~280쪽).

자유시참변은 이후 양파의 대립을 더욱 부채질하였다. 이를 해소하기 위해 코민테른 집행위원회가 개입하여 검사위원회를 조직했으며, 1921년 11월 '제1차 조선문제결정서'를 발표했다. 그에 따라 고려공산당 임시중앙간부 8명이 양파에서 선임되었으나, 분쟁은 계속되었다. 코민테른 측은 1922년 4월 '제2차 결정서'를 채택하고 구성원을 개편했다. 개편된 간부들은 전조선의 공산주의단체를 망라하는 당대표 대회를 개최하는 데 합의했다. 무장부대의 통일문제도 합의하여 그 명칭을 '고려혁명군정청'으로 하기로 했다.

1922년 10월, 베르흐네우진스크에서 양파의 통일을 위한 당 대회가 소집되었다. 그러나 대표자 선출문제를 둘러싸고 대립이 반복되어 통합에 실패하고 말았다. 결국 두 세력은 베르흐네우진스크와 치타에서 각각 당 대회를 강행해야 했다.

1922년 11월 모스크바에서 열린 코민테른 제4차 대회에는 세 그룹의 한

1922년 11월 코민테른 4차대회가 열린 러시아 모스크바의 붉은광장

인 공산주의자들이 출석했다. 상해파, 치타의 이르쿠츠크파, 이르쿠츠크 국내파 대표자가 그들이다. 코민테른 측은 어느 쪽에도 대표자격을 부여하지 않았으며, 통일방안을 마련하기 위해 '조선문제위원회'를 구성했다. 위원회는 12월 집행위원회에 결정서를 제출했는데, 그 내용은 양파의 공산당을 모두 해체하고 코민테른 극동부(동양비서부) 산하에 '꼬르뷰로(高麗局)'를 설치하여 그 지도하에 조선 공산주의운동을 통일시킨다는 것이었다. 그래서 코민테른 극동부 산하에 꼬르뷰로가 설치되고, 러시아의 모든 한인 공산주의자들은 여기 소속되었다.

그러나 꼬르뷰로는 1924년 2월 해체되었고, 3월 한인 공산주의자들은 그보다 규모가 훨씬 축소된 오르그뷰로(조직국) 산하에 들어가게 되었다. 이마저 1925년 1월 해체되자, 러시아의 한인 공산주의자들은 모두 러시아 각 현의 고려부 소속으로 들어갔다. 이로써 표면적으로 한인공산당 조직은 완전히 해체되고 말았다.

하지만 겉으로 중립을 지킨다던 코민테른은 실제로는 이르쿠추크파의 손을 들어주고 있었다. 코민테른은 이르쿠츠크파에 국내 공산당 건설 임무를 맡기기로 하고, 젊은 한인 청년들에게 공산대학 교육을 시킨 후 국내로 밀파하였다. 1922년 3월 김단야(金丹也)와 박헌영(朴憲泳)·임원근(林元根) 등 이른바 '사회주의 3총사'가 국내로 입국하려다 체포되어 2년간 복역하였고, 이듬해 4월 김찬(金燦)·김재봉(金在鳳)·정재달(鄭在達) 등이 잠입하였다. 이들은 국내에서 꼬르뷰로 국내부를 결성해 신사상연구회와 화요회를 이끌었다(이준식, 『조선공산당 성립과 활동』;2009, 36~43쪽).

화요회가 1925년 결성되는 조선공산당의 모체가 되었는데, 이는 사실상 코민테른의 지도를 받는 이르쿠츠크파와 재일 유학생 주축의 북풍회의 연합조직이었다. 이러한 사실은 코민테른의 권위와 방침을 내세우는 해외파들이 국내에서 활동한 자생적 민족주의 좌파세력 중심으로 조선공산당을 조직해야 한다고 주장했던 최대세력인 서울청년회 등 인사들을 소외시키고 압도하고 있음을 보여주는 반증이라 하겠다. 이는 한국 사회주의운동의 또 다른 갈등과 대립을 초래하는 결과를 낳게 되는 요인이 되었다.

1924년 2월 결성된 신흥청년동맹은 화요회의 표면적인 조직체였다. 신흥청년동맹은 결성직후 전국 각지에서 '청년문제 대강연회'를 개최하는데, 홍명희(洪命熹)·김찬 뿐만 아니라 갓 출옥한 박헌영도 가세하였다. 1924년 9월호 《개벽》지에는 신흥청년동맹 박헌영이 기고한 〈국제 청년데이의 의의〉라는 글이 실렸는데, 그는 이글에서 1924년 9월 제10회 국제청년대회의 개최 소식을 전하고 있다. 그러면서 "전 세계 무산청년의 국제적 기념일을 앞에 두고 우리 고려 청년은 무엇을 할 것인가. 우리는 무엇보다도 먼저 이 국제청년대회의 의의를 밝히는 동시에 …… 미래의 세상은 청년의 것이다."라고 주장했다. 박헌영은 이렇게 이론가이자 청년조직가로서 한국 공산주의운동사의 전면에 나서게 되었다.

아나키스트들과 공산주의자들의 사상분화

1922년 무렵 일본과 러시아 및 중국에서의 사회주의 수용의 영향으로 많은 사상단체가 조직되고 활동이 구체화되면서 자연스레 사상의 분화현상이 발생하기 시작했다. 초기 사상단체 활동은 유학생이나 노동자·고학생 등 지식청년들 중심으로 전개되었는데, 여기에는 공상적 사회주의와 아나키즘, 공산주의, 국가사회주의 등 여러 사상이 혼재되어 있었다. 따라서 아직 이론적으로 모순된 점도 많았고, 이론을 구체적으로 실천운동과 접목시킬 능력도 갖지 못했다. 공산주의 세력과 아나키스트들이 공존했던 대표적인 항일 사상단체로는 일본의 흑도회와 국내의 조선노동공제회, 그리고 중국에서의 조선의열단(약칭 '의열단')을 들 수 있다.

일본에서 범사회주의 그룹이 연대해 만든 한인 단체는 흑도회(黑濤會)이다. 한인 사상단체의 효시로 평가되는 흑도회는 재일 유학생들의 친목단체인 동우회(同友會)를 이끌고 있던 김사국(金思國)·원종린(元鍾麟)·김약수(金若水) 등과 박열(朴烈)·홍진유(洪鎭裕) 등 고학생들이 모여 저명한 일본 아나키스트인 이와사 사쿠타로(岩佐作太郎)의 후원

1921년 한국 사회주의 사상단체의 시초인 흑도회에서 발간한 《흑도》

아래 1921년 11월 29일 조직되었다. 흑도회 회원들은 선언문에서 밝히기를, "우리는 각인의 자아를, 자유를 무시하고 개성의 완전한 발전을 방해하는 그 어떤 불합리한 인위적 통일에도 끝까지 반대하며, 또 그것을 파괴하는 데 전력을 다한다."고 하여 막스 슈트리너의 개인주의적 아나키즘에 공명하고 있음을 보여주었다.

흑도회 회원들은 1922년 2월 4일 동우회 명의로 《조선일보》에 〈전국 노동자 제군에게 격함〉이란 선언문을 통해 "계급투쟁의 직접적 행동기관임을 선언한다."고 발표해 국내 지식인들에게 큰 충격을 주었다. 나아가 김한(金翰)·이영(李英) 등이 그해 3월 서울에서 무산자동맹회를 결성하였는데, 이는 국내에도 사회주의 사상이 본격 등장했음을 알려주는 것이라 하겠다. 흑도회 회원들은 도쿄에서 열린 세계노동절 행사를 비롯한 각종 항일시위에 적극 참여하였고, 1922년 8월 니카다(新潟)현 나가스가와(中津川)에서 발생한 한인 노동자 학살사건을 조사하는 등 도쿄 민족운동의 중심단체로 성장하였다. 나아가 박열과 그의 애인 가네코 후미코는 기관지인 《흑도》를 발간하며 직접행동에 의한 항일투쟁과 아나키즘 사상을 선전하였다.

하지만 흑도회 내부에서는 1922년 8월 말부터 김약수·백무(白武) 등 유학생을 중심으로 한 공산주의 그룹과 박열·홍진유 등 아나키즘 성향을 가진 고학생 그룹의 사상적 대립이 확연히 드러나기 시작했다. 즉, 김약수 등이 대중조직과 중앙집권적 전위정당(즉 공산당) 건설을 추구하는데 비해, 박열 등은 식민지체제의 근본적인 파괴를 위한 직접행동을 강조한 것이다. 결국 흑도회는 9월부터 사상논쟁을 벌이다가 10월경 해체되기에 이르렀다(김명섭, 『한국 아나키스트들의 독립운동』;2008, 103~131쪽).

김약수는 1922년 11월경 일본공산당 추천으로 코민테른 집행위원회 원동부 산하의 코르뷰로 성원으로 들어가 그들과 밀접한 관계를 맺고 있었다. 김약수·백무·김종범 등은 12월 26일 도쿄 시내 모처에서 '북성회 결성'의 행사를 치른 후, 이듬해 1월 초부터 기관지 『척후대』를 발간하였다. 또 1923년 4월 17일 조선기독교청년회관에서 사상 강연회를 열어 시위를 벌이는 등 공식 활동에 들어갔다. 이후 북성회 멤버들은 1923년 10월 서울에서 건설사를 조직한 데 이어, 이를 1924년 11월 북풍회(北風會)로 확대 발전시켜 나갔다. '북풍이 한번 불면 빈대나 모든 기생충이 날아가 버린다'는 속언에서 딴 이름인 북풍회는 당면의 목표를 "마르크스 사상의 보급과 무산대중을 일개의 능동적 계급으로 조직하는 것"으로 설정하고 강령에서 사회운동과 민족운동의 병행을 기하겠다고 선언했다.

이에 비해 박열과 신영우(申榮雨)·서동성(徐東星) 등 직접행동을 추구하는 고학생 중심의 회원들은 1922년 11월경 흑우회를 조직했다. 흑우회는 '노동자의 해방은 노동자 자신의 힘으로'라는 아나키즘의 강령에 따라 노동자들에게 항일의식을 선전하고 각종 시위에 참가하며 직접행동을 통한 항일투쟁을 전개하고자 했다. 흑우회의 중심멤버인 박열은 보다 강력한 의열투쟁을 전개하기 위해 단독으로 중국에서 활동 중인 의열단·다물단과 연계해 폭탄을 들여오고자 했다. 그의 투쟁계획은 1923년 9월 1일 도쿄 대지진이 발생해 조선인대학살이 벌어지는 바람에 실패하고 말았지만, 법정투쟁과정에서 일본의 침략정책과 천황제의 부당성을 지적하면서 한인 의열투쟁의 정당성을 당당히 밝혔다(김명섭,「박열의 일왕폭살계획과 옥중투쟁」『한국독립운동사연구』48집;2014, 50~58쪽).

국내에서 아나키스트와 공산주의자간의 노선대립이 본격적으로 벌어진 사상단체는 1920년 4월 박중화(朴重華)·김명식(金明植) 등 재일 유학생들이 다수 참여해서 만든 조선노동공제회(약칭 '공제회')이다. 선언문에서 이들은 "만일 우리 인류가 진정한 평화세계와 복지사회를 동경하고 원구(願求)

한다면 정복민족과 피정복민족이 없는 세계, 특권계급과 노예계급이 없는 사회인 것이다. 고로 약소민족은 강대민족으로부터, 천자(賤者)는 귀자(貴者)로부터, 빈자(貧者)는 부자로부터 각각 해방되지 않으면 안된다."라고 주장해 아나키즘에 경도되어 있었다. 공제회는 노동문제와 신사상에 대한 일반인의 인식을 확대하기 위해 기관지『공제』를 발간하고, 노동야학과 강연회를 개최하는 등 계몽적인 활동을 펼쳐 나갔다. 일본에서 사회주의와 노동문제 등을 수용한 유학생들이 주로 집필한 잡지『공제』에는 제국주의 침략과 자본주의 수탈을 비판하는 한편, 크로포트킨의 상호부조론과 마르크스주의 등을 소개하였다.

그러던 중 1922년 봄 공제회 회원 내에 일부 지도부가 상해의 고려공산당과 연계되어 다수의 자금을 횡령했다는 논란이 벌어졌다. 이에 7월 9일 중앙집행위원회가 열려 논쟁을 벌이다 아나키스트인 고순흠(高順欽)을 축출하게 되었다. 이에 고순흠은 공제회 내에 "점차 볼셰비키가 침투케 되자 고질적인 사대주의자가 발생이 되고, 공산당 선전비 쟁취에 민족적 추태가 노골화되므로" 탈퇴한다면

1920년대 한국·일본·중국을 뒤흔든 의열단의 초기 단원들

서, 일부 회원과 유혈충돌을 빚으며 간판과 서류를 불태웠다(이호룡,『아나키
스트들의 민족해방운동』;2008, 56쪽).

결국 공제회는 공산주의자인 차금봉(車今奉)을 의장으로 선출한 후, 임
시총회를 개최해 전 위원들을 출회시켰다. 또 신백우(辛伯雨)·김한(金翰) 등
은 그해 10월 15일 별도로 공제회의 해체를 결의하고, 새로 조선노동연맹
회를 창립하였다. '신사회 건설'과 '계급적 단결'을 강령으로 내걸고 출범한
조선노동연맹회는 노동계급의 해방과 8시간 노동제 실시, 최저임금제 쟁취
등을 표방하였다. 연맹은 이후 260여 개의 노동자·농민단체의 53,000여 회
원을 거느리며 메이데이 행사를 열고 노동자 파업을 지원하였다. 이후 공
산주의자들은 신사상연구회(1923. 7), 화요회(1924. 11), 북풍회(1924. 11)
등을 조직하여 노동조합 활동과 사상선전을 통한 대중운동에 전념하여 영
향력을 확대해 나갔다.

이에 비해 이윤희(李允熙)와 이강하(李康夏) 등 아나키스트들은 1923년
1월 서울에서 흑노회(黑勞會)를 결성했다. 흑노회 회원들은 서울 천도교 강

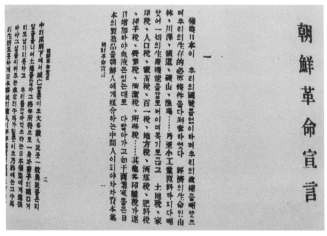

직접행동 의열노선과 자유·평등의 신조선 건설방안을 밝힌 〈조선혁명선언〉

당에서 강연회를 갖고 항일사상과 아나키즘을 선전하려 했으나, 일본경찰의 습격을 받아 중단되고 말았다. 이후 일제의 가혹한 탄압을 받아 주도인물들이 옥사하여 대중운동 단체로서의 영향력을 상실하고 말았다.

중국과 국내에서 일제 요인암살과 조선총독부 폭파 등 활발히 의열투쟁을 전개하고 있던 의열단에는 1922년 봄 류자명이 가입해 통신연락과 선전의 책임을 맡으면서 아나키즘을 지도이념으로 삼기 시작했다. 류자명과 함께 단장 김원봉(金元鳳)은 저명한 역사학자인 신채호를 한 달간 상해의 의열단 비밀사무소에서 안내하여 의열투쟁의 정당성을 밝힌 〈조선혁명선언〉을 작성하도록 하였다. 1923년 1월 의열단 명의의 〈조선혁명선언〉이 발표된 후, 가입 단원들의 수도 폭증하였고 사기와 자부심도 매우 고조되었다. 이에 따라 의열단 지도부는 지부를 중국과 러시아·일본 및 국내 각처에 설치하고, 서울과 도쿄·중국 안동현 등지에서 대규모 암살파괴활동을 펼치려는 거사계획을 수립하고 실행에 들어갔다.

하지만 1923년 1월과 3월 의열단에서 기획한 대규모 암살파괴 계획은 서울에서 다수 단원이 검거되고 폭탄이 압수당하는 등 실패를 겪고 말았다. 게다가 일제가 현직 경찰간부인 황옥(黃鈺)을 이용해 단원들을 일망타진하려 했다는 사실이 알려지자, 의열단은 시급히 조직정비와 함께 운영방식의 미숙함을 시정해야 하는 처지에 놓이게 되었다.

두 차례에 걸친 암살파괴 계획의 실패는 의열단 내부의 노선대립을 격화시켰다. 의열단 내 대립은 1923년 여름 고려공산당의 하부조직인 적기단과의 합작문제를 둘러싼 찬반논쟁에서 처음 나타났다. 류자명은 고려공산당이 코민테른에 종속되었다는 이유로 반대했지만, 김원봉 단장과 윤자영(尹滋英) 등 고려공산당계 간부들은 신속하고 규모 있게 거사를 추진하려면 적기단과의 합작이 필수적이라고 주장했다. 갑론을박 끝에 합작한다는 쪽으로 결론을 내렸지만, 얼마 후 윤자영이 강력한 중앙집중적 혁명정당을 추구하며 단을 이탈하였다. 나아가 1924년 4월 상해에서 청년동맹회를 결성해 의열단의 운동노선을 정면 비판하기 시작했다. 단장 김원봉도 1924년 5월 암살투쟁 보다는 체계적인 군사교육을 받아야 한다는 의도 아래 24명의 단원과 함께 황포군관학교에 생도로 입교하였다. 이후 의열단은 조직이 분열되어 아나키스트와 공산주의, 민족주의 좌파 등으로 각기 별도의 단체를 만들며 노선을 달리하게 되었다(김영범,『한국근대민족운동과 의열단』;1997, 124~125쪽).

이처럼 1920년 전반기 한인 첫 사상단체인 일본 흑도회의 사상분화 이후 국내의 조선노동공제회, 중국에서의 의열단 등은 1924년을 기점으로 범사회주의 운동내부에서 사상분화를 일으켰다. 아나키스트와 공산주의자들의 사상분화 과정은 이후 1920년대에 전개되는 의열투쟁과 조선공산당 결성운동이라는 커다란 두 이념적 흐름을 형성하게 되었다.

1. 아나키스트들의 의열투쟁과
　자유연합적 신사회 건설구상

허무주의에서 자유연합주의로

　한국인 최초의 순수 아나키스트 단체는 1922년 11월 일본 도쿄에서 조직된 흑우회라 할 수 있다. 흑도회에서 김약수 등 볼셰비키 이론파와 결별하여 아나키스트들만으로 흑우회를 조직한 박열과 홍진유·신영우 등은 잡지『후데이센징』과『현사회』을 발행하여 항일사상과 아나키즘을 선전하였고, 일본 사회단체와의 연대활동을 펼치며 각종 시위에 참여하였다. 또 일부 일본인들과 함께 불령사를 조직하여 초청강연회를 열고 친일성향의 기자를 폭행하는 등 직접행동에도 나섰다.

　박열은 보다 직접적인 의열투쟁을 전개하기 위해 중국에서 활동 중인 의열단·다물단과 접촉하였다. 그는 일본 도쿄에서의 대규모 투쟁을 위해 폭탄을 유입하려 노력하였고, 이를 1923년 10월로 예정되어 있던 일본 황

1923년 9월 조선인학살을 모면하려 조작한 일본의 대역사건에 맞선 박열과 부인 가네코 후미코의 옥중투쟁 사진

태자의 결혼식에 던질 계획을 세우고 일을 추진했다. 하지만 이 계획은 그 해 9월 예기치 못한 간토대지진이 발생하고 이를 틈타 일제가 6천여 명에 이르는 조선인대학살과 6천명의 대량 검속을 단행해 박열을 체포함에 따라 중단되고 말았다. 이 사건 이후 일본에서의 한인 아나키스트운동은 1925년 9월 흑우회가 재건되기까지 침체상태에 빠지고 말았다.

흑우회의 활동과 두 사람의 옥중투쟁에서 나타나듯, 1920년대 전반기 한인 아나키스트들은 노동조합운동이나 합법적 단체활동 보다는 직접행동을 통한 파괴활동에 주력하였다. 나아가 많은 청년들이 러시아 허무주의와 막스 스튀르너의 개인적 아나키즘(자아주의), 바쿠닌의 '파괴와 건설론' 등의 영향을 받아 허무주의적 세계관에 빠져 있었음을 알 수 있다. 따라서 아직 파괴 이후에 건설해야 할 새로운 사회건설에 대한 구상까지는 나아가지 못하였다.

아나키스트들의 암살·파괴활동과 허무주의적 경향은 1925년 11월 경북 대구의 대구청년연맹 간부인 윤우열(尹又烈)이 작성해 배포한 '허무당선언문'에도 잘 나타난다. 이 선언문의 발상이나 문체는 대체로 3년전 의열단에 의해 발표된 〈조선혁명선언〉과 매우 유사하다. 선언문에서는 "포악한 적의 압박 하에서 고통받는 민중이여, 허무당의 깃발 아래로 ! 일거에 적을 무찌르라 ! 허무당 만세 ! 조선혁명 만세 !"라는 주장이 실려 있다.

이러한 일부 한인들의 허무주의 성향과 파괴적 선동에 놀란 일제는 아나키즘 성향의 어떠한 합법단체나 소그룹 조직활동에도 민감하게 반응하여 철저히 탄압하고자 했다. 1925년 9월 일제는 방한상(方漢相)과 신재모(申宰模)·서학이(徐學伊) 등 대구지역 청년들이 결성한 합법단체인 진우연맹(眞友聯盟)도 파괴하였다. '진리와 우정으로 맺어진 혈맹'이란 뜻을 가진 이 단체는 총독부 당국의 허가를 받아 경관의 입회 아래 창립총회를 열 정도로 합법적인 학술 연구단체를 지향했다. 하지만 일본경찰은 회원 방한상이 일본 도쿄에서 박열과 가네코 후미코를 면회하고, 의연금을 전달하며 일본 단체 관계자들과 연대관계를 맺자, 이듬해 8월 관련자 모두를 검거해 버렸다. 일본검찰은 이들을 치안유지법 위반 혐의로 구속하면서, 진우연맹이 내부에 파괴단을 조직해 부호들로부터 자금을 조달하고 대구시내의 중요 건물을 폭파하려는 음모를 획책했다고 발표했다. 파괴단이 경북지역 도지사와 각 관리들을 살해하고 대구의 일본인촌을 폭파하는 한편, 도청과 재판소·경찰서·은행 등 중요부서를 파괴 목표로 삼았다는 것이다.

하지만 이른바 이 '진우연맹의 파괴계획'은 한일 아나키스트들의 연대 활동에 경계심을 가진 일본 경찰의 조작음모로 밝혀졌다. 일본 경찰은 1926년 8월 초 모르히네 환자가 된 한 회원의 진술을 빌미로 삼아 관련자들

진우연맹 창립기념 사진. 1925년 일제는 대구 아나키즘 학술단체인 진우연맹도 비밀결사로 조작해 탄압하였다.

을 모두 검거했다. 그 뒤 경찰은 가족들의 면회도 금지시킨 채, 10개월간의 장기심문과 집요한 조작음모를 계속하여 각각 징역 5년을 언도하였다(『東亞日報』 1926년 8월 10일; 1927년 2월 28일; 5월 28일; 7월 8일자).

그 후 일제는 아나키스트로 의심되는 한인 독립지사 모두를 철저히 감시하고 통제하였다. 그럼에도 1920년대 후반기에 국내에 조직된 아나키즘 성향의 단체로는 원산의 본능아연맹(1926)과 함흥의 정진청년회(1927), 평양의 관서흑우회와 흑전사(1927), 창원의 흑우연맹(1928), 충주의 문예운동사(1929), 단천의 흑우회(1929), 제주도의 우리계(1929), 평양 덕천의 흑우회(1930), 평남 안주의 흑우회(1930) 등을 꼽을 수 있다. 이 단체들은 서울 등 중부권을 비롯해 충주·대구 등 남부 지방, 그리고 원산·함흥·평양과 관서 지방 등 거의 전국적으로 망라되어 있다. 대구 진우연맹과 평양의 관서흑우회, 그리고 흑전사 등에서 보여지듯, 일본에서 이론과 노동 현장 운동을 경험했던 젊은 활동가들이 국내의 아나키스트 단체 결성을 주도했다.

국내 아나키스트 단체들은 그 명칭이나 강령으로 보아 도쿄의 흑우회와 흑우연맹의 영향이 매우 컸음을 알 수 있다. 이들의 활동은 주로 농촌 야학과 노동단체의 조직, 청년회의 독서토론 지도, 출판사 운영 등에 주력하였다. 이는 대규모 공장이나 지역 노동조합 활동에 있어 공산주의 세력에 비해 상대적으로 영향력이 미약했던 아나키스트들이 일부 지식인과 노동단체, 소작농 등을 중심으로 항일사상 활동을 펼치려 했음을 알게 해준다.

특히 평양의 관서흑우회는 국내 아나키스트들의 전국적인 단일조직이 필요하다고 보고 1929년 11월 전조선흑색사회운동자대회를 개최하기로 했다. 하지만 일본경찰에 의해 제지당하게 되자, 이들은 비밀리에 조선공산무정부주의자연맹(약칭 '조선무련')을 결성했다. 이들은 결의문에서 "현재의 국가제도를 폐지하고 꼬뮨을 기초로 한 자유연합적 사회제도를 건설할 것, 현재의 사유재산제도를 폐지하고 지방분산적 산업조직으로 개혁할 것, 현재의 계급적·민족적 차별을 철폐하고 인류의 자유·평등·우애의 사회를 건설할 것" 등을 결의했다.

조선무련은 아나키스트들의 독립운동 방침도 구체적으로 명기했다. 즉 적색운동자와 대립항쟁을 하지 말 것, 농민대중에 대한 운동을 진전시킬 것, 다른 민족적 단체에 가입하지 말 것 등이었다. 이 단체는 단천·원산·함흥 등 함경도 지방에서 세력을 확장해 나갔다. 관서흑우회가 대중조직 활성화에 주력하며 노동조합운동을 중시하는 아나르코 생디칼리즘(Anarcho-syndicalisme)적 경향을 보이자, 1930년 6월 평안 안주에서 결성된 안주흑우회는 순정 아나키즘 입장에서 이를 비판하였다. 그러던 중, 1931년 4월 일본 경찰에 의해 최갑룡(崔甲龍) 등이 체포되고 말았다(박환, 『식민지시대 한인 아나키즘 운동사』;2005, 325~338쪽).

1927년 3월 제주도에서 결성된 우리계는 일본 오사카에서 활동한 고순흠(高順欽)과 깊은 관련이 있다. 그와 오랫동안 연계를 맺고 있던 고병희(高秉禧)·조대수(趙大秀) 등이 단체결성을 주도했는데, 고병희는 일본 도쿄의 흑우회에서 활동한 이후 귀국하여 독서회를 조직하였다. 우리계 회원들은 매월 독서회 모임을 개최하면서 도청·은행·금융조합·학교 등의 공무원과 각종 실업가, 기타 도민 유지들을 계원으로 규합하려 하였다. 즉 이들을 12포별로 총망라하여 계원당 매월 300원씩 출자하여 은행에 예치하여 활동자금으로 쓰려 하였다. 이에 대해 고순흠은 후에 경찰서에서 "노자(老子)의 근(勤)·검(儉)·양(讓) 삼보(三寶)사상이 실현가능한, 이상에 가까운 사회로 접근해보자는 것"이라고 진술하였다. 하지만, 일본 경찰은 이 회원 65명 모두를 체포하고, 고병희 등 6명을 치안유지법 위반으로 기소하여 4~6년형을 각각 구형하였다.

이처럼 국내의 많은 단체들은 일본에서 이론과 현장경험을 쌓은 활동
가들의 후원과 지도로 운영되었고, 그들과의 긴밀한 연대 활동을 펼치며
전개되었다. 일본과 국내에서의 아나키스트들은 주로 잡지발간과 강연회
활동으로 아나키즘 이론을 선전하거나 독서회나 청년단체, 노동야학과 민
단체를 통해 자유연합적 이상사회를 추구하려는 생디칼리즘적 경향을 보
였다고 할 수 있겠다.

한편, 중국에서의 본격적인 한인 아나키스트단체로는 1924년 4월 20
일 베이징 이회영의 집에서 류자명·정화암·백정기·이을규·이정규 등에 의
해 결성된 재중국조선무정부주의자연맹(약칭 '재중무련')을 들 수 있다. 재
중무련은 "우리의 독립운동을 당시의 이론적 기반을 가진 사상적 토대 위
에서 추진함으로써 세계적인 호응을 얻기 위해" 창립하였다. 이들은 순간
지(旬刊誌)로 『정의공보(正義公報)』를 발행해 운동노선을 천명했는데, 노혁
명가인 이회영의 지론에 따라 코민테른의 지시에 의해 움직이는 공산주의
세력과 무장투쟁을 방기하며 파벌투쟁에만 몰두하는 민족주의 우익세력
을 비판하였다. 나아가 이들은 자유연합의 원리에 따라 모든 독립운동 세
력들이 서로 협력하고 제휴할 것을 주장하였다(이정규·이관직,『우당이회영약
전』;1984; 80~81쪽).

『정의공보』는 9호까지 발행되었지만, 아직 발견되지 않아 그 내용을 알
수 없다. 자금난 때문에 부득이 휴간하게 되었다. 이어 생활난도 겹치게 되
자, 단원들은 당분간 각자 분산해 동지획득과 중국인과의 유대를 긴밀히
갖고 상호협력하기로 의결하였다. 이에 이회영과 류자명이 연락을 총괄하
기로 하고, 이을규·이정규·백정기·정화암 등은 상해로 가게 되었다.

이 무렵 북경의 민국대학에 유학 중인 류기석(柳基石)·심용해(沈龍海) 등

이 중국 학생들과 함께 별도로 '흑기연맹'을 조직했다. 이들은 1925년부터 북경대학의 채원배 총장과 이석증·오치휘 교수 등의 후원을 받아 중문잡지인 『동방잡지』를 발간하였고, 크로포트킨 연구모임을 조직해 항일사상을 선전하였다. 특히 류기석은 1926년 겨울 일본 제국주의 침략과 투쟁하며 코민테른 지시에 반대하는 식민지 지식

1927년 한국·중국 등 7개국 대표 120명이 모여 조직한 동방아나키스트연맹을 보도한 《조선일보》

인들을 규합하기 위해 아나키스트대연맹의 창립을 주창하였다. 그는 이 연맹이 결코 코민테른과 같은 명령기관이나 혁명의 총사령부가 아니며 "세포를 가지지 않은 과대망상 광적인 공허한 대조직을 요구하지 않는다."면서, 자유연합주의 원리를 근거로 하는 평등한 조직을 추구한다고 주장하였다(柳絮, 〈主張組織東亞無政府主義者大聯盟〉《民鐘》第16期, 1926년 12월 15일 ; 柳絮, 〈東洋に於ける我等〉《黑旗》1930년 1월호).

이러한 준비과정을 거쳐 한인 아나키스트들은 1927년 9월 상해의 공공조계지인 남경로에서 중국·일본을 비롯해 대만·베트남 등 7개국 대표들을 모아 무정부주의자동방연맹을 결성하기에 이르렀다. 이들은 이 동맹이 동아시아 국가들의 국제변혁과 모든 사람이 자유롭게 잘 사는 이상사회를 건설하는데 목적이 있음을 분명히 밝혔다. 한국 측 대표로 참석했던 신채호는 1928년 4월 천진에서 한인만의 대회를 열고 연맹의 선전기관을 설치할 것과 일제 관공서 폭파를 위한 폭탄제조소의 설치를 제안하였다. 나아가 신채호는 동방연맹의 활동자금을 마련하기 위해 위조한 외국돈을 현금으

1927년 중국 복건성 천주에서 한·중·일 아나키스트들이 결성한 민단편련처

로 인출하려다 대만의 지룽(基隆)항에서 체포되고 말았다.

이에 류기석과 이정규는 일본과 중국 동지들과 함께 조직을 재정비하여 1928년 6월 14일 상해 프랑스조계지에서 베트남 등 6개국 대표들을 소집해 대회를 열었다. 대회에 참석한 백 수십명의 대표들은 정식으로 동방무정부주의자연맹(약칭 '동방A연맹')을 결성하기에 이르렀다. 동방A연맹의 서기국 위원을 맡은 이정규는 그해 8월 20일자로 기관지《동방》을 발간하고, 여기에 이회영의 논문과 묵란을 싣도록 하였다. 하지만 중심멤버인 이정규마저 그해 일제에 의해 10월말 체포됨에 따라 동방A연맹은 더 이상 활동을 이어가지 못하였다.

이 무렵 상해에 내려간 재중무련의 정화암과 이을규 등은 중국 국민당 정부내 아나키스트의 요청에 따라 노동대학 건립과 복건성(福建省) 천주(泉州)에서의 민단편련처(民團編練處) 결성운동에 참여하였다. 1927년 9월 상해 외곽에 자리한 노동대학은 노공학원(勞工學院)과 단기훈련 과정으로 개교하는데, 강사로는 일본인 이시가와 산시로(石川三四郞)와 프랑스인 폴 르클뤼(Paul Reclus, 엘리제 르클뤼의 동생) 등 저명한 아나키스트들을 초청하였다. 당시 학교는 약 400명의 학생과 30여 명의 선생들이 있었는데, 이들 대부분 아나키즘 성향의 인물이었다.(《동아일보》1929년 2월 16일자)

또한 이정규·이기환·류기석 등은 천주지역에서 민단편련처를 결성하여 농민자치운동에 참여하였다. 이들은 농민들의 자유자치·협동노작·협동자위의 생활을 제창하고 연락부와 교육부, 훈련지도부 등으로 나눠 향토 자위조직을 결성하였다. 농촌자위에 대하여는 러시아의 마프노식 전법을 차용하였다. 그러나 토비들의 무장공격과 자금 부족으로 인해 농민 편련처 운동은 1928년 봄 무렵 와해되고 말았다.

자유 공산주의와 만주 독립기지 건설 구상

천주에서 상해로 철수한 정화암과 이을규·정규 등은 1928년 3월 재중국조선무정부공산주의자연맹(약칭 '무정부공산연맹')을 조직하였다. 무정부공산연맹은 그해 6월 1일자로 기관지 『탈환』을 발행하였는데, 여기에 이들이 왜 자유(또는 무정부) 공산주의를 지향하는지가 잘 나타나 있다.

1928년 6월 중국 상해 한국아나키스트들이 항일사상 선전을 위해 발간한 기관지 《탈환》

우리의 주요원리는 이러한 사회에서 각 개인이 그 수요에 따라 소비하며 그의 능력에 따라 생산하자는 것이다. 우리가 믿는 어떠한 사회든지 사유재산을 폐지한 다음에는 부득불 공산(共産)으로 무정부의 방면에 의하여 나가지 아니할 수 없다고 한다. 오직 무정부라야 공산제를 실행할 수 있을 것이며, 공산제라야 무정부를 실행할 수 있다고 본다. 여기서 우리가 주장하는 공산제는 자본을 정부로 집중하는 집산주의 맑스의 간판적 공산주의(정부 어용의 공산주의), 강권적 공산주의가 아니라 정부가 없는 생산단체 자치의 자유공산주의(무정부공산주의)이다. 우리는 이러한 원리를 가지고 조선이라는 일본 자본제국주의의 식민지를 저 자본주의 일본정부의 수중으로부터 탈환해서 조선 피압박계층의 민중에게 돌리려 한다.

「탈환의 주장」『탈환』창간호, 1928년 6월 1일자)

즉, 이 연맹은 크로포트킨의 아나르코 코뮤니즘의 원리에 따라 모든 중앙집권적 조직과 정치활동은 물론, 사유재산제도와 종교 나아가 결혼제도를 폐지하여 무정부 공산주의로 나아가고자 하였다. 이들은 마르크스와 레닌이 주장하는 공산주의는 자본을 중앙정부에 집중하려는 어용적·강권적 집산주의에 불과하며, 참다운 공산주의는 그러한 정부가 없는 생산단체의 자치와 자율에 의해서만 이룩될 수 있다는 것이다. 이러한 자유연합의 원리, 자유 공산주의 이념을 표방하며 연맹은 다음과 같은 강령을 채택하였다.

1. 일체 조직은 자유연합 조직원리에 기본으로 할 것.
2. 일체 정치운동을 반대할 것.
3. 운동은 오직 직접방법으로 할 것.
   1) 직접선전
   2) 폭력적 직접행동
4. 정치적 파당 이외의 각 독립운동단체 및 혁명운동단체와 전우적 관계를 특속존중(特續尊重)할 것. 미래사회는 사회만반이 다 자유

연합의 원칙에 근거할 것이므로.

5. 국가 폐지

6. 일체 집권적 조직을 소멸할 것.

7. 사유재산을 철폐하고 공산주의를 실행하되 산업적 집중을 폐하고, 공업과 농업의 병합, 즉 산업의 지방적 분산을 실행할 것.

8. 종교를 폐지하고 결혼제도를 폐지, 일가족제도 폐지

（「재중국조선무정부공산주의자연맹 강령초안」, 1928년 6월 15일자)

이처럼 무정부공산연맹은 활발히 자유연합의 원리, 무정부 공산주의 이념을 기관지를 통해 활발히 선전하였다. 기관지 『탈환』은 1928년 12월 1일자로 4호를, 1929년 3월 1일 5호, 1929년 6월호를 간행하였다가, 6개월만인 1930년 1월 1일 7호까지 발간되었다(박환, 『식민지시대 한인 아나키즘 운동사』;2005, 115).

또 하나 1920년대 중대한 변화 중의 하나는 북만주 일대에서 독립운동을 전개하던 한인 무력자치단체인 신민부를 아나키즘의 자유연합 이론과 이상촌 건설이론에 맞추어 독립운동기지로 전환하려 했다는 사실이다. 이러한 변화의 시작은 1927년 가을 무렵 천진에서 이회영을 만나 사상담화를 나눈 김종진(金宗鎭)에서 시작되었다. 그는 중국 남단의 운남성 곤명(昆明)에 있는 운남군관학교를 졸업한 후, 남경(南京)과 무한(武漢) 등지에서 북벌군과 군벌이 충돌하는 중국 내전의 현장을 경험하였다. 이어 천진에서 이회영으로부터 자유연합 원리에 입각한 독립운동 방략에 큰 공감을 얻게 되었다. 그는 곧 북쪽 끝자락 북만주 목단강에서 신민부 중앙집행위원장을 맡아 무장투쟁을 지도하던 족형 김좌진을 찾아가 교포들의 경제적 안정과 이를 토대로 한 독립군 양성계획을 제안하였다.

북만주 신민부를 자유연합적 자치단체인 한족
총연합회로 전환시킨 김종진

김종진은 우선 신민부가 관할하는 북만주 각 지역에 대한 실태조사에 나서 1928년 1월부터 8개월 동안 순행하였다. 교포들의 생활실태와 착취상황을 파악한 김종진은 김좌진에게 중앙집권적 조직의 명령에 의해 움직이는 것이 아닌 교민들의 자율과 자치, 연합에 의한 독립운동기지의 건설을 제안하였다. 김종진은 나아가 이러한 운동을 주도할 동지의 규합에 힘써 1927년 7월 해림(海林)에서 이을규 등 동지 17명과 함께 재만(在滿)조선무정부주의자연맹(약칭 '재만무련')을 조직하였다.

재만무련은 3개항의 강령과 6개항의 당면 강령을 채택하였다. 강령의 내용은 이 단체가 "인간의 존엄과 개인의 자유를 완전 보장하는 무지배 사회의 구현"을 추구하고, "상호부조적 자유합작으로 각인의 자유발전을 기한다."는 것이다. 당면강령으로는 제1항에서 "재만동포의 항일반공사상 계몽 및 생활개혁의 계몽에 헌신한다."는 것이 돋보이며, "농민대중과 같이 공동으로 노작(勞作)하여 자력으로 자기 생활을 영위하는 동시에 농민들의 생활개선과 영농방법 개선 및 사상의 계몽에 주력한다."는 내용이었다. 또 제6항은 "우리는 항일독립전선에서 민족주의자들과는 우군적인 협조와 협동작전적 의무를 갖는다."고 하여 공산주의와는 협동하지 않을 것임을 천명하였다. 재만무련은 독립운동가들의 생계를 농민들에게 전가시키는 것이 아니라, 스스로 '한명의 농민'이 되어 지배욕과 권력욕을 없애고, 공산주의 대신 민족주의자와 협동전선을 펼치겠다는 의지를 밝힌 것이다(이을규, 『시야김종진선생전』;1963, 88~89쪽).

이러한 노력의 결과로 1929년 8월초 신민부는 한족총연합회(약칭 '한족총련')으로 개편되었다. 한족총련은 위원장에 김좌진, 부위원장에 권화산을 추대하였다. 가장 실무적인 자리라 할 수 있는 농무와 조직·선전위원장을 김종진이, 그리고 교육위원장에 이을규가 맡는 등 아나키스트들의 역할이 매우 중요하게 되었다.

한족총련은 그 창립목적으로 "교포들의 집단정착사업, 교포의 유랑 방지, 집단부락 촉성" 등을 내걸었으며, "영농지도와 개량, 공동판매, 공동구입, 경제적 상조금고 설치 등을 목적으로 하는 협동조합사업을 전개하겠다."고 밝혔다. 이를 위해 이들은 농촌 자치조직을 건설해 농민들에게 신뢰를 얻은 후, 그들을 '집단부락'으로 만들고 이를 '협동조합'으로 묶으려 하였다. 한족총련은 교민들이 미곡 생산뿐만 아니라 도정 과정에서 중국인 지주들로부터 부당한 피해를 많이 당하는 것을 막기 위해 산시(山市)에 정미소를 차렸다. 또 중학교를 설립해 훈련소로 활용하고자 북만중학기성회(北滿中學期成會)를 만들려 노력하였다. 협동조합과 학교를 연결하는 안정적 기반 위에서 독립군을 양성하려 한 것이다.

그러나 이러한 한족총련의 이러한 변화와 농민들의 호응은 공산주의자들에게 가장 큰 위협이 되었다. 중동선 일대 한인농민들에게 영향력을 행사하려는 공산주의세력은 아나키스트들에게 그 주도권을 빼앗기게 되자, 1930년 1월 20일 급기야 김좌진을 암살하기에 이르렀다. 이에 이회영과 북경·천진의 아나키스트들이 긴급 회의를 열어 동지 15명을 북만주로 파견하여 한족총련을 재건하려 하였다.

하지만 공산주의자들은 또다시 1931년 7월 한족총련 간부를 연달아 살해하고, 나아가 핵심리더인 김종진도 납치해 버렸다. 게다가 일제가 북만 일대를 점령하기 위해 대규모 군사작전을 개시하기 시작했다. 9·18사변(일명 '만주사변')을 일으킨 것이다. 이에 정화암과 이을규 등은 일제와 공산주의자들에게 대결하여 희생당하는 것보다 일단 후퇴해 훗날을 기약하는 것이 현명하다는 판단을 내리고 중국 관내로 철수하기 시작했다. 북만주를 철수하면서 느낀 소회를 정화암은 이렇게 적고 있다.

> "북만으로 달려갔다가 금쪽같은 세 동지를 잃고, 피와 땀으로 이룩해 놓은 건설보와 동포들을 그대로 두고 철수하게 되었으니 그동안에 기울였던 공이 한없이 아까웠다.....만일 일본의 그 만주사변이 아니었던들, 만주 아니 최소한 우리의 활동 지역이었던 북만주는 우리 독립운동가와 동포들의 이상향이 되었을 것이다."
>
> (정화암, 『몸으로 쓴 근세사』, 1992, 123~124쪽)

이로써 피땀 흘려 닦았던 만주 운동의 발판은 수포로 돌아가고 말았다. 하지만 만주사변 이후 아나키스트들의 항일전쟁은 상해에서 다시 의열투쟁과 군대양성, 광복군의 전면전으로 되살아났다.

국제연대투쟁에서 민족통일전선으로

1931년 5·15사건과 9·18 만주사변을 계기로 일본 군국주의자들은 더욱 공포정치와 전시동체제를 강화하며 전쟁확대의 길로 나아갔다. 이러한 파쇼권력에 맞서 일본에서의 한인 아나키스트들은 흑우회를 이은 흑우연맹과 자유청년연맹 등의 사상단체와 조선동흥노동동맹·조선자유노동자조합 등 노동조합을 통한 항일운동과 민족권익 옹호운동을 펼쳐 나갔다. 이

들은 기관지 『흑색신문』을 발행
하여 항일소식과 각종 아나키즘
이론을 선전하였다.

1924년 창립된 조선동흥노동
동맹은 아나키스트들의 노력으
로 자유연합주의를 채택한 이래
1934년 무렵 3천여 명의 조합원
을 확보하는 대규모 노동단체로
성장하였다. 동맹은 한인 자유노
동자들의 권익을 보호하기 위해
상애회 등 친일단체나 일본 악덕
기업과 맞서 싸웠으며, 공산주의

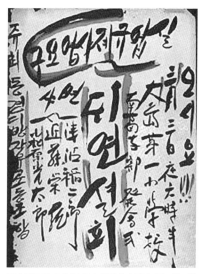

일본 도쿄의 아나키스트 노동단체인 동경자유노동조합
포스터

자들과도 대립하였다. 이들은 노동쟁의 지원이나 구호활동을 비롯해 소비
자조합을 만들어 일상투쟁을 강조하는 등 생디칼리즘적 경향을 보이기도
하였다. 이에 비해 조선자유노동자조합은 친일단체와 강경한 투쟁을 벌이
고 공산주의단체와도 크게 대립하는 등 순정아나키즘의 경향을 드러냈다.
이에 두 단체는 분파적 대립을 지양하기 위해 통합운동을 벌여 1934년 1월
조선일반노동조합을 결성하였다. 통합된 노동단체는 대중 강연회 개최와
선전활동으로 활기를 되찾는 듯 했으나, 1937년 중일전쟁과 전시동원체제
로 인해 다수 활동가가 구속됨에 따라 1938년 1월 해체되기에 이르렀다(김
명섭,『한국 아나키스트들의 독립운동』;2008, 63~69쪽).

이동순(李東淳)·한국동(韓國東) 등 도쿄의 일부 한인 아나키스트들은
현 파쇼체제를 분쇄하고 자율자치적 이상사회로 나아가기 위해서는 종래
의 무조직·무계획적인 활동으로는 불가능하며, 혁명운동에 필요한 강력한

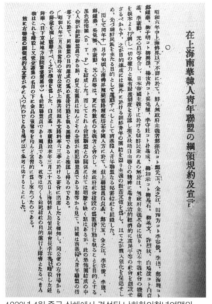

1930년 4월 중국 상해에서 결성된 남화한인청년연맹의 강령과 규약

비밀결사를 만들고자 하였다. 이 조직은 평상시에 노동자·농민의 경제투쟁을 지도하고 사회혁명의 시기에는 지도부를 결성해 무산대중들을 일거에 무장봉기시켜 혁명을 수행하자는 것이다. 이에 1933년 12월 일본무정부공산주의자연맹(日本無政府共産主義者聯盟)에 이어 무정부공산당이 결성되자, 한인들도 곧 이에 가입하였다(相澤尙夫, 〈決死への屹立-無政府共産黨事件〉《無政府主義研究》第 6號, 1976).

일본무정부공산당은 1934년 8월말 관동지방위원회(책임자 相澤尙夫)와 1935년 2월초 관서지방위원회 준비회(책임자 入江凡)를 결성한데 이어 지방위원회로 이동순(관동)과 한국동(관서)을 비롯한 이수용(李壽龍)·진녹근(陳綠根)·문치만(文致万) 등 한인 아나키스트들을 입당시켰다. 한인 아나키스트들은 입당한 이후 지방위원회 조직확장과 한인단체 통합운동 등에 주력해 활동하였다.

무정부공산당은 1934년 9월 8일 제16회 중앙집행위원회에서 운동자금 확보와 무기구입 등 비합법운동이 선행되어야 한다는 방침에 따라 특무기관을 설치하였다. 이들은 자금획득을 위해 1935년 11월 은행과 우체국을 습격하였으나, 실패하여 당원을 비롯해 약 400명의 관련자들이 검거되고 말았다. 이동순·한국동 등 한인들 역시 아나키스트로 의심되는 모든 학생과 노동자들도 검거되고, 홍형의 등도 강제 출국당하고 말았다.

중앙집권적 조직과 정당의 결성, 정치·군사국·특무기관 설치 등은 기존의 아나키스트운동방식에서 다소 벗어난 것이라 할 수 있다. 하지만, 이러한 변화는 당시 강고해지고 있던 파쇼체제를 분쇄하여 혁명투쟁을 책임있게 수행하고 이를 수호하기 위해서는 강력한 혁명조직이 불가피하다는 인식에서 비롯되었다. 당 중앙위원회는 중앙집권이란 용어를 사용하긴 했지만, 실제로는 "단지 전체의 전망을 행동할 수 있는 입장" 정도였다고 한다. 이들은 전체대회를 열어 중앙위원을 선출하고, 규약과 강령을 채택하는 방식을 취하려고 했으며, 중앙부는 그것의 집행기관에 지나지 않는다는 입장으로 조직형태를 만들려 했다고 한다. 무정부공산당 사건은 일본의 아나키스트들이 한국인들과 함께 보다 강력한 혁명기구로서 일제 파시즘체제에 맞서 싸우려 했던 1930년대 국제적 연대투쟁의 하나로 이해할 수 있겠다.

한편, 중국에서는 만주일대에서 철수한 아나키스트들은 상해에서 전열을 재정비하였다. 이들은 1930년 4월 류기석과 류자명·백정기 등은 항일의열투쟁을 전개하기 위해 결성한 남화한인청년연맹(南華韓人靑年聯盟, 약칭 '남화연맹')에 모두 가담하였다. 남화한인청년연맹은 1930년 4월 20일 류자명(柳子明)과 류기석(柳基石)·장도선(張道善)·정해리 등이 상해 프랑스조계지 김신부로(金神父路) 133호에서 조직되었다. 이들이 채택한 강령은 당시 일본의 아나키스트들의 기관지인 《자유연합신문》에 게재되었는데, 다음과 같다.

- . 우리들의 모든 조직은 자유연합 원리를 기본으로 한다.

- 일체의 정치적 운동과 노동조합지상운동을 부인한다.

- 사유재산제도를 부인한다.

- 가짜(僞) 도덕적 종교와 가족제도를 부인한다.

- 우리들은 만인이 절대적으로 자유평등한 이상적 신사회를 건설한
  다.

《自由聯合新聞》제47호, 1930년 5월 1일자)

이어 1931년 9월 만주사변을 전후해 더 이상 국내와 일본에서의 활동
이 어렵게 되자, 많은 한인들이 항일 투쟁을 전개하기 위해 중국행을 택했
다. 특히 일본에서 풍부한 이론과 실천투쟁의 경험으로 단련된 젊고 활동
력 있는 정예 아나키스트들이 상해의 남화연맹에 참여해 의열투쟁에 참여
하였다. 원심창(元心昌)과 나월환(羅月煥)·이하유(李何有)·박기성(朴基成)·
이현근(李炫瑾) 등이 대표적인 인물들이다.

남화연맹은 곧 조직을 개편하여 류자명을 의장 겸 대외책임자로 선정하
고 산하단체로 남화구락부를 두어 기관지『남화통신』을 발간하였다. 또한
연맹의 강령과 규약, 선언문을 작성하여 동지들을 적극 규합하였다. 선언
문에서는 기존의 정치운동과 노동조합지상주의를 부정한다고 하면서, 모
든 조직을 자유연합의 원리에 기초하며 절대자유·평등의 무정부 공산사회
를 건설하고자 한다고 밝혔다. 이들은 무정부공산주의 사회가 실현될 때
다음과 같은 결과가 나타난다고 선언하였다.

1. 농업과 공업을 과학적으로 종합하여 가장 유리하게 할 수 있는 농
   촌의 형식을 갖춘 도시이고, 또한 도시 비슷한 편리한 농촌이 각각
   자유로이 연합하여 된 지구상의 예술적 사회가 됨.

2. 각인의 자유의지로서 선택한 사회를 만들어 또한 자유로이 일을 맡아 할 수 있는 사회, 그러므로 지능노동과 육체노동의 구별이 없어지고 각인의 마음껏 개성을 신장시킬 수 있어 누구나 일하는 것을 싫어하는 것이 없는 사회.

3. 임금제도가 없는 사회.

4. 위도덕의 압박을 받아서 다만 양친뿐인 하등의 의식 없는 소년·소녀를 결합시키는 결혼제도가 소멸된 사회.

5. 한국인은 조선민족일 뿐만 아니라, 지구상의 한 지방인 조선에서 성장한 인류인 까닭에 타민족이 오는 것을 거절해서는 안되고, 또 결코 민족을 침략하여 자민족의 우월을 자랑해서는 안되는 사회.

6. 무장은 원칙상 불필요하다. 그러나 자유·평등의 공산 농촌을 파괴하기 위해 구성된 군대가 세상에 존재하는 한 상당한 무장이 필요함. 그러나 이 무장은 오늘날 우리를 압박하고 학살한 소수자만의 이익을 위해 수호하는 상비군이 아니고, 또 수명의 수령에 전임(專任)하는 노예의 군대를 지칭하는 것도 아니다. 자유 공산농촌의 무장은 남녀노소를 막론하고 전민족의 봉기를 지칭하는 것이다. 장년자는 1선에 진출하고 노인은 후방에서 일하고, 여자는 간호와 식량을 위해서 일하고, 전체를 호위하기 위한 상호부조의 방위를 한다.

(조선총독부 검사국 사상부, 『사상휘보』5, 115쪽)

이처럼 남화연맹은 무정부공산주의 사회의 건설을 목표로 삼고 있다. 무정부 공산 사회는 각자의 자유의지에 의해 능력에 따라 일하고 필요에 따라 소비하는 것이며, 일체의 정치적 지배와 강권이 없고 사유재산과 강

항일구국연맹의 활동을 기록한 보고서의 목차

제결혼을 철폐하는 상호부조와 공존공영의 이상사회로 보았다. 따라서 이러한 신사회를 창조하고 조선 민중에 진정한 해방을 가져다주기 위해서는 정치적 야심가와 권력자들을 지상에서 말살하는 운동에 동참해야 한다고 이들은 주장하였다.

남화연맹은 그해 10월 중국 국민당 원로인 이석증(李石曾)·오치휘(吳致煇)의 지도로 국제적 의열단체인 항일구국연맹을 결성하였다. 주로 적의 기관파괴와 요인암살 및 친일분자 숙청, 항일선전 활동 등을 목적으로 한 이 행동대는 중국인 동지 왕아초(王亞樵)와 화균실(華均實) 등이 재정과 무기를 공급해 주었고, 재북경동북의용군후원회(在北京東北義勇軍後援會) 등 중국 항일단체로부터 지원을 받았다. 항일구국연맹은 "전 세계에 대한 혁명수단에 의해 일체의 권력을 배격하고 자유·평등의 사회를 건설할 목적으로" 우선 일제와 친일분자들에게 공포심을 주기 위해 '흑색공포단(Black Terrorist Party, 일명 'B·T·P')'이라는 직접행동대를 조직했다.

항일구국연맹은 선전부와 경제부·정보부 등을 설치하고 국제연대의 취지에 맞게 조선인부와 중국인부, 일본인부, 대만인부와 미국인부를 두었다. 이들은 각국의 동지규합과 함께 일제기관 파괴 및 요인암살, 반일사상 선전활동을 펼치기로 결의하였다. 당시 기획부가 계획한 활동 계획은 다음과 같다.

> 1. 적 군경 기관 및 수송기관의 조사, 파괴, 적 요인 암살, 중국인 친일분자 숙청.
> 1. 중국 각지의 배일 선전을 위한 각 문화 기관의 동원 계획.
> 1. 이상에 관한 인원 및 경비의 구체적 설계.
>
> (金正明 編,「1937年の在支不逞朝鮮人の不穩策動狀況」, 『朝鮮民族運動』 II, 607쪽)

이회영과 정화암은 이러한 목적을 달성하기 위해 직접 행동대를 지휘하였고, 왕아초가 무기와 재정의 조달을 맡았다. 류자명도 이에 참여해 인쇄소를 경영하며 선전지《자유》를 발행하였다. 항일구국연맹은 이후 복건성(福建省) 천주(泉州)의 하문(廈門)에서 일본 영사관을 폭파하였고, 1931년 12월 천진(天津)에서 일본 주둔군 병영과 총영사관 관저에 폭탄을 던졌으며, 부두에 정박 중인 일제의 대형선박을 파괴하기도 하였다.

이들은 또 일제에 유화적인 중국 남경정부의 외교부장 왕정위(汪精衛)의 암살을 기도하기도 했다. 특히 이들은 1933년 3월 17일 주중국 일본대사 아리요시 아키라(有吉明)가 중국 국민당 정부요인을 매수해 만주를 점령하려는 계획을 세우고 육삼정(六三亭)이라는 음식점에서 연회를 베푼다는 정보를 입수하고 암살계획을 세웠다. 이 계획에 백정기를 비롯해 원심창·이강훈 등이 가담해 당일 실행에 옮겼으나, 밀정의 보고로 모두 체포되고 말았다(《黑色新聞》第23號, 1933년 12월 21일자).

육삼정 의거는 비록 사전 정보누설로 실패하였지만, 이 사건을 계기로 일제와 국민당 정부의 밀약이 만천하에 알려짐에 따라 중국인들의 항일의식과 반국민당 정서를 고조시키며 장개석 정권을 위기로 몰고 가는 결과를 낳았다. 하지만 한인 아나키스트들은 국민당 정부로부터 지원을 받지 못하고 독자적인 의열투쟁을 전개해야 했다.

이후 한인 아나키스트들은 일제의 밀정으로 암약하던 많은 친일파들을 암살하였다. 우선 만주에서 항일의용군을 조직하기 위해 대련(大連)으로 가려던 이회영을 밀고하여 고문사하게 만든 밀정들을 처단하였다. 이들이 행한 친일분자의 숙청은 상해의 친일 유력자인 옥관빈(玉觀彬)과 성빈(成彬) 형제의 처단, 상해 조선인 거류민단이 고문인 이용로(李容魯)의 암살, 밀정 이종홍(李鍾洪)의 암살 등이 대표적이다.

2. 의열단과 조선혁명당의 민주공화국 건설론

의열단 강령에 나타난 진정한 민주국

1922~23년 국내와 일본에서의 대규모 암살·파괴 계획을 실행하려다 좌절된 의열단은 이후 점차 세력이 약화되어 새로운 활로를 찾고 있었다. 그러던 중 김원봉과 간부진은 1924년 5월 개교한 황포군관학교의 입교생을 모집하고 있던 중국국민당 간부 진과부(陳果夫)의 추천을 받아 '혁명근거지'로 널리 알려진 광주(廣州)로 가기로 결의하였다. 1925년 8월 상해를 떠난 단원 19명은 단의 본거지를 광주로 옮겨갔고, 이 중 김원봉을 비롯한 15명의 핵심단원이 1926년 1월 황포군관학교에 입교하고 7명의 단원들도 중

산대학(中山大學)에 입학하였다.

1926년 여름 무렵 광주지역 한인운동자의 조직화에 나선 의열단은 조직체제의 개편도 함께 추진하였다. 창단 이래 7년간 고수해왔던 암살·파괴 위주의 비밀결사라는 틀을 깨고 대중을 일깨워 조직하는 정치단체로의 전환을 꾀한 것이다. 류자명 등 아나키스트들과의 수차례 격론과 숙의 끝에 마침내 의열단 간부진은 단 조직을 '혁명정당' 체제로 바꾸기로 결정하였다. 이에 따라 강령과 정책을 제정하고, 『우리의 길』이라는 기관지와 소책자를 발간하여 선전활동에도 나섰다.

1926년 12월 의열단은 간부회의를 통해 20개 조에 걸친 강령을 제정해 항일투쟁이념을 대내외에 공표하였다. 이는 1923년 발표된 〈조선혁명선언〉에서 원론적으로 제시되었던 '신조선 건설'의 과제를 보다 선명하게 드러낸 것이라 하겠다. 의열단 강령의 각 조항은 다음과 같다.

1. 조선민족 생존의 적인 일본제국주의의 통치를 근본적으로 타도하고, 조선민족의 자유독립을 완성함.
2. 봉건제도 및 일체 반혁명세력을 삭제(削除)하고 진정한 민주국을 건립함.
3. 소수인이 다수인을 박삭(剝削)하는 경제제도를 소멸시키고 조선인 각개의 생활상 평등의 경제조직을 건립함.
4. 민중경찰을 조직하고 민중무장을 실시할 것
5. 인민은 언론·출판·집회·결사·거주에 절대 자유권을 가짐.
6. 인민은 무제한의 선거 및 피선거권을 가짐.
7. 1군(郡)을 단위로 하는 지방자치를 실시함.
8. 여자의 권리를 정치·경제·교육·사회상 남자와 동등하게 함

9. 의무교육과 직업교육을 국가의 경비로 실시함

10. 조선 내 일본인 각 단체(동양척식회사·불이흥업·조선은행 등) 및 개인(이주민 등)에게 소유된 일체 재산을 몰수함.

11. 매국적·탐정 등 반도(叛徒)의 일체 재산을 몰수함.

12. 조선인민 생활상 침해가 되는 외국인의 일체 재산을 몰수함.

13. 대지주의 토지를 몰수함.

14. 농민운동의 자유를 보장하고 빈고(貧苦) 농민에게 토지·가옥·기구 등을 공급할 것.

15. 공인(工人)운동의 자유를 보장하고 노동평민에게 가옥을 공급함.

16. 양로·육영(育孾)·구제 등의 공공기관을 건설함.

17. 대규모의 생산기관 및 독점성질의 기업(철도·광산·기선·전력·수리·은행 등)은 국가에서 경영함.

18. 소득세는 누진율로 징수함.

19. 일체의 잡세를 폐제(廢除)함

20. 해외거류 동포의 생명·재산의 안전을 보장하고 귀국 동포에게 생활상 안전한 지위를 부여함.

전반적으로 의열단 강령은 일본제국주의 타도에 의한 민족독립과 반봉건 민주정책에 의한 사회변혁이라는 두 이념을 반영하고 있다. 그리하여 '봉건제도 및 일체 반혁명세력의 삭제(削除)'를 기초로 인민의 자유권·평등권·참정권·복리권이 두루 폭넓게 보장되는 '진정한 민주국' 건설을 추구하였다. 1군을 단위로 하는 지방자치제의 실시를 비롯해 사회복지기관의 설치와 노동자·빈농층에 대한 주거공급, 일체의 잡세 폐지까지 규정하여 매우 진보적인 면을 보이고 있다.

이러한 의열단의 사회변혁이념은 분명 비자본주의적 독립국가를 염두에 둔 것이다. 대지주의 토지몰수를 비롯해 친일파 및 밀정에 대한 재산몰수, 대생산기관 및 독점성 기업의 국유화를 지향한 점 등은 자본주의 국가의 일반상과는 거리가 멀기 때문이다. 나아가 인민의 절대 자유권 부여와 경제체제의 사회적 소유, 국가의 사회복지적 책임을 강조하는 주장은 사회주의 체제를 지향한다는 점이 강력히 내재되어 있다.

　그렇지만 이러한 몇가지 사항만으로 의열단이 조선공산당과 같이 프롤레타리아독재를 수립하기 위한 사회주의혁명을 운동목표로 삼았다고는 단언할 수는 없다. 당시의 의열단에게는 코민테른이 내세우는 공산주의 세계혁명 노선을 쫓기보다 중국국민당 좌파의 독특한 혁명이론이 훨씬 더 매력적인 것으로 다가왔다. 이는 의열단 주요 간부들이 황포군관학교와 중산대학에서의 수학과정에서 진공박(陳公博)·왕정위(汪精衛) 등 국민당 좌파의 혁명이론과 정치사상에 영향을 받았기 때문이다.

　또한 평등과 사회정의를 추구하되 그것을 프롤레타리아독재에 의탁하지 않은 점이나, 조선공산당 선언처럼 '소련과의 우의적 연맹을 체결할 것'을 주장하지 않았다는 점에서 의열단의 사회주의적 성향은 오히려 반(反)계급독재 정신에 투철한 아나키즘의 꼬뮌주의에 가깝다고 할 수 있겠다. 그러면서도 국가건설을 필수부가결의 목표로 삼고 선거제도를 수용한 점은

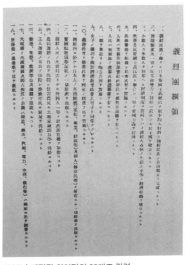

1926년 제정된 의열단의 20개조 강령

서구 순정아나키즘과도 거리를 둔 것으로, 1923년 〈조선혁명선언〉에서 밝힌 '신조선 건설'이념의 연장선으로 봐야 할 것이다(김영범,『한국근대민족운동과 의열단』;1997, 191~205쪽).

이러한 항일이념을 정립한 이후 의열단은 이윽고 북벌전이 개시되자 혁명군사관의 일원으로 참전하기로 했다. 황포군관학교 재학생 등 약 260여 명의 한인들은 북벌전에서 뛰어난 통솔력과 정치공작 능력으로 용전분투하는 활약을 보여주었다. 한인 운동자들의 북벌전 참여는 중국 관·민들에게 깊은 인상과 신뢰를 주었으며, 항일운동 전선에서 돈독한 한·중 연대를 다지는 계기가 되었다.

그러나 1927년 4월 돌연 장개석이 권력장악을 위해 쿠데타를 감행하여 국민당 좌파의 분열과 1차 국·공합작의 붕괴를 불러 일으켰다. 반공산주의 노선을 선명히 밝힌 장개석의 남경(南京)정부는 국공합작을 유지하려는 왕정위의 무한(武漢)정부와 대립하더니 '청당(淸黨)'의 명분으로 반대세력을 대량 체포하고 처형하기에 이르렀다. 이러한 사태 전개에 배신감을 느낀 의

김원봉 등 의열단 핵심간부들이 군사훈련을 받은 중국 육군무관학교인 황포군관학교

열단 간부진과 단원들, 그리고 한인 좌파 운동자들은 그해 12월 중국공산당에서 일으킨 광주봉기에 참여하게 되었다.

그러나 광주봉기에서 세워진 꼬뮌정부가 3일만에 진압되는 바람에 200여 명에 달하는 한인 운동자들이 희생당하고 말았다. 한인 독립운동가들도 공산당원으로 의심받아 체포되어 처형되고, "어제 날의 동지가 오늘의 원수로 변하고 어제 날의 혁명자가 오늘은 반혁명자가 되는" 백색테러의 암흑천지로 변한 것이다. 황포군관학교 정치부에 소속되어 있던 의열단장 김원봉 조차 겨우 류자명과 함께 5월초 상해를 거쳐 무한(武漢)으로 피신해야 했다(류자명,『한 혁명가의 회억록』;1999, 166~179쪽).

중국 국민혁명에 참여하여 조국광복과 신조선 건설운동의 기반을 확충하려했던 '한국 혁명운동을 이끌고 갈 미래 지도부의 정수'는 국공내전이라는 예기치 못한 상황에서 참담한 비극을 맞고 말았다. '오만한 대국주의와 몰주체적 국제주의의 해악'을 뼈아프게 겪은 이후 민족혁명을 위한 국제적 연대활동은 1931년 9월 18일 일제의 만주침략이라는 위험에 직면해서야 되살아 날 수 있었다.

조선혁명당의 민주공화국 건설론

1926년 남만주에서 창립된 다물당(多勿黨)은 "일본제국주의와 자본제도를 타도"하여 민족 본위의 '생활평등의 신국가'를 건설할 것을 주장하였다. 1928년 길림성(吉林省)에서 정의부 일부 간부와 천도교 혁신파의 주도로 결성된 고려혁명당은 강령에서 "제국주의·자본주의에 대한 근본적 반항"과 "모든 계급적 기성제도 및 현존조직 일체를 파괴하고 물질계·정신계를 통하여 자유·평등의 이상적 신사회를 건설"할 것을 천명했다. 그리고 고려혁명당 선언에서도 무계급의 새로운 사회, 피압박 민중이 존엄과 권위를 갖는 사회를 건설하자고 역설했다.

고려혁명당의 주도로 1928년 길림성에서 결성된 민족유일당조직동맹(民族唯一黨組織同盟)은 1929년 1월에 개정한 강령을 통해 "일본제국주의를 박멸하고 정치적·경제적 일체 생활이 평등한 신국가를 건설"할 것을 공약했다. 이 동맹 참여세력이 성립시킨 정치기관인 국민부(國民府)는 1929년 9월 제1회 중앙의회에서 고이허(高而虛)가 보고한 「세계정세 및 조선경제에 대한 결정서」를 채택했다. 여기에서 조선혁명론의 대강을 볼 수 있는데 그 내용을 보면, 조선혁명은 일본제국주의를 박멸하고 토지문제를 근본적으로 해결하며 대생산기관의 국유화를 실현하는 것이 중심목표가 된다. 그리하여 조선의 절대독립을 완성하고 노동자·농민의 민주정권을 건설함과 동시에 사회주의혁명 단계로 진입하는 것이 조선혁명의 진로이다. 위 결정서의 말미에는 '노동자·농민의 소비에트 정부건설'·'대생산기관의 국유화'·'대지주의 토지 몰수 및 농민에게의 무상대부'·'국가경비에 의한 의무교육제 실시' 등의 구호들이 부착되어 있다.

1929년 12월 요녕성 신빈현(新賓縣)에서 민족유일당조직동맹을 조직기초로 하여 민족주의자와 공산주의자들의 연합체로 조선혁명당(朝鮮革命黨)이 창립되었다. 창립선언문인 '조선혁명당선언'에서, 조선혁명은 "조선의 절대독립과 노농민주주의정권 수립을 제1목표로 하는, 민족혁명임과 동시에 사회주의혁명으로 진입하는 노농민주주의혁명"이라고 규정했다. 이 혁명은 고전적인 '자본민주주의혁명'이 아닐뿐더러 오히려 '반자본주의적' 성격을 갖는데, 그러나 아직은 역량이 부족한 노동자계급만이 아닌 피압박 대중일반을 주체로 하는 반제투쟁이 민족자결주의가 결부된 특징을 지녔기에 '프롤레타리아 독재적 혁명'도 아니라고 주장하였다.

이처럼 선언문의 내용과 용어는 조선공산당의 혁명론과 큰 차이 없이 유사한 것이다. 다만 '노농독재'라는 용어나 '소비에트 정부건설'이란 구호를 쓰지는 않았으며, 말미에 "이것이‚‚‚조선혁명의 전체 행정(行程)"이라 하여 특이하다. 좌·우 연합체적인 조직형태인 조선혁명당의 민족주의자들이 코민테른의 강령과 지시에 복종하는 모습에 반대하여 조선혁명의 특수성을 부각시키고 무엇이 현 단계의 혁명과제인지를 명확히 하려 했기 때문으로 여겨진다(김영범,『한국근대민족운동과 의열단』;1997, 253~254쪽).

하지만 1930년 중반 이후 코민테른 6차 대회의 1국1당주의 원칙에 따라 만주의 한인 공산주의자들이 공공연히 민족주의자들과의 연대를 비판하고 조선혁명당을 '반동단체'로 규정하여 그 해체를 주장하고 나섰다. 급기야 그해 10월 조선혁명당 내의 극좌파는 국민부 파괴공작을 시도함에 따라 당내 우파와 유혈충돌을 벌이게 되었다. 이에 극좌세력이 현익철(玄益哲)·양세봉(梁世奉) 등이 이끄는 민족주의자들에 의해 당 대회에서 축출되고 말았다. 이로써 좌우연합 체제로서의 조선혁명당은 성립 1년만에 반공적 민족주의조직으로 재편되었다.

이후 민족주의 성향의 고이허가 중앙집행위원장 겸 당수로 선임되면서 간부진영이 대폭 교체되었다. 조선혁명군 총사령에 양세봉(梁世鳳)과 참모장에 김학규(金學奎), 국민부 집행위원장으로 김동산(金東山) 등이 선출되었다. 고이허는 1932년 2월 조선혁명당의 당의와 당강·정책 등을 개정하였는데, 그 내용은 다음과 같다.

당의

본당은 혁명적 수단으로써 구적 일본 침략세력을 박멸하고 4천년

독립하여 온 국토와 주권을 회복하고, 진정한 민주공화국을 건설하며, 국민전체 생활의 평등을 확보하여 나아가 세계인류의 평등과 행복을 촉진한다.

당강

1. 구적 일본의 침탈세력을 박멸하고 우리민족의 자주 독립을 완성한다.
2. 봉건세력 및 일체 반혁명세력을 숙정하고 민주집권제의 정권을 수립한다.
3. 소수인이 다수인을 박삭하는 경제제도를 삭멸하고 국민생활의 일군을 단위로 하는 지방자치제를 실시한다.
4. 민중의 무장을 실시한다.
5. 국민 모두는 선거권과 피선거권을 갖는다.
6. 국민은 언론·출판·결사·집회·신앙의 자유를 갖는다.
7. 여자는 남자와 일체의 동등한 권리를 갖는다.
8. 토지는 국유로 하고 농민에 분급한다.
9. 대규모 생산기관과 독점적 기업은 국영으로 한다.
10. 국민의 모든 경제적 활동은 국가의 계획 하에 통제한다.
11. 노동운동의 자유를 보장한다.
12. 누진률(累進率)의 교육과 직업교육은 국가의 경비로 실시한다.
13. 양로·육영·구제 등(사업을 할) 공공기관을 설립한다.
14. 국적(國賊)의 전 재산과 국내에 있는 적 일본의 공사(公私)재산을 몰수한다.
15. 재산평등·호혜원칙에 기초하여 전세계 피압박민족해방운동을 협

조한다.

(「朝鮮革命軍の狀況に關する件」)

위의 당의와 당강을 통해 볼 때, 조선혁명당은 국내외 민중의 무장투쟁으로 일제를 몰아내어 자주독립을 회복하고 의회민주주의 원칙에 입각한 민주공화국 건설을 목표로 하고 있다. 나아가 국가의 경제개입과 사회복지를 강조하고 있으며 대지주나 자본가의 횡포를 방지할 수 있는 평등한 사회를 건설하고자 함을 알 수 있다.

이들이 추구한 민주공화국은 적어도 공산당의 일당지배에 의한 프롤레타리아독재와는 상당한 차이를 볼 수 있는데, 대신 봉건세력의 숙청과 자본주의 부정, 토지의 국유화와 농민분급, 대생산기관과 독점기업의 국영화 등 균등사회를 지향하였다고 할 수 있겠다.

3. 조선공산당의 항일투쟁과 인민공화국 건설론

창당과 시련, 그리고 혁명적 인민공화국 건설론

1924년 아나키스트들과 사상분화를 거쳐 독자적인 항일 정치세력으로 성장한 공산주의자들은 강력한 중앙집권적 계급정당의 창당을 추진하였다. 그런 노력의 결과로 1925년 4월 17일 오후 1시 서울 을지로에 있는 중국 음식점 아서원(雅敍苑-오늘날의 롯데호텔 자리) 2층에서 비밀리에 조선공산당을 창당하였다. 이날 모임에는 19명이 모였는데, 대략 정세보고에 이어 김찬(金燦)·조동호(趙東祜)·조봉암(曺奉岩)을 전형위원으로 선출하고 이들에게 중앙집행위원회 7명과 3명의 중앙검사위원의 선임, 그리고 강령과 규약 등의 채택을 위임한 채 비밀유지를 위해 3시간만에 서둘러 해산하였다. 다음날 저녁 김찬의 집에서 속개된 회의에서 당의 명칭은 조선공산당이라 붙여졌다(서대숙,『한국공산주의운동사』;1985, 73~75쪽).

전형위원들은 일본 유학생 출신인 김재봉(金在鳳) 책임비서와 조동호(조직부)·김찬(선전부)·김약수(金若水, 인사부)·정운해(鄭雲海, 노농부)·유진희(劉鎭熙, 정경부)·주종건(朱鍾建, 조사부) 등 7인의 중앙집행위원회 위원들을 선출했다. 이들은 대부분 코민테른에서 교육받고 파견된 화요회 인사들과 일본 유학생 그룹인 북풍회 소속이었다. 다음날인 4월 18일 서울 박헌영의 집에서 자매기관인 고려공산청년회(약칭 '고려공청') 창립대표회의를 열렸다. 회합에 참여한 17명의 인사들 역시 주로 화요파에 속하였는데, 이들은 박헌영을 책임비서로 선출하고 강령과 규약을 통과시켰다. 이로써 조선공산당과 고려공청은 국내 최대의 사회주의 운동세력이었던 서울청년회를 배제한 채 이르쿠츠크파가 주도하는 화요회에 의해 창당되었다. 그래서 북풍회의 김약수는 일본경찰에 체포된 후 화요회가 주도한 당 건설에 큰 불만을 갖고 있었다고 진술했는데, 자신을 일종의 장식물로 만들면서 주요한 비밀은 모두 화요회에서 처리했다고 말했다(이덕일,『잊혀진 근대, 다시 읽는 해방전사』;2013, 68~69쪽).

조선공산당은 5월 초에서 열린 제2차 중앙집행위원회 회합에서 당헌과 강령을 채택하였고, 17개 항에 걸친 당면문제를 슬로건으로 채택하였다. 일본 제국주의 통치의 완전한 타도와 조선의 완전한 독립이 그 중 첫 번째이고, 8시간 노동제 실시와 부녀의 정치·경제·사회적 권리 평등과 의무교육의 실시, 언론·집회·결사의 자유 보장, 동양척식주식회사의 철폐 등 인민의 권리획득을 제일의 목표로 삼았다. 나아가 이들은 '세계 혁명운동의 총본부'로 여긴 코민테른으로부터 지부승인을 얻기 위해 조봉암을 대표로 삼아 모스크바에 파견하였다. 또 코민테른으로부터 자금을 받아 권오직(權五稷) 등 20

1928년 8월 국외로 탈출한 박헌영과 부인 주세죽이 소련 국제레닌학교에 재학하며 딸과 함께 찍은 사진

여 명을 모스크바로 유학을 보내 공산주의 훈련을 받도록 했다.

하지만 조선공산당은 1925년 11월 한 당원의 작은 사고로 문건이 노출되는 이른바 '신의주사건'으로 인해 첫 시련을 맞게 되었다. 이 사건으로 전국에 대대적인 검거선풍이 일어나 고려공청의 책임비서인 박헌영과 부인 주세죽(朱世竹)을 비롯해 조선공산당의 김재봉 책임비서마저 체포되고 말았던 것이다.

김재봉 중앙과 고려공청의 간부들은 도피 와중에 조직을 추스르기 위해 후계 간부구성에 착수했다. 곧 그해 12월 강달영(姜達永)을 책임비서로 삼아 중앙간부를 재선임하였다. 이른바 '2차 조선공산당'으로 일컬어지는 강달영 중앙은 중앙집행위원을 비롯해 하급기관과 지방 야체이카(세포 비밀조직)를 조직하였고, 만주와 상해·일본 등지에 지부를 두었다. 우여곡절 끝에 코민테른도 1926년 3월 31일 집행위원회 간부회의에서 「조선문제에 관한 코민테른 집행위원회의 결의」를 채택하고, 조선공산당을 정식 지부로 인정했다. 다만 지부승인에는 당 창건을 둘러싸고 드러난 분파 사이의 대립을 해소해야 한다는 단서를 붙였다(이준식,『조선공산당 성립과 활동』,2009, 106~112쪽).

강달영 중앙은 출범 이후 조선공산당의 노선을 대내외에 공식 천명하는 중요한 선언문을 발표하였다. 1926년에 조선공산당 기관지 『불꽃』1926년 7월호에 실린 '조선공산당 선언'이 그것이다. 이 문건은 상해로 망명한 조봉암·김단야·김찬·조동호 등에 의해 발행되었는데, 서울에 남아있던 당 중앙간부들의 인식이 반영된 사실상 당시 조선공산당의 기본입장을 밝힌 공식 문서라 할 수 있다.

조선공산당 선언은 '민족유일의 전선'을 결성하고 일제와 투쟁을 벌여 그들의 압박으로부터 벗어나 '민주공화국'을 수립하겠다는 것이다. 조선공산당은 노동조합의 결성과 동맹 파업의 자유를 보장하고, 대토지 소유자·은행·토지 회사의 토지를 몰수하여 국가 소유의 토지와 함께 농민에게 분배하며, 당면한 투쟁으로 3·7 소작제를 관철하고, 종국에는 소작료를 폐지하겠다고 내세웠다. 이 내용은 1930년 체포된 구연흠(具然欽)이 밝힌 내용과 일치하는데, 그는 당면 투쟁의 목적이 '일본제국주의 압박으로부터 조선을 절대 해방하는 데 있다'고 하면서 '당면한 정치적 요구'로서 12개의 항목을 다음과 같이 설명했다.

1. 민주공화국을 건설한다. 이 건설은 국가의 최고 및 일제 권력이 국민에 의해 조직된 직접 비밀(무기명 투표) 보통 및 평등 선거로 성립한 입법부에 있다.
2. 직접, 비밀, 보통 및 평등의 선거로서 중대한 지방자치를 건설할 것.
3. 전 국민의 무장을 실시하여 국민경찰을 조직할 것.
4. 일본의 군대, 헌병 및 경찰을 조선으로부터 철폐할 것.
5. 인민의 자체 혹은 가택의 침범을 하지 못하도록 할 것.

6. 무제한의 양심, 언론, 출판, 집회, 결사 및 동맹파업은 자유롭도록 할 것.
7. 문벌을 타파하여 전 인류는 절대 평등한 권리를 가질 것.
8. 여자를 제 압박으로부터 해탈시킬 것.
9. 각 공·사립 교육기관에서 조선어를 국어로 할 것. 또 조선어로 교수할 것.
10. 학교의 자유를 보장하고 무료 및 의무·보통 및 직업 교육을 남녀 16세까지 실시할 것. 또 빈민 학령 자녀의 의식과 교육용품을 국가의 경비로 공급할 것.
11. 각종 간접세를 폐지하고 소득세 및 상속세를 누진함.
12. 소비에트 사회주의연합공화국과 우의적 연맹을 체결할 것.

(梶村秀樹·姜德相 편, 『現代史資料』29, 419~420쪽)

여기에 나타난 국가건설 구상은 당시 사회주의자들뿐만 아니라 민족주의자들의 공통적 요구에 기초하고 있다고 볼 수 있다. 조선공산당은 민족의 정치적 독립을 최우선으로 제시하면서 보통선거제의 채택, 부르조아 민주주의적 자유권 보장, 지방 자치 실시, 민족 교육의 실시, 문벌타파와 신분평등을 중시하고 있다. 따라서 조선공산당의 국가건설 구상도 기본적으로는 '민주공화국' 건설을 목표로 삼았던 것이다. 다만 무상 의무교육의 중시, 동맹파업권 보장, 누진세 채택, 전 국민의 무장화, 소련과의 연대 등은 사회주의 사회를 지향하는 내용이라 볼 수 있다.

특히 전 인구의 87%를 차지하는 노동자·농민 대중과 도시 소부르조아지를 민족혁명전선으로 끌어들여 반일역량을 확대하고, '지주와 대토지소유자의 압박에서 해방하기' 위하여 다음과 같이 주장하였다.

1. 대토지소유자, 회사 및 은행의 점유한 토지를 몰수하여 국가의 토지와 함께 농민에게 교부할 일.

2. 소작료를 폐지할 일.

3. 수리기관을 지방의 소유로 하고 농민이 무료로 사용할 일.

(「자료발굴 : 조선공산당선언」『역사비평』21; 1992, 349~361쪽)

즉, 조선공산당은 선언을 통해 "대토지 소유자, 은행, 회사의 토지를 몰수하여 국가 토지와 함께 농민에게 교부"한다는 토지혁명론을 강령으로 구체화시켰다. 이같은 토지혁명론은 한국의 혁명단계를 당연히 토지를 농민에게 분배하는 부르조아 민주주의혁명 단계로 규정하게 했다. 이는 3권 분립으로 국정을 운영하는 의회제 민주주의 국가와 달리, 2권 분립으로 국가질서를 운영하겠다는 표현이다. 전통적인 사회주의 국가의 운영 원리를 그대로 따르겠다는 방침인 것이다.

그런데 조선공산당 조직은 순종의 장례일을 기해 일어난 1926년 6·10 만

1929년 모스크바 국제레닌학교에서 공부한 멤버들사진.
앞줄 왼쪽 두번째부터 김단야와 박헌영이고, 중간 줄 오른쪽 세 번째는 박헌영의 부인 주세죽이다.
마지막 줄 오른쪽 첫 번째는 베트남 혁명의 영웅 호치민이다.

세 시위를 준비하는 도중에 꼬리를 밟히고 말았다. 6월 10일 만세시위운동으로 7월 25일까지 약 2천여 명이 체포되는 상황에서, 당 책임비서인 강달영과 공청 책임비서인 권오설(權五卨)을 비롯해 주요 간부와 당원 등 130여명도 체포되었다. 체포 후 일체의 자백을 거부한 채 몇 차례 자살을 기도했던 강달영은 고문후유증으로 정신이상에 시달렸고, 5년 형을 선고받고 복역 중이던 권오설도 고문후유증인 폐렴으로 옥사하고 말았다. 신의주사건과 6·10만세시위는 제1·2차 조선공산당을 주도했던 화요회를 붕괴시키는 결과를 낳았다. 끝내 체포를 면한 유일한 당 중앙집행위원인 김철수(金綴洙)는 신속히 당의 복구를 위해 새로운 중앙간부를 조직하는 일에 착수하였다.

1926년 9월 조선공산당 책임비서가 된 김철수를 비롯해 오의선(吳義善, 일명 吳義善)·홍남표(洪南杓)·안광천(安光泉) 등 새로 중앙집행위원으로 선임해 결성된 조선공산당을 흔히 '제3차 조선공산당'이라 부른다. 코민테른은 김철수가 재건한 조선공산당을 승인하면서 11개조 지령문을 내렸다. 지령문은 가장 먼저 "조선은 민족혁명 단일전선이 필요한데 노동자, 지식계급, 소부르조아, 일부 부르조아까지 포함시켜야 한다."고 지시하였다. 이에 김철수 중앙은 민족 단일당 결성에 박차를 가하지 않을 수 없었다.

상해파 출신의 김철수 당 중앙은 국내사회주의세력인 서울청년회 계열을 조선공산당 입당에 적극 독려하였다. 그런 노력의 결과로 그동안 경쟁세력이었던 서울청년회의 고려공산동맹(서울파) 일부를 비밀리에 수용하여 레닌주의동맹이란 조직을 따로 구성하게 되었다. 이 동맹을 중심으로 1926년 11월 14일 조선공산당과 고려공산동맹의 당 통합을 추진한 주체세력을 흔히 'ML파'로 불렀다. 서울파의 고려공산동맹에 속한 140명이 대거 조선공산당에 입당함에 따라 당의 조직도 크게 확장되었다.

1931년 2월 조선공산당 재건운동으로 체포당한 김
철수 등 23명 공판 보도 기사

서울파와의 통합 직후 11월 15일 안광천은 정우회(正友會)의 이름으로 당이 지향해야 할 운동방침을 〈조선일보〉에 발표하였다. 이른바 '정우회선언'으로 불리우는 이 선언문의 요지는 사상단체의 통일을 비롯해 대중의 조직과 교육의 필요성, 정치투쟁으로의 전환과 비타협적인 민족주의 좌파와의 제휴 등을 주장한 것이다. 이로써 김철수가 이끄는 3차 조선공산당은 친일세력을 제외한 민족협동전선 내지는 민족통일

전선의 구축을 확고한 방침으로 삼음에 따라 신간회 결성의 중요한 기폭제 역할을 하였다.

김철수 중앙은 당 통일에 이어 비밀리에 1926년 12월 6일 서울 아현동에서 제2차 당 대회를 개최하였다. 경찰의 삼엄한 경계망과 자금부족에도 불구하고, 전국과 해외지부에서 13명의 대의원이 대회에 참석했다. 이들은 김철수의 방침에 따라 당권을 안광천에게 물려주기로 하고, '민족운동에 관한 방침'을 논의하여 민족통일전선 정당의 조직을 결의하였다. 이로써 이듬해 4월에 발족하는 비타협적 민족주의자들과의 통일전선체인 신간회가 결성되는 계기가 마련되었다. 여성계에서도 사회주의자들과 기독교 여성계가 한데 모여 근우회(勤友會)를 결성시켰다(이균영,『신간회연구』;1993, 61~73쪽).

김철수에 이어 책임비서를 맡은 안광천은 한위건(韓偉健)·하필원(河弼源) 등으로 중앙집행위원을 구성했으나, 1927년 9월 20일 김준연(金俊淵)에

게, 또 3개월 만에 김세연(金世淵)에게 책임을 넘겼다. 자주 당 책임비서가 바뀌었지만, 대부분 ML파가 당 주도권을 장악하였으므로 이를 'ML파 조선공산당'으로 일컫는다. 책임비서가 네 번이나 바뀌는 상황 속에서도 이들은 노농총동맹을 노동과 농민총동맹으로 나누어 조직의 틀을 갖추고 청년총동맹을 강화하는 등의 성과를 거두었다.

조선공산당은 비타협적인 민족주의자들과의 연합으로 신간회의 결성을 추진하였다. 1927년 1월 19일 신간회 발기대회에서 발표된 3대 강령은 "정치적, 경제적 각성을 촉진함, 단결을 공고히 함, 기회주의를 일체 부인함" 등이었다. 이는 일제 식민통치 속에서 자치권을 획득하자고 주장하는 김성수·송진우 등 타협적 민족주의를 제외한 모든 단체와 연합하여 항일적 민족통일전선을 구축하겠다는 선언이었다. 이에 따라 명실상부한 민족 단일당으로서의 신간회는 1927년 2월 15일 결성되었는데, 중앙본부에는 민족주의자인 이상재(李商在)가 회장으로, 사회주의자인 홍명희(洪命憙)가 부회장으로 추대하였다. 이후 5월 7일 도쿄지회와 7월 경성지회 등을 비롯해 전국 150여개의 지회가 설립되었다. 회원 역시 약 4만여 명에 이를 정도로 가장 광범위한 합법적 결사로 성장하였다. 일제는 신간회가 조선공산당의 지지가 있었고 각지 사상단체에서도 극력 지원했다고 분석했다.

이러한 신간회의 급성장에 놀란 일제는 1928년 2월에 열릴 예정이었던 신간회 정기대회를 금지시키는 한편, ML파에 대한 대검거에 나섰다. 일제의 수사망이 좁혀오는 상황 속에서 ML파 조선공산당은 1928년 2월 27일 밤 경기도 고양군 용강면 아현리(현 서울 마포구 아현동) 개인 집에서 제3차 당 대회를 개최하였다. 당 대회에서는 조선공산당의 당책을 통과시키고, 코민테른이 보낸 결정서에 대해 토의한 후 가결하였다. 코민테른은 조선공산당에게 당의 파쟁을 청산할 것과 노동자·농민 위주로 당 중심을 세울 것, '국민혁명의 대중당' 결성에 적극 나설 것, 신간회의 프롤레타리아적 요소를 강화할 것 등을 요구하였다.

조선공산당은 대체로 이 방침에 수용의 뜻을 밝히며 코민테른에 보고할 '국내 정세에 관한 보고'('논강'으로 약칭)를 가결하였다. 29개 항목에 걸친 보고서인 논강은 안광천이 작성한 것으로 당시 조선공산당의 정치적 입장을 잘 알 수 있는 글이다. '논강'에서 조선공산당은 조선민족의 독립된 공화국 건설을 중심 과제로 삼았다. 하지만 이들은 현재로서는 '소비에트공화국의 건설'이나 '시민적 공화국'의 건설도 불가능한 일이라 보았고, "투쟁은 노동대중의 민주적 집권자를 갖는 인민공화국을 위해 행해져야 한다."고 보고했다. 또 보고서에는 "홍명희를 수반으로, 권태석·송내호 두 사람을 보조자로 신간회 안에 프락치를 설치하고 신간회로 하여금 당 정책을 구현하도록 노력 중"이라 말해 배후에서 움직이고 있음을 보고하고 있다. 이러한 제3차 당 대회를 계기로 노동자 출신인 차금봉(車今奉)을 책임비서로, 안광천 등을 중앙집행위원으로 한 새로운 당 중앙이 출범했다.

차금봉 책임비서와 중앙간부는 1928년 3월에 열린 제4차 중앙집행위원회에서 '민족해방운동에 관한 논강' 즉 '정치논강'을 채택했다. '정치논강'은 신간회가 민족해방운동의 현 단계에서 필요한 산물이라 규정하고, "조선민중은 '자치' 대신 절대 보통선거에 기초한 국민회의를 획득해야 한다."고 보았다. 나아가 조선의 장래 권력형태는 "조선사회의 정세에 기초한 혁명적 인민공화국이어야 한다."고 규정하였다(김준엽·김창 순 공저,『한국공산주의운동사』3;1973, 271쪽). 그럼에도 불구하고 "조선에서 소비에트 공화국을 건설하려는 것은 좌익 소아병적인 견해이며, 부르조아 공화국을 건설하려는 것은 우경적 견해이다"라고 선을 그었다. 이는 일제를 몰아낸 이후 노동자와 농민의 독재 정권인 소비에트 공화국으로 이행하는 과도기의 대체 권력으로

'혁명적 인민공화국'을 상정한 것으로 이해할 수 있겠다.

'정치논강'에서 제시한 '혁명적 인민공화국'은 중국 상해의 대한민국 임시 정부의 정체인 '민주공화국' 국가상을 부정하는 동시에 일부 공산주의자들이 제시했던 '노농 소비에트국가' 구상을 비판하는 견해이다. 정치논강을 기초한 안광천은 국민회의나 도 인민회의를 통해 민족부르조아지가 정권에 참여할 수 있는 가능성을 열어두면서도, 농촌 단위에서는 농민 소비에트를 통해 노농계급이 역량을 강화할 수 있는 기반도 갖추고자 하였다. 특히 그는 부르조아 민주주의 공화국이라는 이름을 갖되 소비에트 형식을 취해야 한다고 하면서, 노농계급의 지도권이 확보되어야 한다는 점을 강조했다. 따라서 노농계급에 의한 민주공화국 건설은 프롤레타리아혁명으로 이행하기 위한 하나의 과정이라는 것이다. 이 점에서 '인민공화국'에 '혁명적'이라는 단서를 붙이게 된 것은 이 점을 강조하기 위한 것으로 엿볼 수 있다.

이런 와중에 1928년 7월부터 10월까지 일본경찰의 대검거가 다시 시작되어 제3차와 4차에 걸친 탄압사건이 발생하였다. 책임비서인 차금봉도 일본으로 피신했지만 결국 체포되었고, 무려 175명이 검거되어 치안유지법 위반혐의로 검찰에 송치되었다. 일제의 가혹한 탄압으로 인해 차금봉 중앙에 이르러서는 후계간부를 미처 꾸리지도 못한 채, 해외의 간부에

1929년 11월 3차 조선공산ML당 당원 체포를 보도한 《조선일보》 호외기사

게 당의 전권을 인계함에 따라 실질적으로 해산을 결의해야 할 상황에 처해졌다.

엎친 데 덮친 격으로 모스크바의 코민테른에서도 조선의 공산당원들이 대부분 학생과 지식인계급이고 여전히 종파의 대립이 많아 노동자정당으로서의 위상을 갖지 못했다고 비판하기 시작했다. 나아가 1928년 7월 17일부터 9월 1일까지 모스크바에서 열린 코민테른 제 6회 대회에서 의결권 또는 평의권을 가진 조선 대표의 출석을 인정하지 않는 극단적인 조치를 취했다. 이 대회에서 채택된 강령은 트로츠키의 영구혁명에 반대하는 스탈린의 일국혁명론에 따라 소련공산당이 전 세계 모든 공산당을 지휘할 수 있도록 하였고, 각국 공산주의자들 역시 소련 혁명의 보위를 최우선의 혁명과제로 삼아서 활동하도록 한 것이다. 또한 "민족부르조아지는 제국주의와 투쟁하는 세력으로서의 의의를 갖지 않는다."고 규정함에 따라 좌우 민족통일전선의 긍정성을 부정하였다(김성윤,『코민테른과 세계혁명』1;1991, 290~308쪽).

이에 따라 코민테른이 11월 무렵 작성한 '조선공산당 조직문제에 대한 결정'이라는 문건에서는 "조선공산당의 유일한 지도권 및 성분의 확립을 인정할 수 있는 물질적·사실적 정형(情形)의 충분한 표현이 있을 때까지는 조선 안에서 투쟁하는 공산주의 그룹 가운데 어느 하나도 국제공산당 지부 승인을 거절한다."고 결의하였다. 나아가 코민테른 내의 조선문제위원회는 1928년 12월 10일 열린 집행위원회 정치서기국 회의를 열어 '조선문제에 관한 결의'라는 결정서를 채택하였다. '12월 테제'라 불리는 이 결정서는 지식인 중심으로 이끌어지고 있는 현재의 정당인 조선공산당을 노동자·농민의 정당으로 바꾸어야 한다고 지시를 내렸다. 흔히 이 문건을 '12월 테제'라고 부르는데, 조선혁명론을 제시하여 '조선 사회주의운동의 나침반' 역할을 했다. 이 테제는 제국주의 굴레를 벗어날 수 있는 유일한 승리는 "토지문제의 혁명적 해결과 노·농 민주독재의 수립(소비에트 형태로)을 전제로 하며, 그를 통해 부르조아 민주주의혁명은 프롤레타리아트의 헤게모니 하에서 사회주의혁명으로 전화한다."고 규정하였다(임영태 편,「조선문제에 대한 코민테른 집행위원회 결 의」;1985, 360쪽).

12월 테제는 조선혁명이 '민주적 부르조아 혁명'이라 정의하고 있는데, 이는 자본주의 사회를 지향하는 것이 아니라 사회주의 혁명의 전 단계를 말하는 것이다. 따라서 12월 테제는 앞으로 조선의 공산주의자들은 "민족혁명운동의 주요부분인 토지혁명의 슬로건을 열심히 살포하고 더욱 통속화시켜야 한다."고 지시하였다.

코민테른의 조선공산당 지부승인 거부 조치와 해산결의로 인해 조선공산당은 공식 해체의 수순을 밟게 되었다. 코민테른 정치서기국은 12월 테제 발표 후 조선 공산주의자들에게 1928년 8월 29일 채택된 규약 제2조의 "코민테른 지부로서의 공산당은 한 나라에 하나만 조재할 수 있다"는 1국1당주의 원칙에 따라 자신이 활동하는 현지의 공산당에 가입해 지역활동에 복무하도록 지시했다. 이를 위반하는 사람은 강력하게 처벌하라는 '특별결정'도 내려졌다. 이러한 지시에 따라 조선공산당의 각 지부는 1929년부터 1931년 사이에 각각 해체를 선언하고, 활동가들은 개인 자격으로 중국공산당이나 일본공산당에 가입해 해당 지역의 혁명운동에 복무해야 했다.

그뿐만 아니라 신간회도 새 중앙집행위원장인 김병로(金炳魯) 집행부의 온건노선에 불만을 품은 지회들의 반발이 잇따르다가 1929년 12월부터 해소운동이 본격화되었다. 1931년 5월 16일 서울에서 열린 제2회 전체대회에서 신간회는 사회주의자들의 해소안이 가결됨에 따라 공식 해체되고 말았다. 이는 1928년 코민테른 제6차대회에서 일국사회주의 노선을 주창한 스탈린의 극좌정책에 따라 코민테른이 계급 대 계급 전술로 전환함에 따라 국내의 좌우 합작운동에 부정적인 영향을 미친 결과라 하겠다. 한국인의 시각이 아니라 스탈린의 안경을 쓰고 한국사회를 바라보고, 조국광복 보다는 소련을 보위하고 코민테른에게 인정을 받기 위한 계급투쟁에 목숨을 걸어야 했던 식민지 사회주의자들의 한계라 하겠다. '코민테른 권위주의'에 빠져 그 지침과 지시에 맹종해야 했던 조선공산당 지도자들은 이미 민족주의 좌파의 범주에서 멀찍이 벗어나 있었던 것이다.

조선공산당 재건운동과 인민전선론

1928년 코민테른 6차 대회에서 채택된 계급 대 계급 전술로의 전환과 '12월 테제'는 조선공산당의 해산에 이어 민족통일전선인 신간회의 해체를 불러왔다. 하지만 박헌영은 12월 테제를 "조선 공산주의운동의 밝은 등불이었고 유일하게 옳은 정치노선으로 하나의 나침반"으로 인식했고, 이후 활동가들도 "모든 열성을 다해 테제를 실천하는데 온 힘을 기울"인 기본 강령으로 채택하였다. 이러한 인식에 따라 공산주의 운동가들은 노동자와 농민에 뿌리를 둔 당을 재건하기 위해 혁명적 노동조합운동이나 혁명적 농민조합운동을 전개해야 했다. 코민테른에 의한 조선공산당의 해산 이후 당 재건운동은 초기운동(1929~1932)에 이어 '이재유(李載裕)그룹'의 당 재건운동(1933~1936), '원산그룹'의 당 재건운동(1936~1938), '경성콤그룹'의 당 재건운동(1939~1941)으로 꾸준히 전개되었다.

먼저 서울상해파는 1929년 3월 당 재건 방침을 협의한 후 조선공산당재건설준비위원회를 열어 노동운동과 연결하려 하였다. 하지만 1930년 6월 코민테른 동양부에서 이를 해체하라는 지시를 내리게 되자, 이를 해체하

고 '좌익노동조합전
국평의회'를 조직하
였다. ML파는 활동
가들의 연락기관이
필요하다는 인식 아
래 1931년 4월 '공산
주의자협의회'를 결
성해 전국의 운동단

1931년 2월 조선공산당 재건운동 사건을 보도한 《동아일보》의 기사

체를 모으려 하였다. 안광천이 이끄는 '레닌주의 그룹'은 중국 북경에서 의
열단의 단장 김원봉(金元鳳)과 협의하여 '레닌주의 정치학교'를 설립하였다.
1930년 9월부터 이 정치학교에서는 6개월 과정동안 공산주의 이론과 조직
및 투쟁전술, 조선혁명사 등을 가르쳐 세 차례에 걸쳐 졸업생을 배출했다.
이들 졸업생 중 일부는 조선 국내로 파견되어 강원도 강릉과 평양, 서울 등
지에서 농민조합과 노동조합을 조직하려다가 체포되고 말았다.

코민테른 조선위원회는 조선공산당 재건을 직접 지휘하기 위해 국제레
닌대학이나 모스크바 동방노력자공산대학을 마친 조선인들을 활용하고자
했다. 우선 1930년 9월 김단야와 박헌영을 통해 잡지 『코뮤니스트』를 발간
하였다. "볼셰비키 이론과 전술로 공산주의자를 돕는 조선 공산주의운동
의 특수작업대"의 역할을 맡은 이 잡지발간을 통해 이들은 비밀독서반과
국내의 배포망을 건설하였고, 혁명적 노동조합과 지역단위의 현장 파업을
지도하려 하였다. 하지만, 일제에 의해 박헌영이 다시 체포되고 국내 연락
책임자들도 검거됨에 따라 당 재건도 수포로 돌아가고 말았다(최규진, 『조선
공산당 재건운동』, 2009, 55~116쪽).

이어 1932년 12월 '4차 조선공산당' 연루자로 검거되었다가 출옥한 이재

유(李載裕)가 지난날의 조선공산당과 다른 새로운 당 건설을 계획하였다. 그는 지난날의 당 재건운동이 "분열과 대립을 일삼아 프롤레타리아의 전투력을 갉아먹었다"고 비판한 후, "내부의 통일, 또는 지방적 통일로부터 높은 단계의 통일과 전국적 통일로 나아가야 한다."고 판단했다. 그는 당의 조직을 유력한 성원이 조직하는 것이 아니라 협의회식으로 회원 모두가 자유롭게 선전하고 투쟁하며 만들어 가야한다고 보았는데, 마치 세 마리 말이 자유롭게 마차를 끄는 것과 같이 해야 하며, 이런 운동방침을 '트로이카식'이라 이름 지었다.

그는 곧 서울 영등포에서 노동운동을 지도하던 안병춘(安炳春)을 비롯해 이현상(李鉉相)과 이순금(李順今), 그리고 일본경찰에 의해 '매우 전투적인 좌익교수'로 평가된 경성제국대학 법문학부의 미야케 시카노스케(三宅鹿之助) 교수 등을 만나 자신의 의견을 말하고 동지로 만들었다. 그는 서울을 중심으로 '트로이카운동'을 전개하기로 했는데, 이는 "종래와 같이 사람을 지도한다거나 받는 것이 아니라, 지도함과 동시에 자신도 지도되는 것에서 공산주의자로서 첫발을 내딛어 스스로 최하층의 노동자들과 교유하

면서 대중층에서 동지를 획득하여 서서히 상부조직으로 전개하려 한 것"이다(김경일,『이재유, 나의 시대 나의 혁명 : 1930년대 서울의 혁명운동』;2007, 64쪽).

이재유는 1934년 1월 일제 경찰에 의해

조선공산당 재건운동에 앞장선 이재유의 사건을 보도한《동아일보》의 기사

체포되어 혹독한 고문을 받던 도중, 두 차례의 시도 끝에 극적으로 탈출하였다. 그는 미야케 시카노스케 교수의 집에 몰래 숨어 살면서 다시 '경성재건그룹'을 만들어 운동을 재개했다. 재건그룹은 학생단체를 통한 제국주의 반대투쟁과 노동자 파업 및 태업 데모를 지원하였고, 독서회와 조사활동을 지도하였다. 이재유는 활동가들이 대거 검거되는 와중에서도, 이관술(李觀述) 등과 함께 1936년 10월 '조선공산당재건 경성준비그룹'을 조직하고 기관지 『적기』를 발간하였다. 이들은 기관지 발간과 배포망을 통해 동지 획득에 나서고 학생부를 통해 서울의 많은 고등보통학교 안에 비밀조직을 구성하여 제국주의 교육 반대투쟁을 전개하고자 하였다.

하지만 『적기』 3호 등사를 끝낸 다음날인 1936년 12월 25일 이재유도 일제경찰에 체포되고 말았다. 고문 후유증에 시달리던 이재유는 1944년 10월 40살의 나이로 사망하였다. 가까스로 검거망을 피한 이관술은 김삼룡(金三龍)·이현상 등 활동가들과 함께 '경성콤그룹'을 결성해 지하활동을 이어갔다(김경일, 『이재유, 나의 시대 나의 혁명 : 1930년대 서울의 혁명운동』, 1993, 224~230쪽).

이후 조선공산당 재건운동은 이주하(李舟河)와 이강국(李康國)·최용달(崔容達) 등에 의해 주도된 혁명적 노동조합운동을 전개한 '원산그룹'과 박헌영과 이관술·이현상 등이 주도한 '경성콤그룹'에 의해 이어졌다. 원산그룹은 전국 곳곳의 혁명적 노동조합과 농민조합 운동단체를 연결하여 '노동자 전위지도단'을 만들고 전국적 정치신문인 『노동자신문』을 발간하였다. 신문은 1936년 11월부터 1938년 10월까지 36호를 발행하여 대중단체 지도자들에게 선전되었다. '원산그룹'은 노동자뿐만 아니라 농민들에게도 이익을 주기 위해 소비조합을 만들어 각 산업별, 지역별로 확산하려 하였고, 파업투쟁을 지원하는 한편 이를 반제국주의 침략운동으로 확대하려 하였다. 그러나 일본 경찰들이 1938년 10월부터 대검거를 시작해 1939년 7월말까지 375명의 활동가를 체포하여 구속시킴에 따라 계획도 무산되고 말았다(최규진,『조선공산당 재건운동』;2009, 188~219쪽).

이후 1938년 12월 말부터 1941년까지 당 재건운동에 앞장 선 '경성콤그룹'은 박헌영을 지도자로 삼아 서울을 중심으로 함경도와 경남지역에 기반을 둔 '국내 최후의 집결체'이다. 1939년 감옥에서 나온 박헌영은 이관술과 김삼룡 등 이전 서울의 '이재유그룹'과 결합한 후, 그들의 지도자가 되었다. 이 그룹은 1939년 9월부터 기관지를 발행하였는데, 이듬해 5월부터 박헌영이『콤뮤니스트』로 제목을 바꿔 인쇄하였다.

경성콤그룹은 생산현장에서 당재건의 기초를 만들기위해 공장과 농촌에서 혁명적 노동조합과 농민조합을 만들고자 했다. 이들은 함경북도에 위치한 군수사업 공단을 중심으로 비합법 노동조합을 만들고 이를 도 단위의 노농조직으로 연결하려고 지역운동자들과의 연계를 꾀하였다. 또 지주와 고리대금업자·반동지주를 비롯한 지주·소작농 등에 관한 상세조사를 통해 혁명적 농민조합을 조직하고자 하였다. 나아가 이들은 학생조직과 청년단체를 조직하기 위해 기관지를 배포하기도 하였다.

하지만 일제경찰은 경성콤그룹의 실체를 파악하고 세 번에 걸쳐 대검거에 나섰다. 먼저 1940년 12월부터 검거에 나서 이현상과 김삼룡을 체포하였고 이어 1941년 1월 7일 이관술을 서울에서 붙잡았다. 나아가 1941년 가을과 1942년 12월에도 경성콤그룹 검거에 나섰다. 하지만 박헌영을 체포하지는 못하였다.

이와 같이 조선공산당 재건운동에 참여한 공산주의자나 민족주의자 좌파그룹의 대부분은 코민테른 7차대회에서 채택된 반파시즘 인민전선론을 수용하였다. 1935년 7월 25일 러시아 모스크바 노동조합에서 열린 코민테

른 7차대회의 중심주제
는 당시 코민테른 서기
장인 게오르기 디미트
로프가 제시한 '반파시
즘 인민전선전술 채택'
문제였다. 그는 현재의
많은 자본주의 근로대
중들이 닥친 문제는 프

1941년 일제가 작성한 박헌영의 신상기록카드

롤레타리아 독재인가 부르조아 독재인가가 아니라, "부르조아 민주주의인
가 아니면 파시즘인가에 대한 선택을 강요받고 있다"고 정의하였다. 그의
정의에 따라 코민테른은 식민지의 공산당에게 조속히 반제국주의 인민전
선을 결성해 공동행동에 나서야한다는 지침을 내렸다('코민테른 제7차 대회
의 정책전환,김운영 편저;1987, 95~140쪽).

　1934년 봄 '이재유그룹'은 일찍이 이러한 '반파쇼 인민전선'을 받아들여
민족혁명전선운동을 전개하려 하였다. 이재유가 이끄는 '조선공산당재건
경성준비그룹'은 1936년 10월에 발행한 기관지『적기』의 창간선언을 통해
세계 곳곳에서 인민전선운동이 확대되고 있다면서 코민테른 7차대회의 지
침을 승인하였다. 또 '행동슬로건'으로 '반파쇼 반제 인민전선의 확립'과 '스
페인 인민전선 지지'를 내걸어 그들이 인민전선론을 받아들이고 있음을 분
명히 했다.

　하지만『적기』에서 이들은 '인민전선정부 수립' 대신 '노동자·농민의 소비
에트정부 수립'을 당면 혁명의 중심 강령으로 내걸었다. 이들은 조선혁명의
성질이 "사회주의혁명의 강령적 전화경향을 가진 민족혁명, 즉 부르조아 민
주주의적 혁명에 의하여 규정된다."고 보고 이것이 자본성 민주주의혁명이

라 못박았다. 특히 이재유는 현재의 혁명단계가 '민족혁명'임에도 민족부르
조아지가 '반동화'되어 있으므로 권력을 공유할 수 없고, 따라서 현재 조선
의 혁명은 "노동자·농민을 주력부대로 하는 민족혁명, 즉 부르조아 민주주
의적 성질을 띠어야 한다."고 보았다(이재유, 「조선공산주의운동의 특수성과 그
발전의 능부」『사상휘보』11, 1937) . 이처럼 이재유그룹은 인민전선론을 반전운
동에 활용하기 위한 하나의 전술로 받아들였을 뿐, 혁명론은 '노동자·농민
의 소비에트정부' 건설에 무게를 두고 있음을 알 수 있다.

이주하를 지도자로 하는 '원산그룹' 역시 1937년 7월 중일전쟁 이후, 코
민테른 7차대회의 인민전선론을 적극 받아들이면서도 노동자·농민에 의한
소비에트정권 수립 노선을 고수하였다. 이들은 기관지인 『노동자신문』을 통
해 "일상투쟁에서 민족부르조아지까지도 일본제국주의 타도투쟁으로 유도
하기 위해 노력해야 한다."고 주장하면서도, 여전히 일관되게 "제국주의 전
쟁을 내란으로 전화시키자"는 슬로건을 내세웠다. 그들은 '광범위한 통일
전선전술'을 구상하면서도 '프롤레타리아 정권 수립'이나 "노동자·농민 그리
고 전 인민의 정권인 소비에트 정권 수립"을 내세웠을 따름이다(『노동자신문』
11·33, 이재화·한홍구 편;1988).

'소비에트 정권수립' 주장은 '원산그룹'에 이은 경성콤그룹도 마찬가지였
다. 경성콤그룹이 소중히 여긴 1934년 6월 코민테른 17차 집행위원회에서
채택되고 발표된 「조선공산당 행동강령」에 의하면, 조선혁명이 부르조아 민
주주의 발전단계에 있으면서도, "조선에서 노동민의 소비에트 권력을 수립
하여 지주의 토지소유를 청산하기 위해 투쟁해야 한다."고 주장하고 있다.
나아가 이들은 소비에트를 다음과 같이 규정하였다.

"조선 주민의 대다수를 구성하는 노동자와 농민 그리고 근로민의

이익을 보장할 수 있는 유일한 권력은 노동·농민의 소비에트 권력이다. 근로민의 혁명적 폭동과정에서 폭동기관이 되며 일본의 지배를 타도하는 기관으로서 프롤레타리아의 지도로 수립한 소비에트는 노동자와 농민에 의해 선출되고, 그리고 지주 소유지의 몰수와 제국주의자의 모든 기업의 몰수를 보장하며 민중의 기초적 이익의 충족을 보장하는 유일하고 진실한 권력기관이다."

(「조선공산당 행동강령」한대희 편역;1986, 342쪽)

이처럼 경성콤그룹은 기본 슬로건으로 '노농 소비에트 수립'을 제시하고, 이를 '유일하고 진실한 권력기관'으로 보았다. 물론 박헌영은 중일전쟁 이후 절박해진 국제정세에 대응하기 위해 사회민주주의와 개량주의를 불문하고 반파쇼·반전 세력과 위로부터의 통일전선을 만들어야 한다며 인민전선전술을 추구한 바 있다. 하지만 인민전선에 대한 그의 인식은 '위로부터의 통일전선'에 그쳐 있을 뿐, '노동자 중심성'과 '계급해방'의 해체라는 본질을 이해하지 못하였다. 경성콤그룹 역시 '노동자·농민의 소비에트정부 수립'론은 인민전선론을 제대로 인식하지 못한 채, 단지 하나의 전선으로 이해하는 한계를 보인 것이다.

이처럼 조선공산당 재건그룹들은 코민테른의 지침을 충실히 이행하고자 하면서도 반일적인 부르조아민족주의 세력이나 민족주의 좌파세력과 연대하지 못하였다. 즉 계급대 계급 전술의 틀에서 벗어나지 못한 채, 민족개량주의와 민족주의, 친일요소와 반일요소의 옥석을 가리지 않고 '非혁명적'이라 판단하는 세력은 모두 민족개량주의로 매도하고 '적'으로 선포했다. 박헌영이나 이재유그룹 역시 남경의 조선민족혁명당에 대해서는 노농대중에 기초를 두지 않았다는 이유로 맹비난했다.

1. 민족전선론과 조선민족전선연맹의 결성

민족혁명당의 창당과 민족전선론의 대두

1931년 7월 중국 만주에서의 만보산(萬寶山)사건으로 중국인과 한인들의 갈등을 유발시킨 일제는 9월 18일 만주전역을 석권하고자 본격적인 중국 침공을 개시했다. 일제의 침략에 맞서 임시정부의 김구 주석은 특무조직으로 한인애국단을 결성해 일본 도쿄에서의 이봉창 의거(1932.1.8)에 이어 중국 상해에서 윤봉길 의거(1932.4.29)를 거행하였다. 상해 홍구공원에서의 투탄의거를 계기로 중국국민당 정부는 김구 주석에게 전폭적인 재정지원과 함께 중국 중앙육군군관학교에 한인 특별반을 설치하도록 후원하였다. 나아가 1932년 10월 한국독립당과 조선혁명당 등이 '한국대일전선통일동맹'을 결성해 역량의 통일지도와 대일전선 확대강화를 약속하기에 이르렀다.

재중 독립운동 진영에서의 통일대당 창건에 가장 적극적인 세력은 전통

1935년 7월 창립된 민족혁명당 창립대표 대회 선언문

적으로 민족주의 좌파를 대표해 온 김원봉 중심의 의열단 세력이었다. 의열단을 중심으로 한 창당 주도세력은 일제가 만주를 침략하고 화북을 공격하여 중·일전쟁이 본격화되고, 나아가 미국 및 소련과의 전쟁도 임박해 오는 시점에서 대일결전의 총지휘부 역할을 담당할 '정치적 중심조직'의 확립이 시급하다고 보았다. 이들의 관점에서 볼 때, 임시정부를 비롯한 우익세력은 이승만 대통령 탄핵 이후 오랜 분쟁으로 정세변화에 민활하게 대처할 능력이 부족한 실정이고 좌익세력 역시 여러 갈래의 분파로 갈라져 대립투쟁을 반복하고 있었다. 따라서 1920년대 이래 민족주의 좌파 노선을 견지해온 의열단 세력이 확고한 민족주의 노선을 확립하여 전선통일운동을 주도해야 한다는 것이다(김영범,『한국근대민족운동과 의열단』;1997, 388~391쪽).

의열단의 김원봉 단장은 남경의 황포군관학교 동창들의 후원을 얻어내어 1932년 10월 조선혁명군사정치간부학교를 개교하고 125명의 간부를 배출하였다. 일제의 만주 침략 이후 항일역량의 결집이 필요하다는 상황 인식에 따라 1935년 7월 5일 남경의 의열단(대표 김원봉)과 한국독립당(김두봉·조소앙), 상해와 북경의 신한독립당(윤기섭·지청천), 대한독립당(김규식), 만주의 조선혁명당(김학규) 등이 모여 단일정당의 결성을 의결해 7월 7일 민족혁명당(民族革命黨)을 창당하였다. 상해 임시정부에 대해 비판적인 좌·우익 인사들의 결집으로 출범한 민족혁명당은 창립선언을 통해 자주독립의 완성과 진정한 민주공화국의 건설, 평등한 경제조직의 건립을 천명하였다. 창립 선언문에서 표방한 3가지 원칙은 다음과 같다.

1. 일본의 침략세력을 타도하여 우리 민족의 자주독립을 완성한다.
2. 봉건제도 및 일체 반혁명세력을 일소하고 진정한 민주공화국을 건립한다.
3. 소수인이 다수인을 착취하는 경제제도를 소멸시켜 우리 민족 각개 생활상의 평등한 경제제도를 건립한다.

이처럼 '민족의 자주독립 완성', '진정한 민주공화국 건설', '국민생활상 평등의 경제조직 건립'이란 세가지 원칙은 1926년 12월 제정된 의열단 강령의 골간을 그대로 원용한 것이다. 이와 함께 민족혁명당은 당의에서도 "국토와 주권을 회복하고 정치·경제·교육의 평등을 기초로 한 민주공화국을 건설하여 국민전체의 생활평등을 확보하고, 나아가서 세계 인류의 평등과 행복을 촉진한다."고 선언했다. 독립 후의 신국가상을 제시한 17개 조의 당강 역시 한국독립당과 신한독립당 당강의 조항을 일부 보완하여 어구수정을 가한 것이다. 주요 내용은, 국민 참정권 및 기본적 자유권의 남녀평등, 토지 국유화 후 농민에게의 분급, 대생산기관 및 독점기업의 국영, 계획경제·통제경제 체제, 누진세제 실시, 의무교육 실시, 노동운동·농민운동의 자유보장, 생활보호 공공기관 설치 등이었다.

전체적으로 보면, 민족혁명당은 공산주의 정당이 아니었다. 국내의 공산주의자들은 조선공산당 재건에 몰두하면서도 코민테른의 '계급 대 계급' 전술에서 벗어나지 못한 상태인 것이 반해, 이들의 현실인식은 민족혁명을 위해 좌우파가 민족통일전선을 형성해야 한다고 주장하였다. 이념적 스펙트럼으로 보면 자본주의도 공산주의도 아닌 제3의 길을 지향하는 정당이라 할 수 있다. 이러한 민족혁명당의 정치이념은 코민테른 노선을 추종하는 극좌 공산주의와 대비되는 중도좌파, 진보적 민족주의 노선을 확립하려 한 노력의 산물이라 하겠다(김영범,『혁명과 의열-한국독립운동의 내면』:2010, 88~91쪽).

민족혁명당은 창당 당시 각 당파별로 안배하여 중앙집행위원회를 구성했다. 즉 한국독립당에서 4명, 신한혁명당 3명, 의열단에서 3명, 조선혁명당에서 3명, 대한독립당에서 1명이 중앙집행위원이 되었다. 당의 책임자인 위원장 자리는 공석으로 두었는데, 의열단 출신들이 가장 많은 관계로 김원봉이 주도하였다. 이후 당의 주도권과 이념정책을 둘러싸고 조소앙 등이 탈당해 '상해 한국독립당'을 재건하였고, 지청천·현익철·양기탁·김학규 등도 탈당해 '조선혁명당'을 결성하였다. 당 잔류인물들은 1937년 대표자대회와 전당대회를 열어 김원봉을 총서기로 선출하고 조직명칭을 조선민족혁명당으로 바꾸기로 결의하였다.

1935년 7월 창립된 민족혁명당의 기관지 《앞길》에 실린 당가

이에 비해 재중 한인 아나키스트들의 집결체인 남화한인청년연맹(약칭 '남화연맹')은 친일파 제거와 적 요인의 암살, 일본 영사관 및 군사기관 파괴 등 주로 의열투쟁에 전념해 오다가 1936년을 기점으로 민족전선의 통일과 항일 연합전선의 구축을 주창하기 시작했다. 통일을 멀리하는 서구 아나키스트들의 일반적 성향과 달리, 이들은 대일항쟁을 벌이기 위해서는 민족전선의 통일이 가장 시급하다는 입장을 갖고 있었다. 다른 정치세력에 비해 이들이 민족전선의 통일을 먼저 주창한 이유는 개별적인 의열투쟁에 따른 희생과 재정손실 등의 한계를 절감했던 이유도 작용했던 것으로 보인다. 이들은 한민족 공동의 적인 일제에 대항하기 위해서는 소모적인 이념 논쟁이나 정치경쟁이 아니라 항일 혁명세력들이 일치단결해 일제에 공동 대응해야 한다고 주장하기 시작했다.

우선 남화연맹은 1936년 1월부터 매월 기관지 『남화통신』을 발행해 민족전선론을 개진하였다. 현재 『남화통신』은 1호와 2권 2호(1936.6), 10월호(1936.10), 1권 1기(1936.12) 등 4개호의 일부가 남아있는데, 그 중 많은 글들이 민족전선의 결성을 촉구하고 있다. 우선 『남화통신』1호(1936년 1월호)에 실린 '임생(林生)'이란 필자가 쓴 〈최근 세계 정치경 제의 동향〉이란 글에서는 미국과 일본·프랑스 등의 재정공황과 아프리카 및 중국에서의 침략전쟁, 세계 해군국들의 무제한적 군비경쟁의 폐해 등을 지적하며 파시즘 체제의 몰락을 예견하였다. 따라서 1936년은 사실상 자본주의의 비상시기라고 보고, 대외적으로는 제2차 세계대전을 피할 수 없고 대내적으로 파시즘 독재정권에 압박받고 있는 민중의 폭동이 격화될 것이라 보았다. 따라서 필자는 "이러한 내우외환 때문에 자본주의·제국주의 경제는 몰락의 과정을 걷게 되고, 피압박 민중의 신사회 조직이 건설되기 시작"할 것이라 전망하였다.

국제정세의 변화에 대한 인식을 바탕으로 남화연맹은 1936년 2월 스페인과 6월 프랑스 선거에서 인민전선이 승리하고, 인민전선정부가 수립되는 과정에 주목하면서 민족전선 결성의 필요성을 강조하였다. 1936년에 《남화통신》 12월호 〈민족전선 결성을 촉구한다〉는 글에 의하면, "유럽 인민전선의 승리는 국제적 반향을 일으켜 식민지 혹은 반식민지에서는 민족적 총단결이 민족해방운동의 최선의 책략임을 계시함과 동시에 각 당, 각 파의 반성과 각오를 촉성"하고 있음을 지적했다. 그러면서도 이 글은 막연히 세계정세에 따라 민족전선을 제창하는 것이 아니라, 조선혁명운동선상에 있어 필요하기 때문에 제창한다며 그 주장의 주체성을 강조했다.

내부의 단결과 연합전선의 필요성에 대해서는 2권 2호(1936.6)에 실린 〈우리 청년의 책임과 그 사명〉이란 글에서 잘 나타난다.

> 이러한 환경의 특수성을 무시하는 공식적, 교조적 모방으로 달성할 수 없다는 것을 각성하고 피압박 민족의 해방은 정치운동에 의한 것이 아니라, 진정한 혁명운동(혁명적 수단으로 기성제도를 무너뜨리고 전 민중을 기반으로 한 혁명적 건설)에 의해서만 달성할 수 있다는 것, 식민지 운동에 있어서는 내부의 세력 대립보다는 내부가 일치단결해서 외부에 대한 항적(抗敵) 연합전선을 취하는 일이 당면의 급무하고 말하는 새로운 인식을 갖지 않으면 안된다.

남화연맹은 나아가 민족전선 구성의 대상을 민족우익과 좌익을 대표하는 한국국민당과 조선민족혁명당으로 구체적으로 명시하였다. 그러면서 두 당의 참여 여부가 논제의 중심이라고 지적했다. 따라서 만일 두 정당 중 어느 한 당이 참가하지 않으면 민족전선의 성립자체가 문제가 된다고 보았고, 가령 성립된다고 해도 "그것은 완만 무결한 연합전선의 형태로서 평가되기 어렵다"고 지적하였다(《민족전선에 관하여》『남화통신』12, 1936년 12월호) .

하지만 양당 가운데 한국국민당과는 수차례 논쟁을 벌여야 했다. 먼저 한국국민당 측이 민족전선 결성 주장에 대해 "공산당 일파가 '단일전선'의 미명 아래 우리의 진선을 코민테른의 괴뢰화하기 위한 술책"이라 비난하였다. 이에 대해 남화연맹의 의장인 류자명은 그 지적은 "마치 3·1운동이 윌슨의 민족자결의 주장에 의해 일어난 것이라고 하는 것과 같이 똑같은 피상론이다."라고 반박하면서, 좌경소아병과 함께 복고적이고 수구적인 우경병 역시 일종의 장애라며 경계하였다.(《민족 전선 문제에 대한 냉심군의 의문에 답한다》『남화통신』11, 1936년 11월호)

민족전선에 대한 이러한 인식에 따라 남화연맹은 민족해방역량의 현 단계에 적합한 강령을 지지한다면서 다음의 17개 조에 걸친 행동강령 초안을 작성하였다.

1. 현하의 조선 민족은 민족적 존망의 추(秋)에 처하여 우리들에게 유리하게 전개되고 있는 국제정세를 인식하고 민족해방의 목적을 신속하게 달성하기 위해서 각당 각파의 혁명세력 연합진선 결성의 필요를 통절하게 느낀다.
2. 조선 민족의 자유해방을 위해서 일본 제국주의에 대항하는 자는 단체이건 개인이건 가리지 않고 민족진선(民族陣線) 구성에 참가해야 한다.
3. 민족진선은 그것을 구성하는 각 단체의 해체를 요구하지 않지만, 혁명공작에서 보취(步驟)의 일치와 국호의 통일을 요구한다.
4. 민족진선은 대다수의 근로민중을 기본대오로 삼는다.

5. 민족진선은 오로지 반일 투쟁시기의 전략적 결합에만 그치는 것이 아니라, 장래의 건설시기에도 협동 노력해야 하는 것을 약속한다.

6. 독재정치를 거부하고 철저한 전 민족적 민주주의를 지지한다.

7. 경제기구의 독점권을 폐제하고 만인평등의 경제제도를 건설한다.

8. 일체의 봉건적 세력을 배제하고, 과학적 신문화를 건설한다.

9. 일본제국주의의 통치를 타도함과 동시에 공유·사유를 가리지 않고 일본 제국주의에 침점되었던 일체의 토지를 몰수하고 농민의 공동 경영제도를 설립한다.

10. 매국적인 일체 사유재산을 몰수하여 건설사업에 총용한다.

11. 조선 내에 있는 일본인이 소유한 일체의 금융기관 및 상공업 기관을 몰수한다.

12. 일본인이 소유한 광산·어장·산림을 일체 몰수한다.

13. 조선 내에 설치되어 있는 일체의 해륙 교통기관을 몰수한다.

14. 생산본위의 교육제도를 건립한다.

15. 의무노동제도를 건립한다.

16. 공업의 도시집중을 방지하고 농촌의 공업회, 기계화에 주중(注重)한다.

17. 동아(東亞)의 일체의 항일혁명세력과 연합한다.

（「민족전선의 행동강령 초안」,『남화통신』12, 1936년 12월호）

이처럼 남화연맹은 일본 제국주의에 대항하는 모든 민족세력을 하나로 결집하는 민족전선의 결성을 통해 민족해방을 달성하려는 구체적인 행동강령을 마련하였다. 이 민족전선은 각 단체의 해체를 요구하지 않으면서도 통일된 행동을 취할 것으로 요구하였다. 이 점은 민족혁명당이 통일전선에 참가하는 개인본위 중심론과는 근본적으로 다른 것이다. 나아가 이 주장은 일제가 그동안 강점하고 있는 국내의 모든 토지와 금융기관·해륙교통기관의 몰수를 표방하고, 장래 광복 후에도 함께 협동노력할 것을 제시했다는 점에서 해방 후 건설할 새로운 사회상도 제시했다는 점에서 주목된다. '민족전선론'은 민족혁명을 1차적으로 달성하고 그 이후 아나키스트사회를 건설한다고 하는 단계혁명론에 근거해 있었던 것이다. 이렇게 민족전선의 결성을 촉구하던 남화연맹은 조선민족혁명당과 민족전선 결성에 관해 활발히 논의를 진행시켰다.

조선민족전선연맹의 결성과 민주공화국 건설론

그러던 중 1937년 9월 17일 본격적인 중일전쟁이 발발하자, 남화연맹과 조선민족혁명당 등 좌익계열 항일세력은 통일전선 논의에 박차를 가하였다. 우선 남화연맹은 그해 11월 안휘성(安徽省) 남부 상요(上饒)지방으로 근거지를 옮겨 유격전을 펼쳤다. 또한 남경에서 조직을 조선혁명자연맹으로 개편하였는데, 위원장에 류자명을 추대하고 류기석·정화암·나월환·이하유 등 20여 명이 참여하였다.

조선혁명자연맹은 '민족전선론'에 따라 김원봉의 조선민족혁명당을 비롯해 의열단 출신의 김성숙(金星淑)·박건웅(朴健雄) 등이 조직한 조선민족해방운동자동맹 등 3개 단체와 함께 전선연맹의 결성을 추진하였다. 일본군 비행기가 남경을 폭격하고 있는 와중에서 단체의 대표자들은 수차례의 회합과 토론을 통해 마침내 1937년 11월 조선민족전선연맹을 결성하기에 이르렀다. 연맹의 이사인 류자명은 조선민족선전연맹의 성립이 과거의 통일전선운동과 다른 점을 다음과 같이 설명하였다.

조선혁명사 위에는 일찍부터 통일운동이 있었으나, 이 운동은 대체로 성질이 같은 정치단체의 합동운동이 아니라 성질이 다른 단체가 민족단일당을 조직하려는 운동이었다. 그러나 본 연맹은 주의와 사상이 같지 않은 단체들이 자기의 입장과 조직을 가진 채 일정한 공동정강 아래 연합하는 형식으로 결성되는 점이 본 연맹의 특색이며, 연합전선의 전형이라 할 수 있다.

연맹은 통일정당을 조직하려 하지 않고, 최고의 통일된 정치기구를 통해 연합전선을 구축하려 하였다. 이에 따라 연맹은 다음과 같은 기본강령을 제정하였다.

① 일본 제국주의를 타도하고 조선 민족의 진정한 민주주의 독립국가를 건설한다.
② 국민의 언론·출판·집회·결사·신앙의 자유를 확실히 보장한다.
③ 일본 제국주의와 매국적 친일파의 일체 재산을 몰수한다.
④ 근로대중의 생활을 개선한다.
⑤ 국가경비로서 의무교육 및 직업교육을 실시한다.
⑥ 정치·경제·사회상 남녀평등 권리를 확보한다.
⑦ 조선민족해방운동을 동정하고 원조하는 민족과 국가에 대해 동맹을 체결하거나 우호관계를 맺는다.

（『조선민족전선』창간호, 1938.4.10）

위와 같이 조선민족전선의 강령은 우익계열인 광복운동단체연합회의 강령과 크게 다르지 않다. 이러한 강령을 채택한 이유는 우익인 민족주의 계열과의 연합도 염두에 두었기 때문으로 여겨진다. 연맹은 투쟁강령에 '전 민족적 반일통일전선 건립'이라는 조항을 두었는데, 여기에서 "조선 민족은 소수의 친일파 주구를 제외하고 각 정치단체, 군중단체 및 개인을 막론하고 일치단결하여 전 민족적 반일통일전선을 건립"하며, "전 민족적 반일통일전선을 반대하는 모든 경향을 적극 배격한다."는 입장을 밝혔다. 나아가 현 단계의 조선혁명은 "반봉건적 식민지적 사회성질에 근거하여 가장 광범한 민주주의적 전 민족 해방운동"이므로 "결코 어느 한 계급 혹은 어느 한 정당이 단독으로 부담할 임무가 아닌 전체 민족이 똑같이 해방의 요구를 가지고 있으며, 반일의 임무를 가지고 있다"고 주장하였다.

이처럼 혁명의 성격을 민족해방운동을 규정하면서도 이를 전개하기 위해 노동자 계급과 같은 특정한 계급이나 정당이 주도하는 것이 아닌, 광범위한 민족전선을 상정한 사실은 코민테른이나 조선공산당의 주장과는 확연히 다른 주장이다. 나아가 이들이 지향하는 민족전선은 기존의 정당형식이 아니라, 각계각층의 공통된 이해를 대변하는 통일된 최고

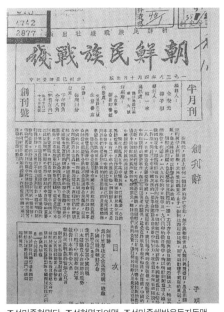

조선민족혁명당, 조선혁명자연맹, 조선민족해방운동자동맹 3개 단체가 연합한 조선민족전선연맹의 기관지

의 정치투쟁 기구를 지향하였고 나아가 독립 이후의 좌·우 연합적 민주공화국 수립을 목적으로 삼았다는 점에서 의미가 크다고 할 수 있다(신주백, 『1930년대 중국관내지역 정당통일운동』;2009, 175~184쪽).

조선민족전선연맹은 투쟁 강령에 명시된 방침에 따라 1938년 10월 10일 한구(漢口)에서 무장부대인 조선의용대를 결성하였다. 대장은 김원봉이 맡았으며, 김학무·김성숙·류자명을 비롯해 중국인 5명이 지도위원으로 참여하였다. 창립 당시 대원은 대부분 중앙육군군관학교 특별훈련반을 비롯해 군관학교 출신자 97명이었지만, 곧 200여 명으로 증가하였으며 3개의 구대의 편제를 갖추었다.

조선의용대는 창설 직후 무한이 점령당하자, 곧 제1·2구대는 호남성 장사(長沙)로 이동하여 일본군과 치열한 전투가 벌이며 최전방에서 활동하였다. 이들은 직접 전투에 참가하여 전과를 올리는 한편, 각종 정보수집공작을 비롯해 일본군 포로 신문과 선전활동에 참여하였다. 대본대는 1939년

1938년 10월 10일 중국 한구에서 창설된 조선의용대

11월경 강서성 계림(桂林)으로 이동하여 중국 각 전구에 파견된 구대를 지휘·감독하고, 일본군을 상대로 한 선전공작과 중국 군민과의 유대강화 활동 등을 지도하였다. 나아가 1939년 1월부터 기관지인『조선의용대통신』(후에『조선의용대』로 개칭)을 정기적으로 발간하여 국제적인 반일전선의 선전과 결성에 크게 기여하였다.

하지만 조선의용대는 1939년부터 120여만 명 이상의 재중 한인들이 살고 있으며 중국공산당이 활동하는 화북지역으로 이동하자는 최창익(崔昌益) 등 제2구대 소속대원들의 이탈로 분화되기 시작했다. 이어 만주의 항일 무장부대 확대 필요성에 공감한 조선민족혁명당도 화남에서 활동하던 일부 대원으로 북진지대를 결성하여 1939년 12월 북상시켰다. 나아가 1940년 9월 또 하나의 군사대오인 한국광복군이 창설되고 1941년 1월 환남사변(皖南事變)으로 인해 장개석 정부와 공산당 간의 2차 국공합작조차 흔들리게 되자, 조선의용대 본대는 1941년 6월 낙양(洛陽)에 머물러 있던 주력 80여

중국 계림에서 창립 1주년을 맞은 조선의용대 본부

명에게 공산당 지구로의 이동을 지시하였다. 이러한 북상결정으로 인해 주력인 제1·2·3지대 대원 대부분이 황화를 건너 화북으로 진출하게 되었다. 이로써 조선의용대의 조직체계는 이분화되어 김원봉의 지휘권으로부터 벗어나 버리고 말았다(염인호,『조선의용대·조선의용군』;2009, 103~122쪽).

1941년 12월 일본의 하와이 진주만 침공으로 태평양전쟁이 발발하게 되자, 민족혁명당의 김원봉은 임시정부 참여를 결의하였다. 1942년 3월 조선의용대 명의로 임시정부 지지의 뜻을 표명하자, 중국 군사위원회는 5월 15일 조선의용대의 광복군 편입을 발령하였다. 조선의용대는 7월 광복군 제1지대로 개편되었고, 김원봉이 광복군 부사령 및 제1지대장으로 취임하였다. 이에 따라 조선의용대의 만 3년 9개월의 역사는 마감하고 말았다.

2. 조선독립동맹과 동북항일연군의 독립국가론

화북조선독립동맹의 항일투쟁과 신민주주의론

화북지역에서 활동하던 한인들은 조선의용대가 화북지역으로 이동해오자, 이들과 함께 별도의 독립운동단체를 결성하였다. 1941년 1월 10일 중국 팔로군 태항산 근거지에서 조직된 화북조선청년연합회(약칭 '화북조청')가 그것이다. 회장은 현직 중국 팔로군 포병 연대장이었던 무정(본명 金武亭)이, 조직부장에 이유민, 선전부장에 장진광, 경제부장에 한득지, 그리고 민족혁명당에서 탈당하여 화북으로 온 최창익이 위원을 맡았다(「在支不逞鮮人團體組織系統表」『特高月報』1943년 1월호).

화북조청은 화북지역에 산재해 있는 조선 거류민의 단결과 항일투쟁 참가, 반일 민족통일전선의 구축, 한국·대만·일본인의 반일 연합전선의 결성 등을 강령으로 내세웠다. 화북조청은 20만 명의 재화북 한인동포들을 규합해 항일전쟁에 동원한다는 목표 아래 조선의용대 주력의 황하 도강을 당면과제로 설정하고 요원을 파견해 조선의용대의 북상을 적극 설득했다. 이에 따라 조선의용군 3지대와 1지대 일부가 1941년 6월경 태항산 팔로군 근거지로 이동했고, 2지대와 나머지 1지대 대원들도 팔로군 지역으로 이동해 1941년 7월 7일 조선의용대 화북지대(지대장 박효삼朴孝三)를 결성했다. 조선의용대 대원들은 화북조청에 입회하였는데, 이를 통해 이 단체가 조선의용대 화북지대의 정치적 상급지도 기구가 되었다. 또한 조선의용대원들을 교육하기 위해 무정을 교장으로 하는 화북조선혁명청년학교를 1941년 8월에 개설하였다.

화북조청은 1942년 7월 10일 제2차 대표대회를 개최했다. 이 대회를 통해 연합회는 화북조선독립동맹(약칭 '독립동맹')으로, 조선의용대 화북지대는 조선의용군 화북지대로 개칭하고 "화북조선독립동맹의 행동대오로 공식 규정"되었다. 대회는 독립동맹의 주석에 김두봉, 본부 집행위원에 김두봉·무정·최창익·박효삼·김학무·채국번·김창만·한빈·이유민·진한중·이춘암 등 11명을 선출했다. 중앙상무위원회의 위원으로는 최창익·이유민·김학무·박효삼·김창만·무정이 선출되었다. 중앙상무위원회 6개 부서는 서기부(최창익), 조직부(이유민), 선전부(김학무), 군사부(박효삼), 경제위원회(김창만), 윤함구(淪陷區)공작위원회(무정)이다. 아울러 진기노예(晉冀魯豫), 섬감녕(陝岡寧), 진찰기(晉察冀) 등 팔로군 근거지에 분맹을 두기로 결정했다(「朝鮮義勇軍華北支隊總決晉東南, 1942 년 5월).

창립 당시 독립동맹의 선언과 강령에 따르면, 조직의 목표는 일제로부터 해방된 민주공화국의 건립, 조선독립 쟁취를 위한 '하나의 지방단체'로 조선 혁명운동에 적극 참가한다고 되어 있다. 독립동맹은 자신들의 임무로

1. 대중의 생활개선과 혁명역량을 증가하기 위하여 대중의 일상투쟁에 적극적으로 참가하고 이를 지도한다.
2. 대중혁명을 위하여 훈련과 조직의 발전에 노력한다.
3. 중국 특히 화북에 거주하는 조선동포를 위하여 정치·문화 등의 각 방면에서 분투한다.
4. 전 조선민족의 반일통일투쟁전선을 확대·공고화하기 위해 노력한다.
5. 전 조선민중의 반일투쟁을 전개하기 위하여 혁명무장대의 건립에 노력한다.
6. 일제 파시스트의 중국 침략에 반대하고 중국 항일전쟁에 적극적으로 참가한다.
7. 동방의 각 피압박민족운동 및 일본인민의 반전운동에 협조하여 세계 파시스트를 반대하는 정의의 전쟁을 지지한다.

등을 밝혔다. 특히 반일 민족통일전선의 확대·강화, 혁명무장대의 건립, 중국 항일전 적극 참가, 반일 조·중 국제연대 등을 내세웠다. 독립·자유의 조선민주공화국 수립, 반일 민족통일전선의 건설, 무장투쟁의 수행으로 집약되는 독립동맹의 강령은 공산주의적 색채를 거의 띠지 않았다. 또한 김구·김원봉의 1939년 「동지·동포에게 보내는 공개서한」이나 임시정부의 약헌, 삼균주의 등과 크게 다르지 않았다.

특히 독립동맹이 통일전선의 대상으로 삼았던 대상은 중경의 임시정부,

만주의 항일빨치산, 한반도 내의 지하 혁명조직이었다. 선언·강령에는 동북노선을 주장했던 최창익그룹의 생각이 많이 반영되는 한편, 중경 임정과의 연계도 강력하게 지향했다. 독립동맹 스스로를 '한 개의 지방단체'로 자임한 것으로 미루어 중경 임정을 중앙으로 생각한 것으로 여겨진다. 성립 초기에는 중경과 태항산의 관계가 지속되었는데, 이는 중경의 조선의용대 본부가 1942년 봄 임정으로의 역량 집중을 결정했으며, 1942년 11월 독립동맹 진서북분맹(晋西北分盟) 결성대회 식장에 임정의 주석인 김구의 초상화를 내거는 등 교감이 이루어지고 있었기 때문이다. 또한 독립동맹은 중국공산당 및 일본인 반전단체와 국제적 연대를 강조했다.

독립동맹은 1944년 2월까지 태항산에 본부를 두었고, 이후 연안으로 이동했다. 조선의용군의 주력 역시 1943년 말까지 태항산 근거지에 있다가 1944년 1월 연안으로 이동했다. 즉 독립동맹·조선의용군의 활동은 태항산 시기(1941~43), 연안 시기(1944~45)로 구분된다. 정치노선과 경력 등을 종합해 볼 때, 독립동맹은 동북노선을 주장하며 김원봉의 민족혁명당·조선민족전선연맹에서 갈라져 나온 최창익 그룹, 임정으로의 민족역량 집중을 결정한 민족혁명당 계열, 중국공산당의 직계그룹 그리고 지원병·학병으로 일본군에 강제 입대했다가 탈출한 이들이나 화북지방에 이주했다가 가입한 이들이 혼합되어 있었다. 이들 4개 세력은 화북조련 시기부터 1942년까지 균형을 이루었고, 독립동맹·조선의용군은 팔로군지역 내에서 상대적으로 독자적인 활동영역을 갖고 있었다. 따라서 독립동맹 가운데 민족주의자들도 많아 공산주의적 색채가 그리 강하게 나타나지 않았다(박찬승, 『대한민국은 민주공화국이다-헌법 제1조의 성립』;2013, 238~239쪽).

독립동맹의 핵심멤버인 김두봉이나 조선의용대의 핵심인 윤세주(尹世冑) 조차 공산당원이 아니었고, 조선의용군 화북지대 1개 중대 150명 중

중국 화북으로 이동한 조선의용대의 핵심간부 윤세주(왼쪽 두번째)

공산당원은 7~10명 정도에 불과했다. 1942~43년간 조선의용군 화북지대의 출신 성분에 대한 분석에 따르면 의용군 대원수는 150~200명 내외였으며, 이들은 주로 학생 출신(66%), 소상인 출신(16%), 노·농어민 출신(9%), 일본군 통역관 출신(9%)으로 학생 출신이 압도적 다수를 점했다. 이런 측면에서 초기 조선의용군 화북지대는 학생 출신 인텔리겐차(intelligentsia)의 대오라 불리우기도 하였다. 이후 독립동맹 분맹과 조선의용대 지대가 확장되면서, 신입 대원들이 대거 유입되었고, 이들은 중공 팔로군의 노선·사상인 모택동노선으로 통일되었다. 이전과는 달리 파벌이 불식되고 대오의 통일은 달성되었지만, 상대적으로 중경 민족주의세력과의 연대는 약화되었다.

연안시기에 접어들면서 나타난 조선독립동맹과 조선의용군의 활동을 통해 볼 때, 이들의 혁명노선과 독립국가 건설노선은 신민주주의 혁명론으로 정의할 수 있다. 1944년 5월 진찰기일보사가 발간한 『신민주주의론』은 이 무렵 공산당 통치지역의 당·정·군 간부와 민중들에게 널리 보급되었다. 중국공산당의 영향 아래 함께 활동한 조선의용군 간부들은 모택동의 정강산 토지개혁법의 실시 현장을 경험하고 투쟁전술에 참여하면서 신민주주의론의 이론과 사상을 전수받았다.

『신민주주의론』에서는 당시까지 백년의 중국 역사를 부르조아 민주혁명의 역사로 보고, 처음의 80년간을 구 부르조아 민주혁명, 후의 20년간을 신민주주의 혁명으로 규정하였다. 전자가 자본주의를 목표로 하는 혁명인데 비하여, 후자는 사회주의를 지향하고, 사회주의로의 전화를 꿈꾸면서 전개하는, 사회주의 전 단계로 행하는 부르조아 민주혁명이다. 이 시대의 신민주주의 혁명은 곧 사회주의 혁명의 일환으로 파악하였다. 『신민주주의론』에서는 국민당 방식의 부르조아 일 계급의 독재국가나 프롤레타리아 일 계급의 독재 국가인 사회주의 국가보다는 계급 연합의 국가형성이 가장 바람직하다고 보았다. 실제 중공의 7회 대회에서 모택동은 '연합정부론'을 발표하여 "국민당의 일당 독재의 폐지와 민주적 연합정부의 수립", 즉 국민당 일당이 지배하는 국민정부를 개조하여 계급연합에 의한 통일전선으로 국가를 공동 운영할 것을 주장했다(브르노쇼 편, 『중국혁명과 모택동사상』;1986, 71~74쪽).

이러한 신민주주의론은 조선독립동맹과 조선의용군 간부들에 의해 빠르게 흡수·체화되었다. 독립동맹은 중국공산당 제7회 대회 앞으로 보낸 편지에서 "모택동의 『신민주주의론』과

중국 연안에서 활동한 조선독립동맹

그의 영도 작풍은 우리 조선민족해방운동의 지침"이라고 규정하였다. 특히 조선의용군이 독자적으로 수행한 1941년 12월의 호가장 전투나 팔로군 전방사령부 보위부대 자격으로 참전한 1942년 5월 반소탕 전투 등은 중국공산당과 조선의용군이 형제적 동지애를 공고히 갖게 되는 결정적 계기가 되었다.

해방 후 만주로 들어간 의용군 간부들은 향후 전략방침을 결정함에 있어서 이 신민주주의를 논리의 기준으로 삼았다. 항일투쟁 과정에서 형성된 중국공산당과 조선독립동맹(후에 연안파)의 돈독한 유대관계는 한반도 독립 이후 건설될 국가의 건설이념으로 모택동의 신민주주의를 채택하게 되는 요인으로 작용하였다.

동북항일연군의 항일투쟁과 조국광복회

한편, 1930~40년대 중국공산당 산하 한인 무장단체로는 중국 동부와 만주의 남·북부 일대에서 활동한 동북항일연군도 포함되어 있다. 1931년 9월 일본의 만주 침략 이후 중국공산당 만주성위는 곧 각종 선언문을 통해 적극적인 항일전을 촉구하였다. 하지만 만주지역에서 실제로 일제와 싸울 수 있는 무장조직은 1931년 10월 남만주 이통(伊通)에서 창건된 '적위대(일명 개잡이대)'가 처음이다. 적위대의 대장은 경기도 용인 출신의 이홍광(李紅光)으로서 7명 모두 한인이었다.

1932년 5월 이홍광의 적위대는 반석현의 합마하자(蛤蟆河子)에서 한인 농민 5백여 명과 다수의 중국인 농민들이 참가한 대규모 항일농민봉기를 주도했다. 적위대는 곧 6월 반석공농반일의용군(磐石工農反日義勇軍, 약칭

반석의용군 또는 반석유격대)으로 확대 개편되었다. 이곳에서 이홍광은 제
2분대 정치위원을 맡았다. 반석의용군은 일본군 및 괴뢰 만주국군과 60여
차례 싸우면서 근거지를 마련하고 250여 명 규모의 4개 분대체제로 재편되
었다. 1932년 12월 중국공산당의 방침에 따라 반석의용군이 '중국 홍군 제
32군 남만유격대(약칭 남만유격대)'로 개편되자 이홍광은 참모장을 맡아
적극 활동하였다.

　1933년 8월 남만유격대는 동북인민혁명군 제1군 독립사로 발전하였다.
300여 명 규모였는데, 사장 겸 정치위원은 중국공산당 만주성위에서 파견
된 한족(漢族)인 양정우(楊靖宇)였지만, 이홍광이 참모장을 맡았고 주요 간
부들 역시 모두 한인들이었다. 1군 독립사는 1933년 말부터 많은 전투를 치
루었는데, 유하현 삼원포 공략전과 양수하자 전투·팔도강전투 등이 유명하
다. 특히 1935년 2월 이홍광이 200여 명의 병력을 이끌고 평안북도 후창군
동흡읍을 습격한 일은 국내외에 큰 반향을 일으켜 이후 국내 진공작전의
효시로 일컬어진다.(『조선일보』1935년 2월 15일 ;『동아일보』1935년 2월 13일자.)

　한편, 연변을 중심으로 한 동만주 지방에서는 1932년 연길현유격대가
결성되었다. 이
어 안도유격대
등이 결합해 왕
청유격대로 확대
되었고, 부대원
은 360여 명으
로 늘어났다. 이
유격대는 1934
년 동북인민혁명

동북항일연군의 창시자 이홍광의 활동을 보도한 국내 신문

군 제2군 독립사(사장 朱鎭)로 발전하였다. 2군 독립사는 한 해동안 900여 회의 전투를 치르며 유격근거지를 방어했는데, 1200여 명의 병력 중 2/3가 한인이었다. 북만주 밀산에서도 한인 중심의 반일유격대가 조직되었는데, 이 부대는 1936년 초 동북인민혁명군 제6군으로 편제되었다.

1935년 8월 1일 중국공산당이 발표한 선언을 계기로 만주조직은 각 항일조직을 '동북항일연군'으로 재편성하기로 하였다. 이에 따라 동북항일연군은 제1군부터 11군까지 조직되었는데, 중국공산당은 재만 한인들의 조국광복운동에 대한 직접 원조와 자치구 건설, 한인을 위한 항일전쟁의 원조 등을 결의하였다. 이 방침에 따라 1936년 7월 동북항일연군 1군과 2군이 통합되어 양정우를 총사령으로 하는 제1로군으로 재편성되었고, 이 중한인 부대는 제1로군의 6사와 4사로 각각 명칭을 바꾸었다. 한인들이 가장 많은 6사와 4사는 유격전을 전개하여 백두산 일대로 진격했고, 곧 '재만한인 조국광복회' 건설과 국내 진입작전의 근거지가 되었다. 특히 김일성이 이끄는 6사는 1937년 6월 80여 명의 병력으로 함경남도 갑산군 보천보를 기습하여 경찰서를 파괴하여 큰 반향을 일으켰다.

동북항일연군 6사는 백두산 일대에 유격근거지를 세운 다음, 광범위한 통일전선 확립과 일제 통치기관 파괴를 위해 조국광복회라는 대중조직 건립을 적극 추진하였다. 조국광복회는 군사활동 지원뿐아니라, 국내의 민중조직과도 조직적 연대를 꾀했는데, 압록강 건너편 장백현 일대와 함경남도 북부, 평안남도 북부, 함흥과 흥남·원산 등의 도시에 지부조직을 갖추었다.

1936년 6월 10일자로 발표된 「재만한인 조국광복회 선언」과 「재만한인 조국광복회 목전 10대 강령(초안)」은 동북항일연군의 당시 정세인식을 잘 반영하는 문헌이다. 선언에는 발기인으로 의열단 간부출신으로 황포군관학교를 졸업하고 중국공산당에 입당해 동북항일연군 제2사의 정치부 주임

으로 있던 오성륜
(吳成崙)과 남만성
위의 조직부장으
로 제1로군부에서
활동 중인 이상준
(李相俊, 본명 李
東光), 그리고 제1
군 최고위직인 엄
수명(嚴洙明, 본명

중국 동만주 일대에서 항일 무장투쟁을 벌인 동북항일연군

嚴弼順) 등 3명의 서명이 있다. 선언은 의병운동과 3·1만세운동을 비롯해
숱한 애국지사들의 의열투쟁과 농민·노동자운동, 무장투쟁을 열거하면서,
강도 일본과 신성한 투쟁을 감행하는 것은 "한국민족이 풍부한 독립사상
과 열렬한 투쟁정신을 기초로 미래의 광복사업이 반드시 승리로 귀결될 것
임을 여실히 증명하고 있다."고 진술하고 있다. 여기서는 의열투쟁을 중시
하고 공산주의운동은 일체 언급하고 있지 않는데, 이 부분은 의열단에서
활동한 오성륜의 인식에서 비롯된 것이라고 여겨진다(와다 하루끼,『김일성과
만주항일전쟁』1992, 145~147쪽).

　10대 강령의 내용은 "반일통일전선을 실현해 일본의 통치를 전복하고
진정한 한국의 독립적 인민정부를 수립할 것, 한인의 진정한 자치를 실행
할 것, 일본의 기업과 친일파 토지를 몰수하여 독립운동 경비에 소모하며
일부 빈곤한 동포를 구제할 것" 등이다. 또한 남녀·민족·종교·교육 등의 차
별금지와 의무적 무료교육 실시, 8시간 노동제의 실시 및 노동조건의 개선,
한국 민족해방운동에 선의·중립국가에 대한 친선유지 등을 표방하였다.

　즉 조국광복회는 모든 사람을 무장시켜 "한국인의 진정한 독립을 위해

싸우는 군대를 조직"하고 무장투쟁을 통해 일제로부터 독립하려고 하였다. 이를 위해 항일에 동조하는 모든 사람을 망라하여 반일 민족통일전선을 결성하여 일제를 몰아낸 후, '독립적 인민 정부'를 수립할 계획이었다. 이 정부는 소비에트 정부와 달리 직접·보통 선거에 의해 선출된, 각 지역의 대표에 의해 구성되는 정부였다. 동시에 만주에 거주하는 동포들의 자치를 실현할 계획이었다고 한다.

나아가 이 정부는 대중의 생활을 개선하며 민족 기업을 육성하고, 봉건적 잔재를 없애며 남녀·종교·민족을 구분하지 않고 평등하게 대하며 "여성의 인격을 존중할" 계획을 세웠다. 뿐만 아니라 조국광복회에서는 일제의 동화 교육, 노예교육을 반대하며 우리말과 우리글을 학습하는 활동을 벌이자고 호소했으며, 인민 정부가 수립되면 의무 교육을 실시하여 모든 사람에게 교육기회를 제공할 계획이라고 발표한 것이다. 이러한 강령은 중국 관내의 민족혁명당과도 유사하며, 1941년 11월에 발표된 중경의 대한민국 임시정부 건국강령과 비교해도 비슷한 이념이라 할 수 있다(장세윤,『1930년대 만주지역 항일무장투쟁』;2009, 267~271쪽).

조국광복회는 1937년 1월 국내로 간부를 파견하여 함경남도 갑사군 일대에 조선민족해방동맹을 조직하였다. 나아가 함경도와 평안도 일대의 천도교 세력과도 제휴하여 광범위한 항일통일전선을 형성해 나갔다. 동북항일연군 제2군 6사의 1937년 6월 보천보전투와 간삼봉전투는 이러한 민족통일전선을 통한 정보교류와 민중협력의 결과라 할 수 있다.

일제는 동북항일연군의 보천보 진입사건을 계기로 한반도 북동부지역에 대한 대대적인 수색작전을 벌여 나갔다. 이로써 두 차례의 '혜산사건'을 빚어내면서 항일연군 및 조국광복회 관계자 739명을 검거하는 대탄압을 벌였다. 이 때문에 산하조직의 대부분이 와해되고 말았다. 나아가 동북항일연군 제1로군에 대한 토벌작전도 강화되어 마침내 1940년 2월 사령관 양정우를 사살케 하고, 잔존 항일연군도 궤멸시키기에 이르렀다. 이로써 만주지역에서 군사활동이 어려워진 동북항일연군은 1940년 겨울부터 동·북만을 거쳐 소련령인 연해주로 이동하기 시작했다.

소련으로 이주한 이들은 남야영과 북야영으로 불리우는 거점조직을 세웠으나, 1942년 7월 소련군에 의해 동북항일연군 교도려로 편제되었다. 교도려는 소련군 산하 '국제홍군 제88특별여단'이라도 불리웠다. 이 무렵 이들의 전체 대원은 600여 명이었는데, 이 가운데 한인은 김일성·최용건(崔庸健) 등을 비롯해 150여 명에 이르렀다.

동북항일연군 내의 한인 대원들은 중국 동북에 소부대를 파견하여 정찰활동을 펼치는 한편, 일본 철도와 도로를 파괴하는 등 소규모 전투도 간헐적으로 벌였다. 이들은 해방직전까지 꾸준히 소규모 항일투쟁을 전개하면서 조국광복회 재건활동을 통해 무장투쟁세력과 연계하기 위해 활동하였다. 1945년 8월 8일 소련의 대일본 선전포고와 함께 9일 동북항일연군 교도려의 일부 한인들이 나진·청진으로 진격하였다. 하지만 김일성을 비롯한 대다수의 한인 대원들은 직접 항일전쟁에 참전할 기회를 갖지 못한 채, 소련군함을 타고 9월 19일 원산에 상륙하였다(와다 하루끼,『김일성과 만주항일전쟁』,1992, 285~291쪽).

3장

좌·우 연합정부의 구성과 국가 건설 구상,
그리고 환국

1. 좌·우 연합정부의 구성

조선의용대의 광복군 편입

광복진선과 민족전선의 통일이 결렬된 후, 조선민족혁명당을 비롯한 좌익진영은 임시정부의 존재를 인정하지 않고 있었다. 그러나 좌익진영은 1942년 그동안 독자적인 활동을 하며 부정(否定)·불관주의(不關主義) 노선을 고수하던 입장을 포기하고 임시정부에 참여하기로 했다. 민족혁명당이 1941년 5월 당 중앙회의를 열고 내부적으로 임시정부에 참여하기로 결정하고, 한국독립당에 양당이 공동으로 임시정부를 운영하자는 제의를 했다. 김성숙(金星淑)이 주도하던 조선민족해방동맹(朝鮮民族解放同盟)도 1941년 12월 1일 "반일혁명역량을 임시정부로 집중시켜 전민족 총단결을 이루자"는 내용의 〈옹호 한국임시정부 선언〉을 발표하여 임시정부 지지를 선언했다.

민족혁명당 등이 방향전환을 하게 된 데에는 그럴만한 배경이 있었다.

첫째 배경은 중국 측의 합작 종용이 있었다. 중국 국민당 정부 측은 윤봉길 의거 이후 두 개의 창구를 통해 한국독립운동을 지원했는데, 하나는 국민당이 김구의 임시정부를 지원하는 것이었고 또 하나는 중국군사위원회의 삼민주의역행사(三民主義力行社)가 김원봉의 조선의용대를 지원하는 것이었다. 그런데 1940년 좌·우진영이 모두 중경에 모이게 되자, 양측의 통합을 종용하고 나선 것이다. 특히 중국국민당 정부의 외교부는 "임시정부의 승인 문제를 영국과 미국정부와 협상하고, 중국의 국무회의에도 제출하겠다."면서 임시정부를 중심으로 한 김구와 김원봉의 합작을 종용했다.

두 번째 배경은 1941년 12월 8일 발발한 태평양 전쟁 등 국제정세의 급격한 변화였다. 미국과 일본 사이의 전쟁은 좌우익 진영 모두에게 대일독립투쟁의 기회로 생각되었고, 대일독립투쟁을 위해 민족의 역량을 한 곳에 집중시켜 적극적인 항일전쟁을 벌여야 한다는 여론이 고조되었다. 따라서 좌익세력들은 그동안의 분열을 종식시키고 민족 독립역량을 한 곳으로 모아야 한다는 당위성을 갖게 되었다.

조선의용대 본대는 좌우합작에 따라 1942년 7월 광복군 제1지대로 편입했다.

무엇보다 민족혁명당이 방향전환을 하게 된 이유는 내부의 무장세력인 조선의용대 대원의 상당수가 1940년 말과 1941년 6월 무렵 중국국민당 지구에서 화북의 공산당 지역으로 옮겨간 일이었다. 화북 중공당 지구로의 진출은 동북노선을 주창하며 탈당하여 연안(延安)으로 간 최창익(崔昌益) 일파에 이어 김원봉 대장의 지시에 의해 조선의용대 주력 80여 명이 중국 군사위원회의 사전 동의 없이 국민당 지구를 벗어나 황하를 건너 중국공산당의 팔로군 근거지로 이동한 사건을 말한다. 이는 그해 1월 국민당 군대가 중공당 부대를 습격해 무참히 살해한 환남사변(晥南事變) 이후 국공내전의 위험으로부터 대오를 보존해야 했던 김원봉 대장의 고육지책이었다.

위와 같은 배경 위에서 민족혁명당 측은 한국독립당 측에 먼저 합당을 제의했다. 즉 양당이 합당하여 단일당을 만들어 임시정부를 운영하자는 제안이었다. 이에 대해 한국독립당은 화북으로 이동한 민족혁명당 당원들이 공산주의적 성향이므로 입당을 허락할 수 없다는 이유로 거부의사를 밝혔다. 이와같이 양당의 합작이 답보상태에 놓이자, 중국군사위원회 측에서는 우선 양측의 무장대인 광복군과 조선의용대의 통합을 추진하였다. 조선의용대가 화북으로 진출하자, 중국 국민당정부는 큰 충격을 받았다. 장개석 총통은 1941년 10월 30일 중국군사위원회 참모총장 하응흠(何應欽)에게 "한국광복군과 조선의용대를 동시에 중국군사위원회에 예속케 하고, 참모총장이 직접 통일 장악하여 운영하라."고 지시를 내렸다.

장개석의 지시에 의해 한국광복군도 중국군사위원회에 소속되었다. 중국군사위원회는 광복군의 활동을 규제하는 내용을 담은 '한국광복군행동 9개준승'을 요구하였고, 중국군사위원회 판공처(辦公處)에 소속시켰다. 중국군사위원회의 군사통일 방안은 조선의용대를 한국광복군에 편입시킨다는 것이었다. 이에 대해 민족혁명당이 적극 반대하고 나섰다. 먼저 정치적으로 통일을 이루고, 뒤에 군사적으로 통일하자는 '선 정치통일, 후 군사통일'을 제시하면서, 정치통일이 안될 경우 '조선의용대와 한국광복군을 합병하여 조선민족혁명군으로 편성하자'고 주장하였다. 그러나 한국독립당측은 중국군사위원회가 의도하는 방안대로 먼저 '군사통일'을 이루자는 것이었다.

양측의 의견이 좁혀지지 않은 상태에서 임시정부는 일방적으로 군사통일을 위한 정지작업을 진행하였다. 1942년 4월 20일 국무회의에서 조선의용대를 광복군으로 합편할 것을 일방적으로 결의한 것이다. 5월 15일 중국군사위원회는 「조선의용대의 광복군 편입 및 광복군 개편」에 관한 명령을 발동하였다. 그리고 5월 18일 조선의용대 대장 김원봉을 광복군 부사령으로 선임하였다. 중국군사위원회의 명령이 있은 후 2개월 후인 7월 조선의용대가 광복군에 편입한다는 선언을 공식화했다.

> 본대 전체 동지는 금일부터 전후방을 물론하고 원 광복군 동지와 정성단결하여 진정한 일심일체가 되도록 노력할 것이며, 또 과거의 사소한 격막(膈膜)도 금후 실제 공작장소에서 상호협조와 호상경애(互相敬愛)와 비판에 의하여 완전히 해소될 것을 확신하며, 또 본대의 중심공작임무인 적후방 동포쟁취에 더욱 적극적으로 노력하여 광대한 군중 기초 위에 금후 광복군을 확대 발전시키기에 노력할 것을 엄명함.
>
> (국사편찬위원회, 『한국독립운동사』자료3, 1968, 523~525쪽)

이러한 선언을 발표하여 조선의용대는 1942년 7월 광복군 제1지대로 공식 개편되었다. 이로써 중국 관내에서 활동하고 있던 한국청년전지공작대와 조선의용대가 모두 광복군으로 세력을 결집되어 병력도 증강되었고, 부대 규모도 확대되었다.

통합의회와 좌우연합정부의 구성

군사통일의 작업이 마무리되자 정치통일 작업이 시작되었다. 임시정부는 1942년 8월 4일 의정원의원 선거규정을 개정하였다. 즉 국내 또는 국외의 선거구 가운데 선거가 어려운 지역의 경우, 정부 소재지의 광복운동자들로서 해당 지역과 연고가 있는 이들이나 좌익진영 인사들이 의원으로 선출될 수 있도록 하였다. 이와 같은 선거규정에 의거해 10월 20일부터 4일간 열린 선거에서 기존 재적의원 27명 이외에 새로 23명의 의원을 추가로 선출하였다. 새로 선출된 의원을 당적별로 보면 다음과 같다.

> 한국독립당 : 심광식, 김현구, 민필호, 김관오, 조성환(5명)
> 조선민족혁명당 : 김원봉, 손두환, 이해명, 최석순, 김상덕, 송욱동, 이인홍, 왕통, 신영삼, 한지성, 이정호, 김철남, 강홍주, 이연호(14명)
> 조선민족해방동맹 : 박건웅, 김재호(2명)
> 조선혁명자연맹 : 류자명·유림(2명)

새로 선출된 의원 가운데 한국독립당 소속은 5명, 조선민족혁명당은 14명, 조선민족해방동맹과 조선혁명자연맹이 각각 2명이었으니, 23명 중 18명이 좌익진영 소속이었다. 좌익진영을 의정원에 참여시키기 위해 실시한 것

1942년 10월 명실공히 좌우합작의 대한민국임시정부가 수립되었다.

이나 다름없는 선거였다.

1942년 10월 25일 제34차 임시의정원 정기총회에서 부의장 최동오(崔東旿)는 인사말을 통해 "오늘 이 모임은 1919년 우리 임시정부 성립 이래 최초로 성황을 이루게 된 것"이라 말했다. 한국독립당의 조소앙도 이날 "과거 무수한 방법의 대립, 과거 무수한 단체의 대립, 과거 무수한 당파의 대립이 의정원으로 완전 통일되었다"고 말했다(독립운동사편찬위원회, 『독립운동사』제4권(임시정부사), 1969). 10월 26일 의정원 정기회의에서 44명 중 37명이 참가한 가운데 의장단 선거가 있었는데, 의장에는 33표를 얻은 홍진(洪震)이 당선되었다. 좌·우파 모두 받아들일 수 있는 인물이었기 때문이다.

임시의정원에 다양한 정당의 인물들이 참여한 가운데, 자연스럽게 다수파인 한국독립당이 여당이 되고 다른 정당들이 야당이 되었다. 야당 의원들은 임시정부의 여러 정책을 심의하면서 비판하기도 하고, 합심해 정책을 수립하고 개선해 나가기도 했다. 여·야 의원들이 합심해 성사시킨 대표적인 정책은 '한국광복군행동 9개준승'의 취소였다. 10월 27일 민족혁명당의 이

연호 등 여야 의원 17명은 "중국군사위원회에 대해 광복군에 행용(行用)하는 소위 행동준승 9개 조항을 즉시 취소하고, 절대적으로 국제간 평등적 입장에서 우의적으로 적극 협조하기를 요구"하라고 하는 제안을 제출했다. 이러한 움직임에 힘입어 임시정부는 중국 정부와 여러 차례 협상을 벌여 마침내 1944년 8월 '9개 준승' 취소라는 성과를 얻어낼 수 있었다.

또 민족혁명당 측은 그동안 한국독립당 일당 체제에서 결정된 많은 정책에 대해 다양한 개선을 요구하였다. 먼저 의회의 통과 없이 발표된 건국강령을 부분적으로 수정하여 의회에서 통과시킬 것, 둘째는 임시약헌을 수정할 것, 셋째 야당 인사들도 정부에 참여시킬 것 등이었다. 이와 같은 문제들을 해결하기 위해 임시의정원 내에서는 여야 의원들간의 치열한 논쟁이 벌어졌다. 때론 격렬한 대립이 벌어지기도 했으나, 이는 모두 의회민주주의 실현을 위한 훈련과정이었다.

이러한 야당의 요구에 대해 먼저 헌법을 개정하기 위한 약헌수개위원회(約憲修改委員會)가 구성되었다. 위원회는 조소앙·조완구·차리석·안훈·최석순·김상덕·신영삼·박건웅·류자명 등이니 당적별로 보면 한국독립당 4명, 민족혁명당 3명, 민족해방동맹과 조선혁명자연맹 각 1명 등으로 구성되었다. 약헌수개위원회는 바로 활동에 들어갔지만 선

1944년 4월 좌우합작 연합정부 임시의정원의 임시의회 선언문

거구 문제와 국무위원 수 조정, 새로운 국무위원 선출 등을 둘러싸고 여러 갈등을 드러냈다. 이런 갈등으로 1943년 10월 9일 개최된 제35차 의회가 파국으로 치닫게 되었다. 이에 의장 홍진과 부의장 최동오가 한국독립당을 탈당하며 의견을 조정하였다. 그 결과 여야가 타협점을 찾게 되었고, 다음과 같이 세가지 사항에 합의를 이루었는데, 그 내용은 다음과 같다.

1. 제35차 의회는 폐회하고, 폐회 후 곧바로 임시의회를 소집한다.
2. 국무위원은 14명으로 증가하고 따로 주석과 비주석을 각각 1명씩 두며, 각부 부장은 주석이 국무회의에 제출해 통과한 후 임면한다.
3. 국무위원의 인수 비례는 한국독립당 8석, 민족혁명당 4명, 2개 소당 각 1석으로 하고 주석은 한국독립당, 부주석은 민족혁명당에서 맡는다.

(秋憲洙,「韓國黨派紛糾近況」『자료한국독립운동』2, 62쪽)

국무위원의 숫자와 배분에 대해 양당이 합의를 이루었고, 임시의회를 소집하여 이를 처리한다는 데 합의한 것이다. 이러한 합의에 따라 1년 반 이상 끌어오던 약헌수개 문제도 해결되어 1944년 4월 20일 제36차 임시의회가 개최되었다. 곧 약헌수개안이 제출되어 세 번에 독회를 거쳐 4월 21일 통과되어 '대한민국임시헌장'으로 명명하였다. 그 전문은 다음과 같다.

대한민국임시헌장

우리 민족은 우수한 전통을 가지고 스스로 개척한 강토에서 유구한 역사를 통하여 국가생활을 하면서 인류의 문명과 진보에 위대한 공헌을 하여 왔다. 우리 국가가 강도 일본에게 패망한 뒤에 전 민족은 오매(寤寐)에도 국가의 독립을 갈망했고, 무수한 선열들은 피와 눈물로써 민족 자유의 회복에 노력하여 3·1대혁명에 이르러 전 민족의 요구와 시대의 추향(趨向)에 순응하여 정치·경제·문화 기타 일절 제도에 자유 평등 및 진보를 기본정신으로 한 새로운 대한민국과 임시의정원과 임시정부가 건립되었고, 아울러 임시헌장이 제정되었다. 이에 본원은 25년의 경험을 쌓아서 제36회 의회에서 대한민국임시헌장을 범 7장 공 62조로 수개했다.

아울러 임시헌장은 제1장 총강에서 다음과 같이 선언했다.

제1조 대한민국은 민주공화국임.
제2조 대한민국의 강토는 대한의 고유한 판도로 함.
제3조 대한민국의 인민은 원칙상 한국 민족으로 함.
제4조 대한민국의 주권은 인민 전체에 있음. 국가가 광복되기 전에는 주권이 광복운동자 전체에 있음

임시헌장은 또 제2장 '인민의 권리와 의무'에서 다음과 같이 인민의 권리와 의무를 규정하고 있다.

제5조 대한민국의 인민은 좌열(左列) 각 항의 자유와 권리를 향유함.
　　① 언론·출판·집회·결사·파업 및 신앙의 자유
　　② 거주·여행 및 통신, 비밀의 자유.
　　③ 법률에 의하여 취학·취직 및 부양을 요구하는 권리.
　　④ 선거 및 피선거의 권리

⑤ 공소(公訴)·사소(私訴) 및 청원을 제출하는 권리

⑥ 법률에 의하지 않으면 신체의 수색·체포·감금·신문 혹 처벌받지 않는 권리

⑦ 법률에 의하지 않으면 가택의 침입·수색·출입제한 혹 봉폐(封閉)를 받지 않는 권리

⑧ 법률에 의하지 않으면 재산의 징발·몰수 혹 추세(抽稅)를 받지 않는 권리

제6조 대한민국의 인민은 좌열(左列) 각항의 의무가 있음

① 조국을 광복하고, 민족을 부흥하고, 민주정치를 보위하는 의무.

② 헌장과 법령을 준수하는 의무.

③ 병역과 공역(公役)에 복무하는 의무

④ 국세를 납입하는 의무

임시헌장은 국무위원회의 주석으로 하여금 임시정부를 대표하고, 국서를 접수하며, 국군을 통감하고, 국무위원회를 소집하며, 그 주석이 되는 등의 권한을 갖게 했다. 주석과 부주석의 임기는 3년으로 했다. 이에 따라 1944년 4월 24일 제36차 회의에서 주석과 부주석을 비롯한 국무위원을 선출했다. 그 구성 내용은 다음과 같다.

주석 : 김구

부주석 : 김규식

국무위원 : 이시영·조성환·황학수·조완구·차리석·장건상·박찬익·조소

앙·김붕준·성주식·유림·김원봉·김성숙·안훈

외무부장 : 조소앙, 군무부장 : 김원봉, 재무부장 : 조완구

내무부장 : 신익희, 법무부장 : 최동오, 선전부장 : 엄항섭, 문화부장 :

최석순

(『대한민국임시정부공보』제81호, 1944년 6월 6일자)

주석 김구는 한국독립당, 부주석 김규식은 조선민족혁명당 소속이었고, 국무위원 14명도 한국독립당 8명, 조선민족혁명당 4명, 조선민족해방동맹 1명, 조선혁명자연맹 1명 등으로 배분되었다. 그리고 7개의 행정부서 중 조선민족혁명당의 김원봉과 최석순이 각각 군무부장과 문화부장을 맡았다. 이로써 중국 관내지역에서 활동하던 독립운동세력이 모두 임시정부로 집결하게 되었고, 임시정부는 독립운동세력을 통일적으로 지도하고 통할할 수 있는 최고의 기구이자 민족의 대표기구로써 위상을 되찾게 되었다(한시준, 『대한민국임시정부III-중경시기』·2009, 55~61쪽).

좌우연합정부는 좌우익 세력이 임시정부로 통일을 이루 일종의 '통일전선정부'이며, 임시정부가 독립운동의 최고영도기관이자 민족의 대표기구라는 위상과 권위를 되찾는 계기가 되었다. 좌우연합정부를 탄생시킨 제36차 임시의회는 회의를 마치면서, 그 성과를 다음과 같이 천명하였다.

> 이번 당선된 정부 주석·부주석 및 전체 국무위원(주석에 김구, 부주석에 김규식, 국무위원에 이시영, 조성환, 조완구, 황학수, 차리석, 장건상, 박찬익, 조소앙, 김붕준, 성주식, 유림, 김성숙, 김원봉, 안훈)은 모두 한국 독립운동에 공헌이 많은 민족적 지도자이며, 또는 우리 민족의 각 혁명단체의 영수들이다. 민족주의 각 당과 사회주의 각 당

의 권위있는 지도자들의 연합으로서 전민족 통일전선의 정부를 산출하게 된 것은 이번 의회의 최대 성공인 동시에 우리 민족독립운동사상 특히 임시정부 발전사상의 신기원이 될만한 중대한 이의가 있는 사실이다. 앞으로 우리 임시정부는 대내(對內)해서 전민족의 각종 반일세력을 통일지도하고 대외(對外)해서 전민족의 의사와 권리를 충분히 대표할 수 있는 권위 있고 능력 있는 최고영도기관이 될 것이 보장된다. 민족독립과 민주·자유를 위해서 투쟁하는 국내외 혁명전사와 전체 동포들! 다 같이 이 전 민족의 최고 영도기관인 임시정부를 절대로 신임·옹호·지지하고 그의 일체 법령과 결의를 충실히 집행하여야 할 것이다.

〈대한민국 임시의정원 제36차 임시의회 선언〉, 1944년 4월 20일)

의회 선언문에서 밝혔듯이, 좌우 연합정부의 탄생은 항일독립운동사에서 거둔 가장 빛나는 성과였다. 그동안 정치적 이념과 목표, 방법과 노선을 달리했던 좌·우익 독립운동세력들이 임시정부를 중심으로 통일을 이루었다는 것, 1919년 이래로 가장 권위있고 대표적인 민족 최고의 기관으로서 독립운동을 지도할 수 있게 되었다는 점에서 의의가 크다고 하겠다. 물론 임시정부가 모든 국내외의 독립운동 세력을 통합한 것은 아니었다. 중국공산당의 근거지인 연안에는 조선독립동맹과 조선의용군 세력이, 러시아 영역에서 항일 빨치산 세력, 국내의 건국동맹 등은 여전히 임시정부의 영향권 밖에 존재하고 있었다. 하지만 중국 관내지역에서 민족의 통일 단결된 모습으로 해방운동과 건국을 위한 준비를 하고 있었다는 점은 무엇보다 중요한 의미를 갖는다고 하겠다.

2. 좌우 연합정부의 건국 준비활동과 환국

좌우연합정부의 건국 준비활동

이렇게 '전 민족의 권위 있고 능력 있는 최고영도기관'을 갖게 된 좌우연합정부는 광복 후 어떤 나라를 세우려 했을까. 임시정부가 광복 후 건설하고자 했던 독립국가 구상은 1941년 11월 28일 국무위원회 명의로 발표된 건국강령과 1944년 제5차 개헌을 통해 성립한 「임시약헌」에 잘 담겨있다.

임시정부가 광복 후 건설할 민족국가상을 밝힌 건국강령은 특정계급에 의한 독재를 철저히 배격한 민주공화국을 지향한 것이며, 이는 국민전체가 균등한 생활을 영위할 수 있는 균등사회를 실현한다는 것이다. 삼균주의와 토지국유화는 현실적으로 사회주의적 성격을 지니는 동시에 강력한 민족주의를 지향하는 것이었다. 건국강령이 만들어질 때 삼균주의가 무리없이 기본사상이 되었고, 민족혁명당은 1942년 임시정부에 합류한 뒤에도 삼균주의를 핵심으로 한 건국강령 자체를 거부하지는 않았다. 즉, 건국강령은 모든 단체가 승인할 수 있는 강령이었으므로, 이를 토대로 중경의 임시정부와 연안의 조선독립동맹이 통일전선에 합의할 수 있었던 것이다.

1941년 12월 8일 일제가 미국의 해군기지인 하와이의 진주만을 기습공격하였다. 일본의 선제공격을 받은 미국은 즉각 일본과의 전쟁에 돌입하였고 태평양을 중심으로 한 새로운 전쟁이 시작되었다. 일제의 세력팽창은 중국 대륙을 넘어 필리핀과 말레이시아·싱가포르 등 동남아시아 일대로, 그리고 중동에서 동맹국인 독일군과 만나겠다며 버어마와 인도지역까지 침략을 확대하였다.

임시정부는 미·일간의 전쟁이 발발할 것을 예견하고 있었다. 임시정부는 즉각 일본에 대해 선전포고를 발표하였다. 12월 10일 임시정부 주석 김구와 외무부장 조소앙 명의로 다음과 같은 「임시정부 대일선전성명서」를 발표하였다.

> 우리는 3천만 한인과 정부를 대표하여 삼가 중국·영국·미국·캐나다·네덜란드·오스트리아 및 기타 여러 나라가 일본에 대해 전쟁을 선포한 것이 일본을 격패시키고 동아시아를 재건하는 가장 유효한 수단이 되므로 이를 축하하면서, 다음과 같이 성명한다.
>
> 1. 한국의 전체 인민은 현재 이미 반침략전선에 참가해 오고 있으며, 이제 하나의 전투단위로서 축심국(軸心國-일본, 독일, 이탈리아)에 전쟁을 선언한다.
> 2. 1910년 합방조약과 일체의 불평등조약이 무효임을 거듭 선포하며, 아울러 반침략 국가가 한국에서 합리적으로 얻은 기득권익이 존중될 것임을 존중한다.
> 3. 한국과 중국 및 서태평양에서 왜구를 완전히 구축하기 위하여 최후의 승리를 거둘 때까지 혈전한다.
> 4. 일본세력 아래 조성된 장춘(長春)과 남경(南京)정권을 절대로 인정하지 않는다.
> 5. 루스벨트·처칠 선언의 각항이 한국독립을 실현하는데 적용되기를 견결히 주장하며, 특히 민주진영의 최후승리를 축원한다.
>
> (백범김구선생전집편찬위원회, 『백범김구전집』5, 102~103쪽)

이는 한국도 이미 반침략전선에 참가하고 있다는 사실을 밝히고, 임시정부는 중국·영국·미국·캐나다·네덜란드·오스트리아 등 일본에 전쟁을 선포한 여러 나라들과 함께 하나의 전투단위로서 일본과 전쟁을 전개한다는 것을 대내외에 알린 것이다. 일본과의 전쟁은 한국과 중국 및 서태평양에서 왜구를 완전히 몰아낼 때까지, 그리고 일본이 패망할 때까지 혈전을 전개한다고 하였다. 전쟁선언과 함께 1910년 합방조약을 비롯해 모든 불평등조약이 무효라고 선언하였고, 만주의 장춘과 중국 남경에 세워진 일제의 괴뢰정부를 인정하지 않는다는 사실도 언급하였다. 이외에도 임시정부는 1945년 2월 28일 제37차 의정원 임시의회를 통해 독일에 대한 선전포고안을 가결시켰다.

좌우연합적 임시정부의 광복군은 영국군의 요청에 의해 공동작전에도 투입되었다. 영국군은 버어마와 인도를 침공한 일본군과 전쟁을 벌이면서 일본어를 구사할 수 있는 정보요원을 필요로 했다. 이에 광복군은 인면전구공작대(印緬戰區工作隊)란 이름으로 9명의 인원을 선발해 1943년 8월 인도 캘커타로 파견하였다. 이들은 6개월간 일본어 방송과 문서번역·전단작

미국 OSS와 합작해 국내 진공작전을 준비하는 한국광복군

성 등의 교육을 받은 후 최전선에 투입되어 활동하였다. 특히 1944년 5월 영국군 제17사단이 버어마 반격작전을 개시하여 남하하던 중 일본군에게 포위된 적이 있었는데, 공작대가 무선통신으로 일본군의 움직임을 파악하여 적의 포위망을 벗어나도록 했다. 광복군 대원들은 1945년 8월까지 인도와 버어마 전선에서 영국군과 함께 대일전쟁을 수행한 것이다.

임시정부의 광복군은 미국의 전략첩보기구인 OSS와 합작하여 국내진입작전을 추진하였다. 중국에서 활동하던 미국 전략정보국은 한반도에 대한 공작거점을 확보하기 위해 한인청년들을 특수훈련을 시키고, 이들을 잠

The Korean National Army. 2nd Co. in action.
Received by Dr. Rhee, June 6, 1943, from the Korean
Provisional Government.

1943년 한국광복군의 훈련 장면을 보도한 미국자료

수함이나 항공기로 국내에 투입시켜 적후공작을 전개한다는 계획이었다. 이를 '독수리작전(The Eagle Project)'이라 명명하였다.

'독수리작전'은 1945년 4월 3일 임시정부 주석 김구가 최종적으로 승인하면서 실행되었다. 광복군에 대한 OSS훈련은 1945년 5월부터 미군측에 의해 시작되었는데 광복군 제2지대는 서안(西安)에서, 3지대는 안휘성 입황(立煌)에서 훈련을 받았다. 비밀첩보활동을 위한 특수훈련은 3개월 과정으로 실시되어 제1기생 훈련이 8월 4일 완료되었다. 임시정부는 훈련을 마친 대원들을 국내로 진입시키고자 하였다. 김구 주석은 8월 5일 총사령 지청천·선전부장 엄항섭 등 19명을 대동하고 서안으로 가 광복군 대원을 국내에 진입시키는 문제를 협의하였다. 그렇지만 출발 직전에 일본의 항복소식이 전해져 광복군은 실전에 투입되지 못하였고, 3지대에서 실시되던 교육도 중단되고 말았다.

이와 함께 김구 주석과 미국 측은 제주도를 통한 국내 진입작전도 구상하고 실행하였다. 1944년 10월 필리핀을 점령한 미국은 일본 본토와 한반도를 공격하기 위한 전진기지로서 제주도를 중요한 전략적 요충지로 파악하고 있었다. 이에 김구 주석이 제주도를 통한 국내 진입작전을 미국 측에 제안하였고, 이를 위해 두 차례에 걸쳐 미국의 중국전구사령부를 방문하였다. 실제로 임시정부는 1944년 10월 무렵 국내공작을 위한 기구를 설치하고, 1945년 4월 공작원들을 국내로 파견하였다. 일부 대원은 국내에서 체포되어 어느 정도 성과가 있었는지는 알 수 없지만, 임시정부가 국내에 활동기반을 마련하는 일을 추진했다는 사실은 큰 의미를 갖는다 하겠다.

이와 함께 좌우연합적 임시정부는 중국공산당 지역인 연안(延安)에서 활동하던 조선독립동맹과 조선의용군, 그리고 국내에서 비밀리에 활동하던 조선건국동맹과 연계를 추진하였다. 먼저 임시정부 주석 김구는 독립동맹

위원장 김두봉에게 편지를 보내 양측의 무장군대를 압록강에 집결시켜 대규모 무장투쟁을 전개하자고 제안하였다. 김구 주석은 이를 위해 직접 연안으로 가겠다는 뜻을 밝혔고, 이에 김두봉도 찬동한다는 뜻의 답신을 보냈다. 1945년 4월 김구는 국무위원 장건상(張建相)을 연안에 파견하여 "임정과 독립동맹이 각각 대표자를 선정해 중경에서 통일전선에 대해 협의할 것"을 제의하여 합의에 도출하였다. 이에 독립동맹의 위원장 김두봉이 중경으로 가 회의를 하려 했으나, 일제 패망소식이 알려져 실제 가지는 못했다.

임시정부는 나아가 만주에서 활동하다가 러시아 연해주(하바로브스크)에서 동북항일연군 교도려로 활동 중이던 김일성·최용건 등의 한인부대와도 연계를 시도하였다. 김구 주석은 러시아 한인부대와의 연계를 위해 1945년 3월 연락원을 파견하였다. 연락원은 북경을 거쳐 내몽고 포두(頭)지역까지 접근하였다가 해방을 맞았다. 김일성도 그의 회고록에서 임시정부와 합작을 추진하려 했다고 한다.

좌우연합 정부는 국내에서 비밀리에 활동 중인 항일단체와도 연계를 꾀하였다. 해방 직전인 1944년경 국내에는 몇 개의 소규모 그룹이 활동한 것으로 알려졌다. 이들은 상호 존재를 인지하고 연대를 모색하기도 했는데, 현재까지 알려진 조직은 '자유와 독립 그룹'과 '공산주의자협의회', 그리고 '조선건국동맹' 등이다. 1943년경 이승엽·김일수 등에 의해 함경북도 일대의 노동자들을 중심으로 조직된 '자유와 독립 그룹'은 기관지로 『자유와 독립』을 발행하였다. 1944년 11월경 서울에서 결성된 '공산주의자협의회'는 서중석(徐重錫)이 국내 책임자를 맡았고, 이정윤(李廷允)과 소설가 김태준(金台俊) 등이 참여했다. 이들은 무장봉기계획을 본격 논의한 것으로 알려졌는데, 산하에 군사부 등 군사문제 기구를 두고 김태준을 중국 연안에 파견하기도 하였다(김태준, 「연안행」 『문학』1, 1946).

특히 1944년 8월 여운형(呂運亨)에 의해 조직된 조선건국동맹은 일제 마지막 탄압기에 국내에서 전국적 규모로 조직된 대표적인 항일투쟁단체이다. 일본에서 미군기의 동경공습을 목격한 여운형은 미국·영국의 전쟁준비로 일제가 급격히 패전할 것이란 확신을 갖고 1년간 조선민족해방연맹을 통한 준비작업 끝에 건국동맹으로 발전시킨 것이다(이만규, 「여운형투쟁사」『천지』8월호, 1947).

건국동맹은 민족주의자부터 공산주의자에 이르기는 다양한 구성원을 규합하여 중앙조직을 구성하고 각 도별 지방조직을 꾸려 나갔다. 나아가 예하에 다양한 계급·계층별로 조직하였는데, 경기도 용문산에서 조직된 농민동맹과 학병·징병·징용거부자 조직, 청년학생그룹 등이다. 또한 산하에 군사조직을 만들어 군사위원회를 두었고, 노동자와 부녀자·학교교원 등의 조

일본의 항복을 맞은 1945년 8월 16일 서울의 서대문 형무소를 찾은 여운형

직을 시도하였다. 조직원 수는 1만에서 7만명까지의 의견이 있지만, 정확한 숫자를 파악할 수 없다. 건국동맹은 다양한 이념을 가진 전국의 다양한 계급·계층의 인사 참여한 단체로서 항일투쟁과 함께 해방 이후 독립국가 건설문제를 본격 준비한 유일한 국내조직으로 평가할 수 있겠다.

임시정부는 1944년 10월 3일 국무위원회에서 국내비밀공작을 적극 추진하기로 결의하였다. 이를 위해 국내공작위원회를 설치하기로 하고, 위원에 군무부장인 김원봉을 비롯해 김성숙 등 5인을 위촉하였다. 이에 따라 일부 비밀공작원이 국내 공작원으로 파견되었으나, 일제에 의해 체포되고 말았다. 비밀결사인 건국동맹도 중경의 임시정부와의 접촉을 꾀하였는데, 1945년 5월 임정요인에게 국내사정을 전달하고 협동전선을 상의하기 위해 중국 북경으로 최근우(崔謹愚)를 파견하기도 하였다.

하지만 중경의 임시정부와 국내의 건국동맹은 거리나 방법상으로 너무 어려운 문제였기에 직접적인 접촉은 이루어지지 못했다. 다만 건국동맹의 일부 특파원은 연안에서 활동 중인 독립동맹의 북경 연락원과 연계를 맺었다. 비록 임시정부가 연안의 독립동맹과 러시아 연해주의 한인부대, 국내의 건국동맹 등과 연계추진에서 구체적인 성과를 내지는 못하였으나, 일제의 패망 직전까지 국내외 독립운동 세력과의 상호 연계를 꾀하고 통일전선을 추진한 점은 이후 좌우합작운동에 있어 매우 중요한 역사적 경험이라 할 수 있겠다.

좌우연합정부의 환국방침과 국가건설 구상

　1945년 8월 10일 중경에 일본의 항복 소식이 전해졌다. 이 직후부터 전후 구상을 둘러싸고 임시정부 내에 두 가지 입장이 대두되었는데, 이러한 대립은 환국 이전 임시정부에 균열을 가져왔다. 임시정부는 8월 15일 일제의 항복 소식을 접한 후 곧바로 국무회의를 열고 대책을 협의했다. 김구 주석을 비롯해 광복군 총사령 지청천 등 국무위원 상당수가 OSS와 광복군의 국내진입작전을 협의하기 위해 서안(西安)에 가 있어 중경에 남은 국무위원들만의 회의가 개최되었다. 당시 국무위원이었던 조경한(趙擎韓)의 회고록에 남겨진 다섯가지 의결사항은 다음과 같다.

> 1. 귀국해서 정권을 국민에게 봉환할 것.
> 2. 귀국해서 반포할 당면정책을 기초할 것.
> 3. 대외교섭을 빨리 전개하여 귀국 절차를 밟을 것.
> 4. 정부 및 의정원의 일절문헌과 집물(什物)을 정리할 것.
> 5. 제39차 의회소집을 요구할 것.
>
> 　　(조경한, 『백강회고록』, 한국종교협의회, 1979, 366쪽)

　국무회의에서는 정권을 국민에게 봉환한다는 전제하여 조속히 귀국한다는 것이다. 그리고 귀국과 관련한 임시정부 문제는 임시의정원 회의를 통해 결정한다고 하였다. 8월 17일 임시의정원 회의가 개최되어 정부안이 제출되었지만, 야당측 의원들은 '임시정부 개조'와 '국무위원의 총사직'을 요구하였다. 그간 주권을 임시정부 소재지의 독립운동자만 행사해 왔는데, 일제가 패망한 상황에서 이러한 대행제를 폐지하고 임시의정원의 권한을 전국통일적 임시의회에 봉환해야 한다는 것이다. 8월 21일 회의에도 박건웅 등 좌파 의원들은 임시의정원의 권한을 전국통일적 임시의회에 봉환해야 하기에 임시의정원의 직권을 정지시키고, 국무위원은 총사직하라고 요구했다.

이에 맞서 김구 주석은 지청천의 국내파견, OSS와 연합훈련과 회담소식 등을 전하며, 국무위원의 총사직을 거부했다. 8월 21일 속개된 의정원 회의에서 "27년간 우리가 대행했던 임시정권을 해방된 국내 인민에게 봉환해야 한다"는 것과 "정권을 봉환하기 위하여 현 임시정부는 곧 입국한다."는 것을 정부 제의안으로 제출하고, 이를 결의하도록 종용하였다. 그러나 야당측은 "현 국무위원이 총사직하기 전에는 여하한 제의안일지라도 결의할 수 없다."며 퇴장해 버렸다. 법정 의원수가 부족하게 되어 회의는 그대로 휴회하게 되었고, 더 이상 의정원 회의가 개최되지 못하였다.

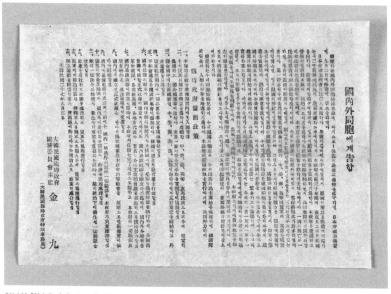

일본의 항복에 따라 1945년 9월 3일 임시정부의 당면정책을 밝힌 〈국내외 동포에게 고함〉

의정원에서 합의를 이루지 못하자, 임시정부는 국무회의에서 의결한대로 귀국한다는 방침을 세웠다. 그리고 귀국에 앞서 국민들에게 발표할 성명서와 임시정부가 앞으로 추진할 정책을 마련하여 9월 3일 김구 주석 명의로 「국내외 동포에게 고함」이란 제목으로 발표하였다. 발표내용은 무엇보다 '민족의 각고하고도 장절한 노력'에 의해 해방을 맞게 되었다는 점을 분명히 하고, '선열들의 보귀한 열혈(熱血)의 대가'에 의한 것, 또 중·미·소·영 등 동맹국의 전공에 의한 것임을 밝혔다. 또 한편 임시정부가 앞으로 국내로 들어가 추진해 나갈 과제를 국민들에게 밝혔는데, 이를 당면정책이란 명의로 모두 14개조로 나누었다. 그 내용은 다음과 같다.

임시정부 당면정책

1) 본 임시정부는 최속 기간내에 곧 입국할 것.
2) 우리 민족의 해방과 독립을 위하여 혈전한 中·美·蘇·英 등 우방 민족으로 더불어 절실히 제휴하고 연합국 헌장에 의하여 세계일가의 안전과 평화를 실현함에 협조할 것.
3) 연합국 중에 중요한 국가인 中·美·蘇·英·佛 5강에 향하여 먼저 우호협정을 체결하고 외교도경(外交途經)을 별부(別付)할 것.
4) 맹군주재기내(盟軍駐在期內)에 일체 필요한 사의(事宜)를 적극 협조할 것.
5) 평화회의 및 각종 국제집회에 참가하여 한국의 응유(應有)한 발언권을 행사할 것.
6) 국외임무의 결속과 국내임무의 전개가 서로 접속되매 필수한 과도조치를 집행하되 전국적 보선(普選)에 의한 정식정권이 수립되기까지의 국내과도정권을 수립하기 위하여 국내외 각층 각 혁명당파,

각 종교집단, 각 지방대표와 저명한 각 민주영수 회의를 소집하록 적극 노력할 것.

7) 국내 과도정권이 수립된 즉시에 본 정부의 임무는 완료된 것으로 인하여 본 정부의 일체 직능 및 소유물건은 과도정권에게 교환할 것.

8) 국내에서 건립된 정식정권은 반드시 독립국가, 민주정부, 균등사회를 원칙으로 한 신헌장(新憲章)에 의하여 조직할 것.

9) 국내의 과도정권이 성립되기 전에는 국내 일체 질서와 대외 일체 관계를 본 정부가 부책(負責) 유지할 것.

10) 교포의 안전 및 귀국과 국내외에 거주하는 동포의 구제를 신속 처리할 것.

11) 적의 일체 법령의 무효와 신법령의 유효를 선포하는 동시에 적의 통치하에 발생된 일체 벌범(罰犯)을 사면할 것.

12) 적산(敵産)을 몰수하고 적교(敵僑)를 처리하되 맹군과 협상을 진행할 것.

13) 적군에게 피박출전한 한적(韓籍)군인을 국군으로 편입하되 맹군과 협상을 진행할 것.

14) 독립운동을 방해한 자와 매국적은 공개적으로 엄중히 처분할 것.

당면정책 발표의 핵심은 임시정부가 국내로 들어가 과도정권을 수립할 때까지 정부로의 역할을 수행한다는 것이다. 과도정권은 국내외 각층 각 혁명당파와 각 종교대표·지방대표와 저명한 각 민주영수 회의를 소집해 수립하고, 이후 임시정부의 모든 권한을 과도정권에 인계한다는 것이다. 이는 정식 정부를 수립하기까지의 과정과 단계를 설정한 것이다. 즉 우선 임시정부가 정부로서의 역할을 수행하고, 다음단계로 국민들과 함께 과도정권을 수립한다. 그리고 과도정권 주도 하에 보통선거를 실시하여 정식정부를 수립하되, 정식정부는 독립국가·민주정부·균등사회를 원칙으로 하여 수립되어야 한다는 것이다.

이외에 임시정부가 귀국하기 전에 중국에서 추진할 과제에 대해서도 언급했다. 중국 각지에 거주하고 있는 교포들을 구제하고, 이들을 안전하게 귀국시킨다는 것이었다. 그리고 강제로 일본군으로 끌려 나온 한인 청년들을 연합군과 협상하여 광복군으로 편입한다는 것이다. 또한 독립운동을 방해한 자와 매국적은 공개적으로 엄중히 처분할 것도 밝혔다. 이는 건국강령에서도 밝힌 바와 같이, 적에 부화하고 독립운동을 방해한 자에게는 선거권과 피선거권을 부여하지 않는다고 하였다. 즉 독립운동을 방해한

1945년 10월 나라를 빼앗긴 지 36년만에 광복을 맞아 환국을 준비하며 중경 임시정부청사 앞에서 사진을 찍은 임정요인들

자와 매국적을 비롯해 부일협력자는 건국대열에 동참시킬 수 없고, 이들은 엄중히 처벌해야 한다는 것이 임시정부의 입장이었던 것이다.

이처럼 당면정책 14개조는 건국강령의 연장선상에 있는 것이었다. 하지만 당시 임시정부의 국제적 위상이나 미군정이 실시되는 상황에서 연합국과 임시정부가 정부적 차원에서 협상을 벌인다든지, 임시정부의 주도 아래 과도정권을 거쳐 정식정부가 수립한다는 방안은 사실상 실현이 불가능했다. 그럼에도 김구 주석이 정부형태의 입국방침을 고수한 것은 중국국민당 정부의 확고한 지원방침을 확인했기 때문이다. 중국의 우호적 지원 하에 미군정과 협력하여 임시정부 주도의 정권창출이 가능하다는 기대를 갖고 있었던 것이다. 귀국 후 임시정부는 당면정책 14개조에 제시된 것처럼 과도적 통치권을 장악하고 임시정부 통제 하에 각 정치세력을 망라해 과도정권과 정식정부를 수립하려고 시도했다. 당면정책 14개조는 1946년 초까지 임시정부의 진로를 이끌어나간 원칙이 되었던 것이다(정병준,「대한민국임시정부의 전후구상과 환국」;2015, 193~197쪽).

맺음말

　일제강점기에 한국인들의 공통된 1차 목표는 당연히 국토와 주권을 완전한 되찾는 것, 즉 광복이었다. 그러기 위해서는 우선 일본 침략세력을 몰아내고 식민지 지배체제를 끝내야 했다. 이 목표가 달성된다면 곧장 새 나라를 세워야 할 것이므로, 독립운동의 최종 지향점은 새로운 독립국가의 건설이었다. 따라서 일제의 식민지배 체제에 기생하려는 일부 친일세력을 제외한 양심적 민족지도자들은 민족주의자나 사회주의자들 모두 자주적 독립을 향한 민족운동인 동시에 새로운 독립국가를 건설하고자 하는 건국운동을 벌어 나갔다.

　1910년대는 바야흐로 혁명과 전쟁의 시대였다. 중국의 신해혁명이 일어났고, 유럽에서 1차 세계대전이 벌어졌으며, 러시아에서 사회주의혁명이 일어났다. 이 가운데 중국 대륙을 뒤흔든 신해혁명으로 청조가 무너지고 공화제 혁명의 바람이 불자, 중국에 있던 한인 독립운동가들은 중국 혁명세력과의 연대를 통해 국권회복과 함께 공화제를 건설할 꿈을 꾸었다. 이러한 꿈은 1917년 재중 한인들에 의해 발표된 '대동단결선언'에 의해, 대한제국의 멸망으로 더 이상 민족의 주권이 황제가 아닌 국민에게 돌아왔다고 선언하기에 이르렀다. '구한국 최후의 날이 신한국 최초의 날'이 되었다는 이 선언은 향후 세워질 독립국가가 황제국이 아닌 국민의 국가, 즉 공화제 국가가 될 것임을 선언한 것이었다.

1919년 1월 22일 고종의 갑작스런 죽음과 독살설을 계기로 일어난 3·1만세운동은 전국 방방곡곡과 중국 만주와 연해주 등에서 수 많은 한인들의 피맺힌 항쟁을 불러일으켰지만, 대한민국 임시정부라는 옥동자를 낳았다. 4월 10일 밤 29인의 대표들로 구성된 임시의정원은 이날 밤을 새워 '대한민국 임시헌장'을 만들었는데, 그 제1조는 '대한민국은 민주공화제로 함'이었다. 다소 과감하고 진보적인 '민주공화제 국가'를 표방했다는 사실은 당시 민족지도자들이 모두 장차 독립될 나라가 국민의 주권을 바탕으로 한 3권분립의 민주국가이어야 한다는 점을 분명히 인식했음을 알 수 있다.

그런데 미국에 머물러 있는 이승만을 대통령으로 추대한 임시정부는 외교운동에 주력했지만, 별다른 성과를 거두지 못했다. 또 활동의 근간을 두며 국내와의 연락망을 구축했던 연통제가 끊기고, 대통령과 국무총리의 자금문제로 물의를 일으키게 되면서 활동의 어려움을 겪게 되었다. 그러자 새로운 임시정부를 만들자는 창조파와 기존의 임시정부를 고쳐 쓰자는 개조파가 대립하여 국민대표회의를 난항에 빠뜨렸다. 결국 임시의정원은 1925년 3월 미국에 계속 머무르며 직무를 수행하지 않은 대통령 이승만의 탄핵을 의결하였다.

임시정부가 대립과 갈등 속에 제 역할을 못하는 동안, 초창기 활동은 서간도와 북간도 일대의 독립군 부대의 무장투쟁에 크게 의존하였다. 서간도에는 서로군정서가, 북간도에는 북로군정서와 대한독립군이 주도했는데, 봉오동·청산리에서의 승전이 대표적인 활동이다. 만주 독립군 연합부대는 일본군의 추격을 피해 러시아 적군이 후원하는 자유시로 이동했지만, 러시아로 귀화한 한인들이 독립군부대를 자기휘하에 두려고 알력다툼을 하여 그로 인해 만주 독립군 연합부대가 약화되는 상황에 이르렀다.

1925년 이후 임정 안팎에서는 중국국민당과 공산당의 북벌을 위한 국공합작의영향으로 독립운동 세력의 연합전선인 '민족유일당' 운동이 전개되었다. 중국 관내와 만주, 국내 등 각지에서 전개된 유일정당운동은 1927년 중국 국공합작의 붕괴와 공산주의 운동 내부의 노선갈등으로 중단되고 말았지만, 일제하 최대의 민족협동전선인 신간회를 결성하는데 기여하였다. 신간회는 전국 140개 지회에 회원 4만여 명에 이르며 농민·노동자운동과 민족교육을 비롯한 민족차별 철폐운동 등을 주도하였다. 하지만 신간회를 민족혁명당으로 보았던 코민테른의 12월 테제와 달리, 프로핀테른에서 '민족개량주의 단체'로 규정하면서 해소투쟁으로 와해되고 말았다.

한편 1930년을 전후하여 중국 관내 독립운동은 중국국민당의 '이당치국'론의 영향으로 정당을 결성해 독립국가을 건설하고 운영해야 한다는 움직임이 일어났다. 이 무렵 등장한 정당으로는 임시정부를 옹호하려는 한국독립당을 비롯해 만주 독립군을 지도한 조선혁명당, 그리고 신한혁명당 등이 있었다.1931년 7월 일제의 만주침략과 상해침공을 계기로 독립운동세력의 연합으로 임시정부를 대체할 대독립당을 결성하려한 이들은 통합하여 1935년 7월 민족혁명당을 창당하였다. 국내의 공산주의자들이 조선공산당 재건에 몰두하면서 코민테른의 '계급 대 계급' 전술에서 벗어나지 못했지만, 민족혁명당은 민족혁명을 위해 좌우파 가 민족통일전선을 형성해야 한다고 주장하며 자본주의도 공산주의도 아닌 제3의 길을 지향하였다. 하지만 당의 주도권과 이념정책을 둘러싸고 한국독립당과 조선혁명당이 탈당해 의열단 계열과 신한독립당 세력만 남게 되었다.

이에 비해 임시정부를 지키려는 이동녕·김구 등은 민족혁명당에 맞서 여당인 한국국민당을 만들었다. 한국국민당은 중국국민당의 경제적 지원을 바탕으로 우익진영의 통합을 추구하여 1940년 5월 한국독립당과 조선혁명당을 수용하여 새로이 한국독립당을 결성하였다. 이 같은 3당이 합당할 수 있었던 배경에는 그들의 당의, 당강이 대체로 정치·경제·교육에서의 균등을 강조한 조소앙의 '삼균주의'를 기본이념으로 채택하고 있었기 때문이다. 한국독립당이 광복 후에 건설할 새로운 국가제체로 제시한 '신민주국'에 대해 이를 창안한 조소앙은 "민중을 우롱하는 자본주의 데모크라시도 아니며 무산자 독재를 표방하는 사회주의 데모크라시도 아닌 범한민족을 지반으로 하고 범한국민을 단위로 한 데모크라시"라고 정의하였다. 즉 극단적인 자본주의나 사회주의도 아닌, 특권계급이 없는 한민족의 정치·경제·교육의 균등사회를 의미한 것이다. 한국독립당은 임시정부의 여당 역할을 수행하면서 광복군을 창설하고, '대한민국 건국강령'을 제정하여 새로 건설할 민족국가의 방향을 제시하였다.

중경 임시정부의 존재를 인정하지 않으려 했던 민족혁명당은 중국국민당 정부의 합작종용과 국제정세의 변화, 조선의용대 주력의 화북이동으로 인해 1941년 5월부터 임시정부에 참여하기로 결의하였다. 먼저 정치적으로 통일한 후 군사통일을 이루려 했으나, 중국정부와 임시정부측이 먼저 군사통일을 강행하여 1942년 4월 조선의용대의 광복군 편입을 공식화하였다. 임시정부는 의정원의원 선거규정을 개정해 사회주의자와 아나키스트들을 포함한 좌익진영을 의정원에 합류시켰다. 이어 1944년 4월 주석과 부주석을 포함한 국무위원과 행정부서에도 좌익 인사들을 선출하니, 명실공히 좌우연합정부를 구성하여 독립운동의 최고영도기관이자 민족의 대표기구라는 위상을 권위를 갖게 되었다.

좌우연합정부는 중국정부와의 협상으로 한국광복군의 군사활동을 제약하는 '9개준승'을 취소시키고, 건국강령과 임시약헌을 수정하는 다양한 활동을 펼쳤다. 또 미국·영국군과의 연합작전에 참여하고, 미국의 전략첩보기관과의 합작으로 제주도 등 국내로의 진입작전을 추진하였다. 나아가 중국공산당과 함께 연안에서 활동 중인 독립동맹을 비롯해 러시아 연해주의 동북항일연군, 국내의 비밀결사인 건국동맹에도 연락원을 파견하여 공동작전을 꾀하는 등 건국을 위한 준비활동을 펼쳤다.

하지만 일본의 갑작스런 항복 소식이 전해지면서 전후 구상을 둘러싼 임시정부 내에 두 입장이 대립되면서 균열을 가져왔다. 야당 측 의원들은 그간의 대행제를 폐지하고 임시의정원의 권한을 전국통일적 임시의회에 봉환해야 한다면서 '임시정부 개조'와 '국무위원의 총사직'을 요구하였다. 이에 맞서 김구 주석은 정권을 봉환하기 위해 현 임시정부 조직을 유지한 채 조속히 입국하자고 제의하여 야당 측의 반발로 더 이상 의정원 회의가 개최되지 못하였다.

임시정부는 국무회의에서 의결한대로 귀국한다는 방침을 세우고 국민들에게 드릴 성명서와 임시정부가 앞으로 추진할 정책을 발표하였다. 당면정책 14개조의 핵심은 임시정부가 국내로 들어가 과도정권을 수립할 때까지 정부로의 역할을 수행한다는 것이다. 정식정부는 독립국가·민주정부·균등사회를 원칙으로 하여 수립되어야 한다는 것이다. 당면정책 14개조는 건국강령의 연장선상에 있는 것이지만, 당시 임시정부의 위상이나 미군정하의 상황에서 실현이 불가능한 방안이었다. 그럼에도 김구 주석은 중국국민당 정부의 확고한 지원 하에 미군정과 협력해 임시정부 주도의 정권창출이 가능하다는 기대를 갖고 있었다. 귀국 후 임시정부는 과도적 통치권을 장악하고 각 정치세력을 망라해 과도정권과 정식정부를 수립하려고 시도하였다. 이처럼 당면정책 14개조는 1946년 초까지 임시정부의 진로를 이끌어 나간 원칙이 되었던 것이다.

참고문헌

1. 1차 사료

이을규, 『시야김종진선생전』, 한흥인쇄소, 1963.

추헌수, 『자료 한국독립운동』3, 연세대출판부, 1975.

삼균학회, 『소앙선생문집』상·하, 횃불사, 1979.

조소앙, 『소앙선생문집 상』, 삼균학회, 1979.

조경한, 『백강회고록』, 한국종교협회, 1979.

안재홍선집간행위원회, 『민세안재홍선집』, 1981.

김산·님 웨일즈, 『아리랑』, 동녘, 1984.

이정규·이관직, 『우당이회영약전』, 을유문화사, 1984.

임영태 편, 『식민지시대 한국사회와 운동』, 사계절, 1985.

한대희 편역, 『식민지시대 사회운동』, 한울림, 1986.

류자명, 『한 혁명가의 회억록』, 독립기념관, 1989.

정화암, 『몸으로 쓴 근세사』, 자유문고, 1992.

이규창, 『운명의 여신』, 보연각, 1992.

국학진흥연구사업추진위원회, 『한국독립운동사자료집-조소앙편1~4』, 한국정신   문화
연, 1995.

백범김구선생전집편찬위원회 편, 『백범 김구전집』. 대한매일신보사, 1999.

한시준 편, 『대한민국임시정부법령집』, 국가보훈처, 1999.

이정박헌영전집편집위원회, 『이정박헌영전집』1~9, 역사비평사, 2004.

2. 단행본

김준엽·김창순 공저, 『한국공산주의운동사』3, 아세아문제연구소, 1973.

서대숙, 『한국공산주의운동사』, 돌베개, 1982.

브르노쇼 편, 『중국혁명과 모택동사상』, 석탑, 1986.

마쯔베이 찌모피예비치 김 지음·이준형 옮김(권희영 감수·반병률 해제), 『일제하 극동 시베리아의 한인사회주의자들』, 역사비평사, 1990.

김성윤 엮음, 『코민테른과 세계혁명』1, 거름, 1991.

와다 하루끼(이종석 옮김), 『김일성과 만주항일전쟁』, 창작과비평사, 1992.

이균영, 『신간회연구』, 역사비평사, 1993.

김영범, 『한국근대민족운동과 의열단』, 창작과비평사, 1997.

서중석, 『신흥무관학교와 망명자들』, 역사비평사, 2001.

손과지, 『상해한인사회사 : 1910~1945』, 한울아카데미, 2001.

나카츠카 아카라 지음(박맹수 옮김), 『1894년, 경복궁을 점령하라』, 푸른역사, 2002.

임경석, 『한국사회주의의 기원』, 역사비평사, 2003.

김병기, 『참의부연구』, 단국대 대학원 박사학위논문, 2005.

박 환, 『식민지시대 한인아나키즘운동사』, 선인, 2005.

김경일, 『이재유, 나의 시대 나의 혁명 : 1930년대 서울의 혁명운동』, 푸른역사, 2007.

신용하, 『신간회의 민족운동』, 독립기념관 한국독립운동사연구소, 2007.

채영국, 『1920년대 후반 만주지역 항일무장투쟁』, 독립기념관 한국독립운동사연구소, 2007.

이호룡, 『아나키스트들의 민족해방운동』, 독립기념관 한국독립운동사연구소, 2008.

정병준, 『광복 직전 독립운동세력의 동향』, 독립기념관 한국독립운동사연구소, 2009.

김인식, 『광복전후 국가건설론』, 독립기념관 한국독립운동사연구소, 2008.

김명섭, 『한국아나키스트들의 독립운동-일본에서의 투쟁』, 이학사, 2008.

김광식·김동환·윤선자·윤정란·조규태, 『종교계의 민족운동』, 독립기념관 한국독립운동사연구소, 2008.

임경석, 『초기 사회주의운동』, 독립기념관 한국독립운동사연구소, 2009.

이준식, 『조선공산당 성립과 활동』, 독립기념관 한국독립운동사연구소, 2009.

최규진, 『조선공산당 재건운동』, 독립기념관 한국독립운동사연구소, 2009.

염인호, 『조선의용대·조선의용군』, 독립기념관 한국독립운동사연구소, 2009.

장세윤, 『1930년대 만주지역 항일무장투쟁』, 독립기념관 한국독립운동사연구소, 2009.

신주백, 『1930년대 중국관내지역 정당통일운동』, 독립기념관 한국독립운동사연구소, 2009.

반병률, 『1920년대 전반 만주·러시아지역 항일무장투쟁』, 독립기념관 한국독립운동사연구소, 2009.

한시준, 『대한민국임시정부Ⅲ-중경시기』, 독립기념관 한국독립운동사연구소, 2009.

김영범, 『혁명과 의열-한국독립운동의 내면』, 경인문화사, 2010.

조세현, 『동아시아 아나키스트들의 국제교류와 연대』, 창작과비평, 2010.

조범래, 『한국독립당연구(1930~1945)』, 선인, 2011.

이덕일, 『근대를 말하다』, 역사의아침, 2012.

한국독립운동사연구소 편, 『한국독립운동과 대전자령전투』, 역사공간, 2013.

이덕일, 『잊혀진 근대, 다시 읽는 해방전사』, 역사의아침, 2013.

박찬승, 『대한민국은 민주공화국이다-헌법 제1조의 성립』, 돌베개, 2013.

박찬승, 『한국독립운동사-해방과 건국을 향한 투쟁』, 역사비평사, 2014.

이호룡, 『한국의 아나키즘-운동편』, 지식산업사, 2015.

한국근현대사학회 엮음, 『새롭게 쓴 한국독립운동사 강의』, 한울아카데미, 2020.

박환, 『식민지시대 한인 아나키즘 운동사』, 선인, 2005

3. 연구논문

김광재, 『조선민족전선연맹 연구』, 동국대 대학원 석사학위논문, 1991.

김용달, 「광복전후 좌·우파 독립운동세력의 국가건설론」『한국독립운동사연구』46집, 2013.

김명섭, 「박열의 일왕폭살계획과 옥중투쟁」『한국독립운동사연구』48집, 독립기념관 한국독립운동사연구소, 2014.8.

김명섭, 「조소앙의 아나키즘수용과 반제 아시아 연제활동」『동양학』84집, 2021.

정병준, 「대한민국임시정부의 전후구상과 환국」『한국독립운동사연구』52집, 2015.12.

김명배, 「이승만의 민족운동에 나타난 기독교 국가건설론과 사회윤리」『기독교사회윤리』32, 2015.

장규식, 「3·1운동 이전 민주공화제의 수용과 확산」『한국사학사학보』38, 2018.

만주의 삼부 형성

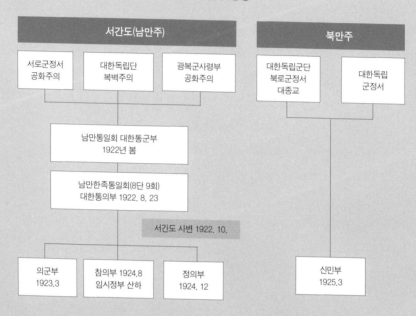

서간도(남만주)			북만주	
서로군정서 공화주의	대한독립단 복벽주의	광복군사령부 공화주의	대한독립군단 북로군정서 대종교	대한독립 군정서

남만통일회 대한통군부
1922년 봄

남만한족통일회(8단 9회)
대한통의부 1922. 8. 23

서간도 사변 1922. 10.

의군부
1923.3

참의부 1924.8
임시정부 산하

정의부
1924. 12

신민부
1925.3

삼부통합운동

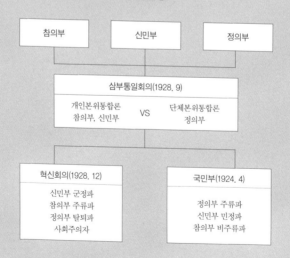

참의부   신민부   정의부

삼부통일회의(1928. 9)

개인본위통합론   단체본위통합론
참의부, 신민부   VS   정의부

혁신회의(1928. 12)

신민부 군정파
참의부 주류파
정의부 탈퇴파
사회주의자

국민부(1924. 4)

정의부 주류파
신민부 민정파
참의부 비주류파

국내 반제민족협동전선 사회주의계열

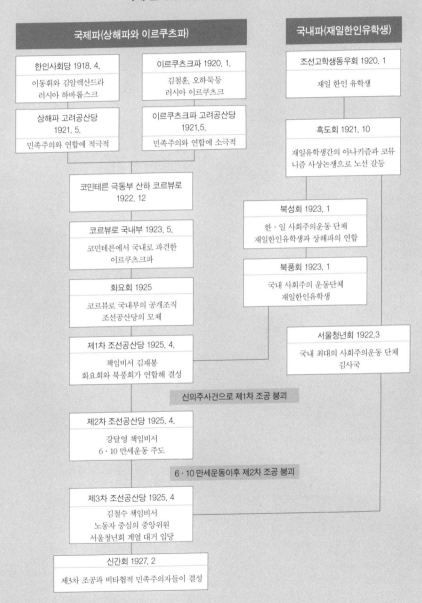

국제파(상해파와 이르쿠츠파)

한인사회당 1918. 4.
이동휘와 김알렉산드라
러시아 하바롭스크

이르쿠츠크파 1920. 1.
김철훈, 오하묵등
러시아 이르쿠츠크

상해파 고려공산당 1921. 5.
민족주의와 연합에 적극적

이르쿠츠크파 고려공산당 1921.5.
민족주의와 연합에 소극적

국내파(재일한인유학생)

조선고학생동우회 1920. 1
재일 한인 유학생

흑도회 1921. 10
재일유학생간의 아나키즘과 코뮤니즘 사상논쟁으로 노선 갈등

코민테른 극동부 산하 코르뷰로 1922. 12

코르뷰로 국내부 1923. 5.
코민테른에서 국내로 파견한 이르쿠츠크파

북성회 1923. 1
한·일 사회주의운동 단체
재일한인유학생과 상해파의 연합

북풍회 1923. 1
국내 사회주의 운동단체
재일한인유학생

화요회 1925
코르뷰로 국내부의 공개조직
조선공산당의 모체

제1차 조선공산당 1925. 4.
책임비서 김재봉
화요회와 북풍회가 연합해 결성

서울청년회 1922.3
국내 최대의 사회주의운동 단체
김사국

신의주사건으로 제1차 조공 붕괴

제2차 조선공산당 1925. 4.
강달영 책임비서
6·10 만세운동 주도

6·10 만세운동이후 제2차 조공 붕괴

제3차 조선공산당 1925. 4
김철수 책임비서
노동자 중심의 중앙위원
서울청년회 계열 대거 입당

신간회 1927. 2
제3차 조공과 비타협적 민족주의자들이 결성

중국 관내의 민족유일당운동

상해 대한민국 임시정부 수립
1919. 4. 11.

이승만과 이동휘가 1925년까지 자금문제로 물의를
일으키며 임정 옹호파, 개조파, 창조파로 나누어짐.

상해 한국독립당 1930. 1.

임정옹호, 민족주의 우익계열
임시정부 수립과 관계된 인물로 구성

1932. 4. 한인애국단 윤봉길의사 의거로 중국 국민당
이 지원하여 독립운동 활기를 줌.

민족혁명당 1935.7.

반임정세력 민족주의 좌파인
김원봉이 주도.
항일역량결집의 필요성으로 인해
합당회의로 결성된 정당.
의열단(남경), 한국독립당(남경),
신한독립당(상해), 대한독립당(북
경), 조선혁명당(만주) 5당 합당.

한국국민당 1935. 11

임정옹호 우익세력
합당회의를 불참한
상해 한독당 인물들이 창당

김원봉계열과의
불화로 재창당

재건 조선혁명당 1937. 4.

만주 무장투쟁
민족주의계열

재건 한국독립당 1935. 9.

한국독립당계열
합당회의 참석계열

조선민족혁명당 1937.

민족주의 좌익계열 민족혁명당의 잔
류인물들로 창당

중경 한국독립당 1940. 5.

임정중심의 민족주의 우익계열 3당
합당으로 민족주의계열이 결집하
고, 한국광복군을 창설하였다.

조선민족전선연맹 1937. 11.

조선민족혁명당·조선혁명자연맹·조
선민족해방운동자동맹 3개 단체의
전선 연맹이다. 이 연맹에서 무장부
대인 조선의용대가 나왔으며, 1942
년 일부 조선의용대는 광복군 제1지
대로 편입하여 군사통일하였다.

좌우합작 대한민국임시정부 1942. 10

1942년 10월 20일에 열린 의정원의원 선거에서 50명의 의
원중 23명의 새로운 의원을 추가로 선출하였는데 조선민족
전선연맹출신이 23명중 18명이 선출되어 좌우합작의 임시
의정원이 이루어졌다.